U0144509

御門聽政

—滿語對話選粹—

莊吉發編譯

文史哲出版社印行

國家圖書館出版品預行編目資料

御門聽政：滿語對話選粹 / 莊吉發編譯. -- 初版
-- 臺北市: 文史哲, 民 88
面 ; 公分. --
ISBN 957-547-206-4 (平裝)

1.滿洲語

802.91 88006836

御門聽政:滿語對話選粹

編譯者：莊 吉 發
出版者：文 史 哲 出 版 社
登記證字號：行政院新聞局版臺業字五三三七號
發行人：彭 正 雄
發行所：文 史 哲 出 版 社
印刷者：文 史 哲 出 版 社
臺北市羅斯福路一段七十二巷四號
郵政劃撥帳號：一六一八〇一七五
電話 886-2-23511028・傳眞 886-2-23965656

實價新臺幣 四二〇元

中 華 民 國 八 十 八 年 六 月 初 版

ISBN 957-547-206-4

御門聽政

—滿語對話選粹—

目次

出版說明

我國歷代以來，就是一個多民族的國家，各有不同的民族語言和文字，滿文是滿族倣照蒙古文所創造的一種新文字。據《元史》的記載，成吉思汗征伐乃蠻時，俘獲乃蠻太陽汗的掌印官塔塔統阿。成吉思汗見他爲人忠誠，就派他繼續掌管印信。塔塔統阿是維吾爾人，成吉思汗於是令塔塔統阿以維吾爾文書寫蒙古語音，這是蒙古族正式使用自己新文字的開始。這種文字是由二十一個字母組成，其中元音五個，輔音十六個，由上而下，從左至右，直行書寫，與老維吾爾文的字體相似，後世遂稱這種維吾爾體的蒙古文字爲老蒙文或舊蒙文，其字母較容易書寫，使用簡便。滿文的創造，就是由維吾爾體老蒙文脫胎而來。

明神宗萬曆二十七年（1599）二月，清太祖努爾哈齊爲了文書往來及記注政事的需要，即命巴克什額爾德尼、札爾固齊噶蓋，倣照老蒙文創造滿文，就是以老蒙文字母爲基礎，拼寫女眞語音，聯綴成句。例如將蒙古字母的「ɑ」下接「mɑ」，就成「ɑmɑ」，意思是父親；將蒙古字母的「e」下接「me」，就成「eme」，意思是母親。這種由維吾爾體老蒙文脫胎而來的初期滿文，在字旁未置圈點，習稱老滿文。但因其未置圈點，僅稍改變老蒙文的字母形體，而且蒙古和女眞的語音，彼此不同，所借用的老蒙文字母，未能充分表達女眞語言，人名地名，上下雷同，無從區別。清太宗天聰六年（1632）三月，皇太極命巴克什達海將老滿文在字旁加置圈點，使音義分明，同時增添一些新字母，使滿文的語音、形體更臻完善，區別了原來容易混淆的語音。巴克什達海奉命改進的滿文，習稱新滿文。由於滿文的改進，書寫容易，拼音準確，使滿族開始有了正確表達自己語言的新文字，滿文的創造及改進，更加促進了滿洲文化的發展，同時也反映了北亞及東北亞文化圈的文化特質。

清代通行的新滿文，共有十二字頭，每個字頭，約有一百餘字，分為正楷與行書兩種。臺北國立故宮博物院典藏清史館纂修《國語志》稿本，其卷首有奎善撰〈滿文源流〉一文，原文指出，「文字所以代結繩，無論何國文字，其糾結屈曲，無不含有結繩遺意，然體制不一，則又以地勢而殊。歐洲多水，故英、法諸國文字横行，如風浪，如水紋。滿洲故里多山林，故文字矗立高聳，如古樹，如孤峯。蓋造文字，本乎人心，人心之靈，實根於天地自然之理，非偶然也。」滿文是一種拼音文字，承襲了老蒙文的特徵，由上而下，由左而右，直行書寫，字形優美秀麗。滿文的創造，有其文化、地理環境，的確不是偶然的。

滿洲入關以後，滿文一躍而成為清朝的國語，對外代表國家，對內比漢文的地位更爲特殊。政府文書，舉凡詔書、敕書、誥命、國書、諭旨、題奏本章、官書典籍，譬如歷朝實錄、起居注冊、本紀等等，多有滿文本，有的是滿漢合璧。其中起居注是官名，掌記注之事，起居注官記載帝王言動的檔冊，就稱爲起居注冊，是一種類似日記體的史料。自古帝王臨朝施政，左史記言，右史記事，蓋欲使君主一舉一動，俱著爲法則，垂範後世。清世祖定鼎中原後，臣工屢次疏請設立起居注官。順治十年（1653）正月，工科都給事中劉顯績奏稱。「自古帝王，左史記言，右史記動，期昭示當時，垂法後世。我皇上種種美政，史不勝書，乞倣前代設立記注官，凡有詔諭，及諸臣啓奏，皇上一言一動，隨事直書，存貯內院，以爲聖子神孫萬事法則。」惟起居注官的正式設置，是在康熙初年。據清朝會典的記載，康熙九年（1670），始置起居注館於太和門西廊。但據實錄的記載，清朝正式設置起居注官是始於康熙十年（1671），《清聖祖仁皇帝實錄》記載，是年八月十六日，「設立起居注，命日講官兼攝，添設漢日講官二員，滿漢字主事二員，滿字主事一員，漢軍主事一員。」起居注官既以日講官兼攝，則日講與起居注已逐漸結合，稱爲日講起居注官，掌院學士以下，坊局編檢以上，侍講、侍讀等俱得開列請簡，充任記注官。每日二員侍直，將應記之事，用滿漢文記注。起居注冊的正式記載，是始自康熙十年九月。是年九、十月合爲一冊，其餘年分每月一冊，全年滿、漢文本各十二冊，閏月各增一冊。自雍正朝以降，滿、漢文本起居注冊，每月各二冊，全年各二十四冊，閏月各增二冊。起居注官記載的範圍極爲廣泛，君臣對話的內容，亦多涉及施政得失，進退人材，慰問起居，學術論究，米穀收成，雨甲煙苗等等，生動翔實。其中康熙朝滿文本起居注冊，尤爲珍貴，滿語流暢，滿文書法，端楷工妙，對研究清初滿文書面語的句型、語法、音變、虛字或格助詞的變化，都提供了極爲珍貴的語文資料。

工欲善其事，必先利其器。爲充實滿文基礎教材，本書特就康熙朝滿文本起居注冊，摘錄康熙皇帝御門聽政時君臣談話的短句，並選錄御製文及諭旨數則，集爲一帙。滿文書面語對話人物，皇帝以「A」表示，臣工則分別以「B」、「C」表示。同時轉寫羅馬拼音，並摘錄漢文本起居注冊語句，以供互相對照。所摘錄的談話語句，雖然不免有斷章取義、支離破碎，以致語焉不詳之失，但對於初學者而言，仍不失爲學習正統滿文書面語的一種會話教材，提供一定的參考價值。本書承國立故宮博物院同仁張起玉小姐協助校對，謹致謝意。康熙朝起居注冊的纂修，並非出自一人之手，其滿文筆畫，粗細不一，滿漢文意，不盡相合，摘錄彙編，疏漏欠妥之處，在所難免，尙祈方家不吝教正。

民國八十八年五月二十九日

莊吉發識

御門聽政

—滿語對話選粹—

莊吉發編譯

文史哲出版社印行

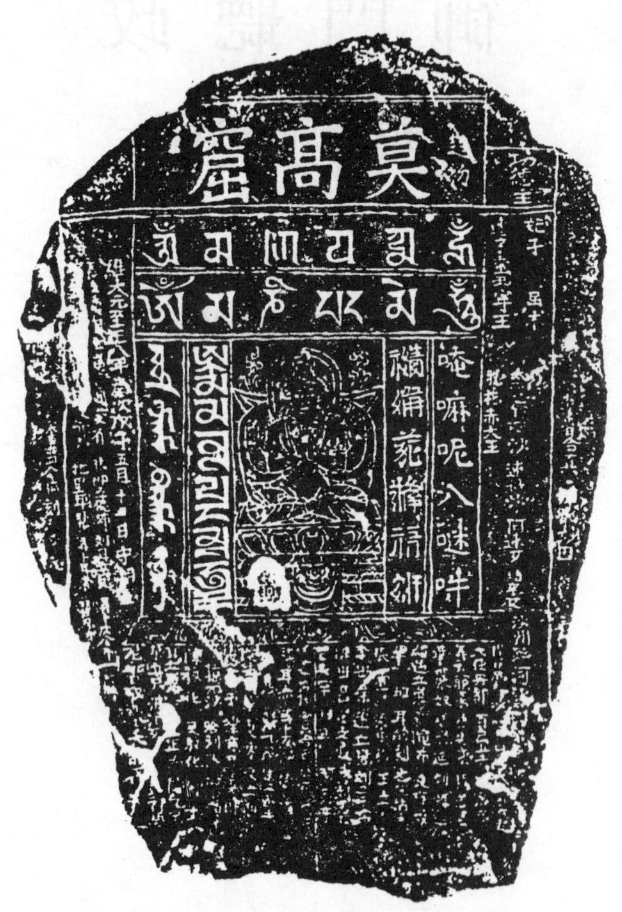

莫高窟碣墨拓本

一、慰問起居

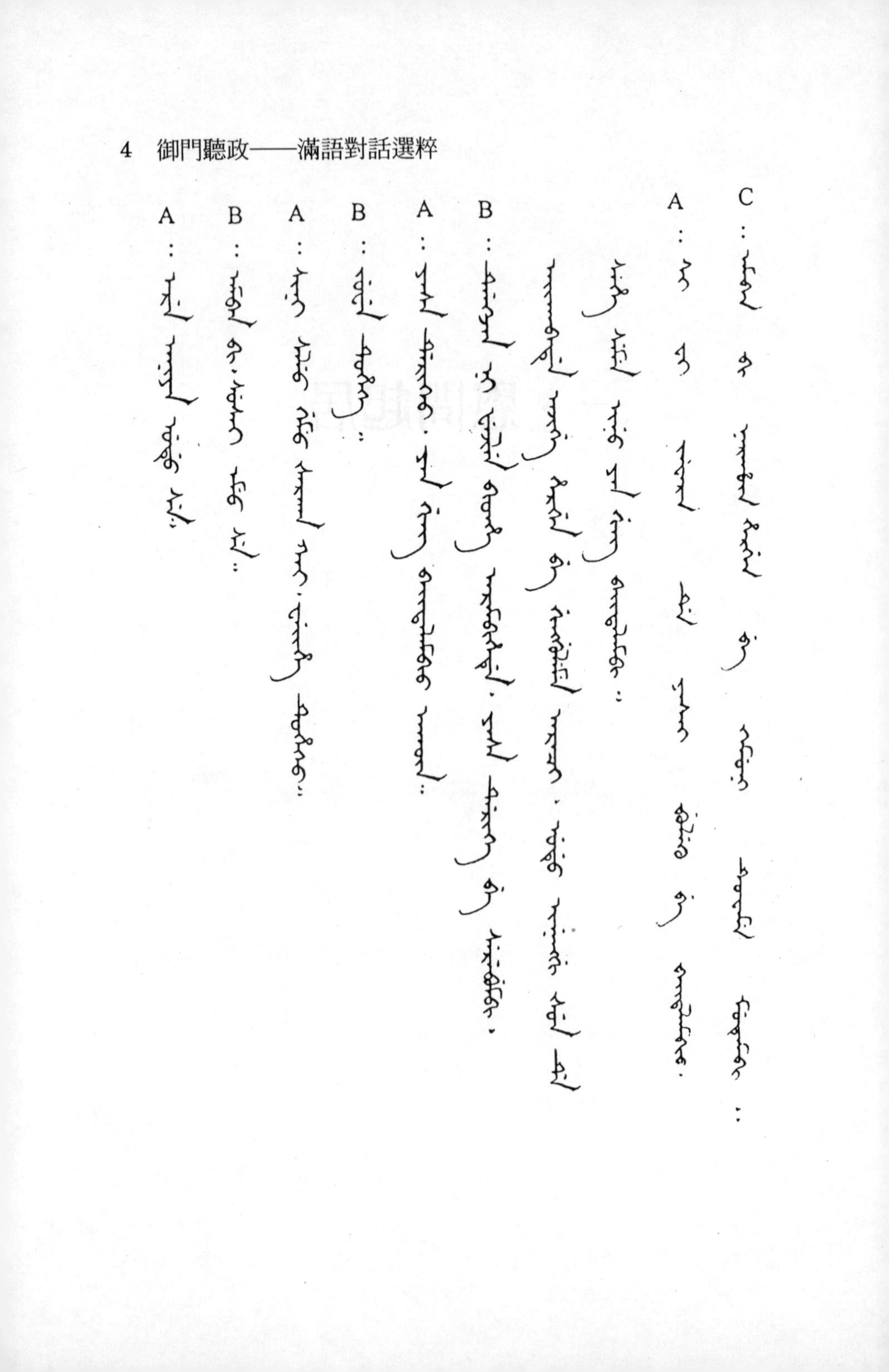

A: [illegible]

B: [illegible]

A: [illegible]

B: [illegible]

A: [illegible]

B: [illegible]

A: [illegible]

C: [illegible]

A ：ere aniya udu se?

B ：amban bi, susai emu se.

A ：sini salu gemu šaraka kai, weihe tuhekeo?

B ：juwe tuheke.

A ：yasa derikeo? yan ging baitalambio akūn?

B ：denjan ni fejile bithe arambihede, yasa derike be serebumbi. aikabade ajige hergen be gingguleme araci, udu inenggi šun de sehe seme inu yan ging baitalambi.

A ：si fi jafara de yasai buleku be baitalambio?

B ：amban bi narhūn hergen be kemuni tuwame mutembi.

A：爾年幾何？

B：臣年五十一。

A：爾鬚已白，齒曾落否？

B：已落二齒。

A：爾目昏，用眼鏡否？

B：燈下書字，亦覺目昏。若書細楷，雖日間亦用眼鏡。

A：汝執筆可帶眼鏡乎？

B：臣目力尚能細視。

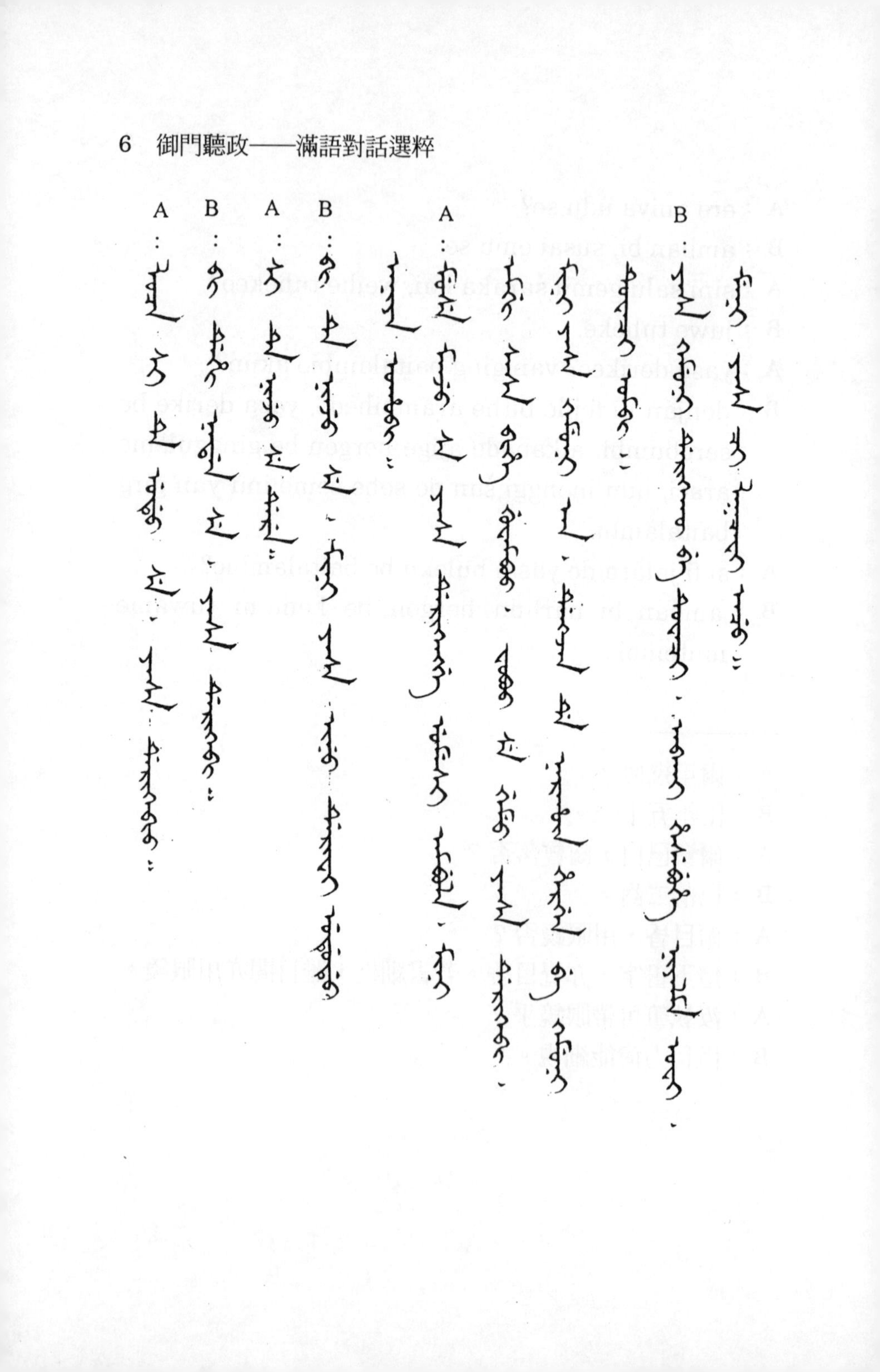

A：[illegible]

B：[illegible]

A：[illegible]

B：[illegible]

A：[illegible]

B：[illegible]

A：loca si te udu se, yasa derikebio?

B：bi dehi nadan se, yasa derikebi.

A：si te ninju se dere.

B：bi te ninju se, mini yasa inu derifi ududu aniya ohobi.

A：muse manju sa yasa derikengge umesi ambula, mini emgi sasa bihe guwamboo, foboo se gemu yasa derikebi, mini yasa kemuni an, denjan de narhūn hergen be kemuni tuwaci ombi.

B：yasa kemuni derikekū be tuwaci, abkai hesebuhe niyalma ofi, meni yasa ci lakcafi encu.

A：羅察爾年幾何？眼目昏花否？

B：臣今四十七歲，目已昏花矣。

A：爾今六十歲否？

B：臣今已六十歲，臣目昏花已數年矣。

A：我滿洲眼目昏花者甚多，朕近侍關保、佛保，俱已眼目昏花，惟朕目光如常，燈下細字，尚能閱之。

B：目尚不昏，是可仰見天亶之資迴異也。

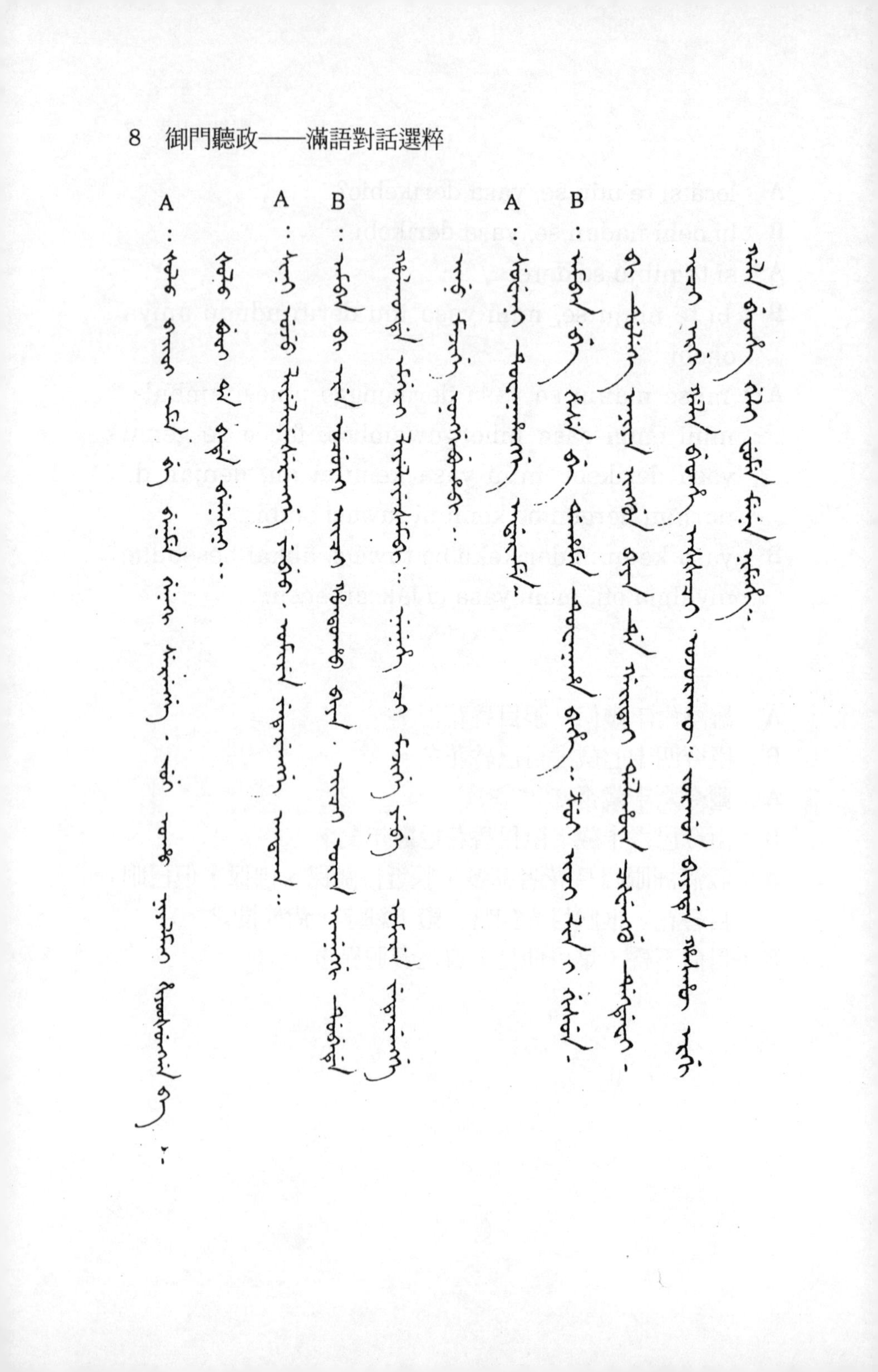

A：šolo baifi eme be beneme geneki serengge, jui oho niyalmai hiyoošungga ba, šolo bufi da bade benekini.

A：sini uju liyeliyešerengge yebeo? omire jeterengge antaka?

B：amban bi ere ucuri eici hontoho biya, eici orin inenggi dubede holkonde emgeri liyeliyešembi, nenehe ci majige yebe omire jeterengge inu majige nonggibuhabi.

A：suweni tuwanahangge adarame?

B：amban be hese be dahame tuwanaha bihe, ts'ui ioi lin i gisun, bi duleke aniya ninggun biya de gaitai dalhūn cifenggu dekdefi, ici ergi gala bethe aššaci ojorakū, jorgon biyade hashū ergi gala bethe geli fume mene nimehe.

A：請假送母乃人子孝道，准給假送回原籍。

A：爾頭暈愈否？飲食如何？

B：臣邇來或半月或二十日間一發暈，視前稍輕，飲食亦稍加。

A：爾等驗視若何？

B：臣等奉命往視，崔蔚林云：我自去年六月中痰疾陡發，右邊手足不能舉動，至十二月間，左邊手足復患痿痺。

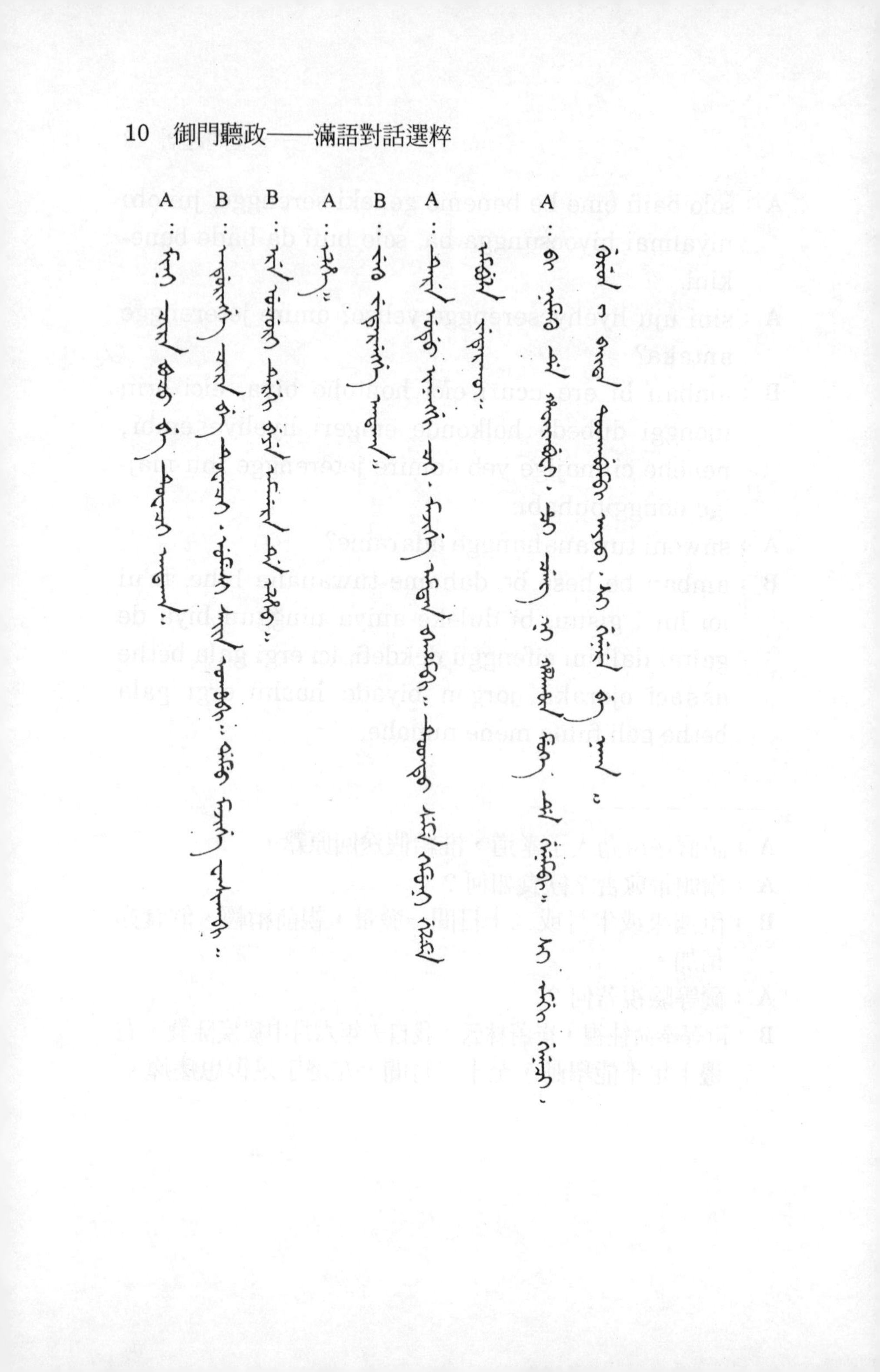

A : [illegible]

A : [illegible]

B : [illegible]

A : [illegible]

B : [illegible]

B : [illegible]

A : [illegible]

A：mini cira boco be tuwaci antaka?

B：enduringge cira be tuwaci, umesi sain ohobi. damu majige wasikabi.

B：ere ucuri dergi beye amgara de elheo?

A：elhe.

B：jeku jeterengge antaka?

A：tere udu inenggi ci, majige amtan bahabi. tuttu seme kemuni geleme ambula jeterakū.

A：bi nimeku de hafirabufi, c'y ceng ni halhūn muke de genembi. si emgi geneci, gurun i baita tookabumbi ayoo, si genere be naka.

A：觀朕氣色如何？

B：伏睹聖顏，業已痊癒，但少清減耳。

B：比日聖躬安寢否？

A：安。

B：飲膳如何？

A：較前數日覺飲噉稍甘，然尚不敢多進。

A：我因身疾特甚，故往赤城溫泉，汝若同往，恐誤國事，可不必去。

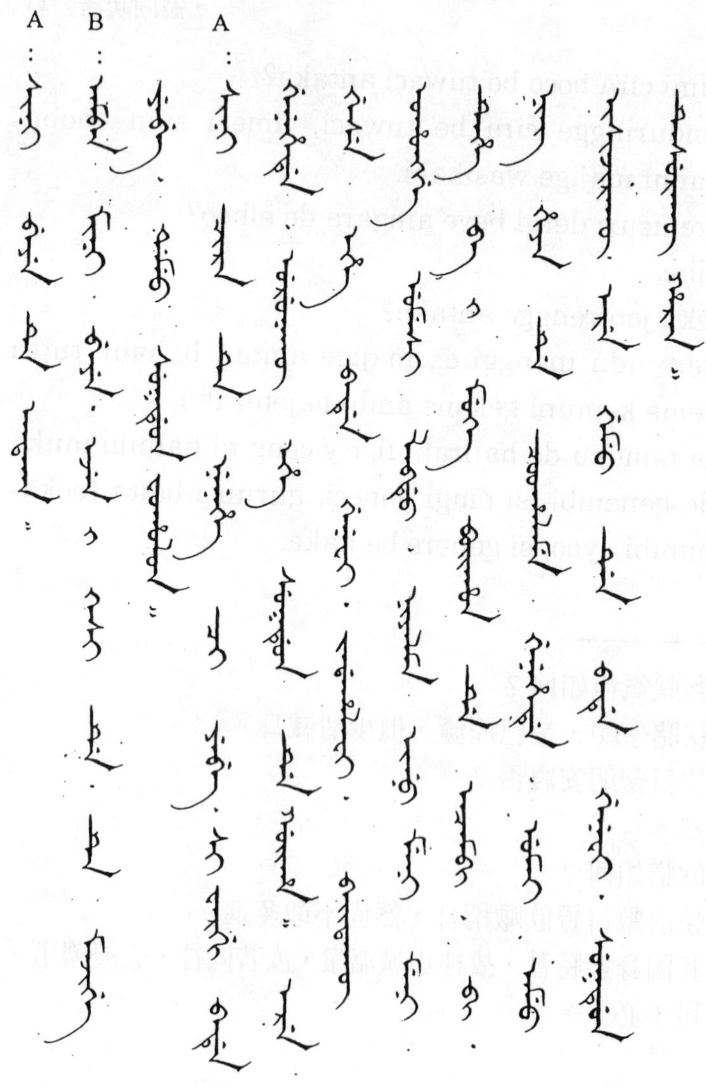

A：sini beye te antaka?

B：amban mini beye, ejen i kesi de, te majige yebe, damu sukdun foholon.

A：sini cira te nenehe ci yebe, si wargi bade genehede, urunakū ehe sukdun de goiha. ere gese ehe bade genefi, jadahalafi, baitakū ohongge umesi labdu, niyalma inu meni meni tehe ba i muke boihon de acambi, bi ning hiya de coohalame genehede, umai amu isinjirakū, ere gemu den bade genefi, sukdun tesurakū haran.

A：爾身體近來如何？

B：臣蒙聖恩，近已稍愈，但氣促耳。

A：爾顏色較前已好，想爾往西邊去時，必受瘴氣。凡往瘴癘之地，以致殘疾無用者甚多，人亦各於本處水土相宜耳。朕出師寧夏時，竟不成寐，皆因地高，故氣不足。

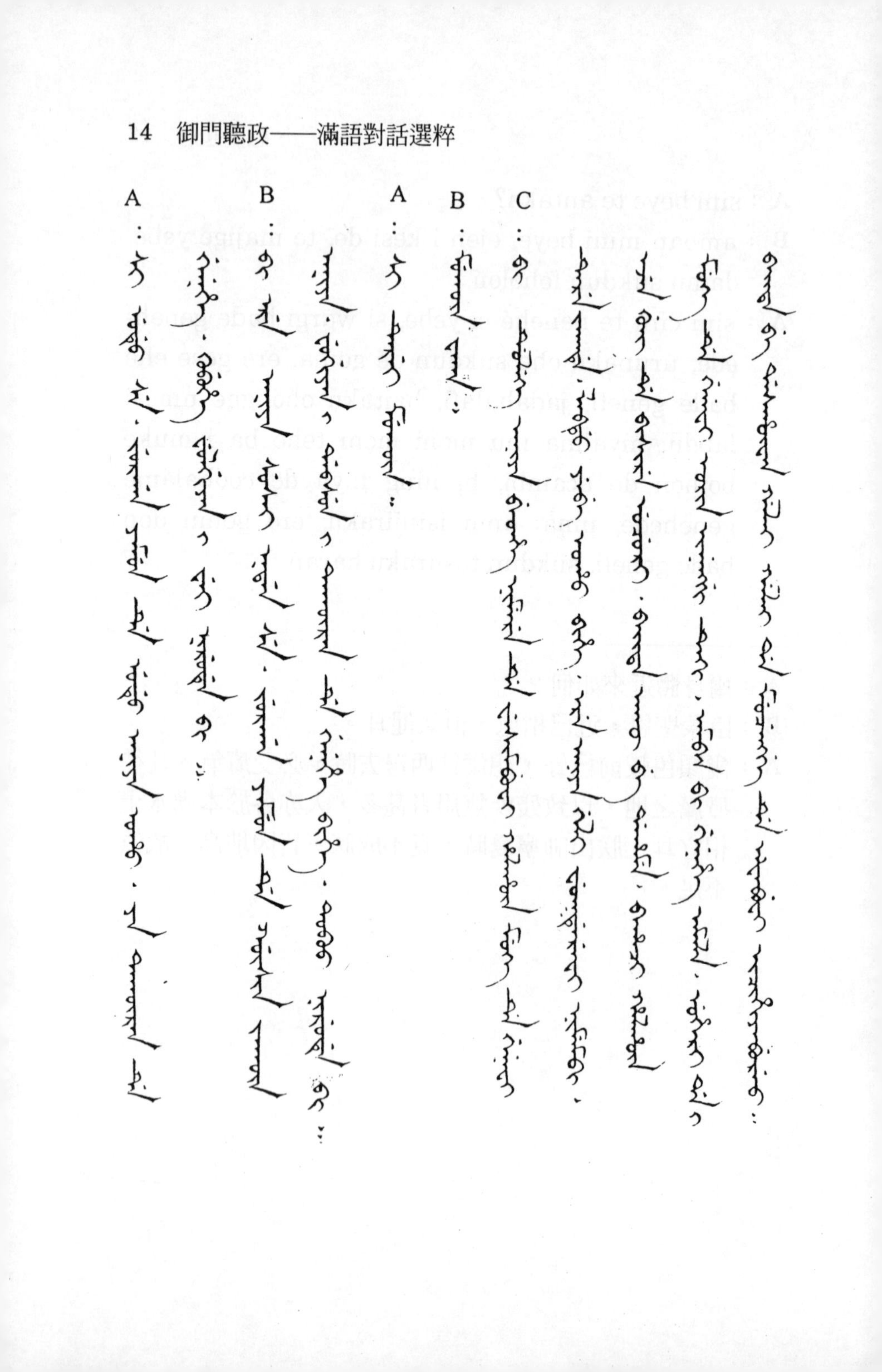

A：[illegible]

B：[illegible]

A：[illegible]

B：[illegible]

C：[illegible]

A：si udu se, jurgan yamun de udu aniya oho, ya takūran de genehe, kubuhe fulgiyan i wei nirude bi?

B：bi ere aniya susai nadan se, jurgan yamun de gūsin jakūn aniya, fugiyan i dabsun i takūran de genehe bihe, toboo niurude bi.

A：si terei mukūn?

B：mukūn waka.

C：bi duleke aniya bethe nimere de wesimbufi halhūn muke de genefi tere jakade, labdu yebe oho bihe, ere aniya geli fukderefi nimembi, ejen gung de bisire ucuri, baita akū be dahame, bahaci halhūn muke de genefi orin inenggi teki, amban bi genehe amala, uheri da i baita be dashūwan galai galai da mucengge de afabufi icihiyabureo?

A：爾年紀幾何？在部幾年？曾出何差？在鑲紅旗何人佐領下？

B：臣今年五十七歲，在部三十八年，曾出福建鹽差，在托保佐領下。

A：爾係彼一族否？

B：不係同族。

C：臣去歲患足疾，曾請旨赴湯泉養疾，已經大痊，今年復發，茲值聖駕在宮，乘間無事，仍欲請假二十日，前赴湯泉。臣去後，步軍統領之事，請委左翼步軍總尉穆成格管理。

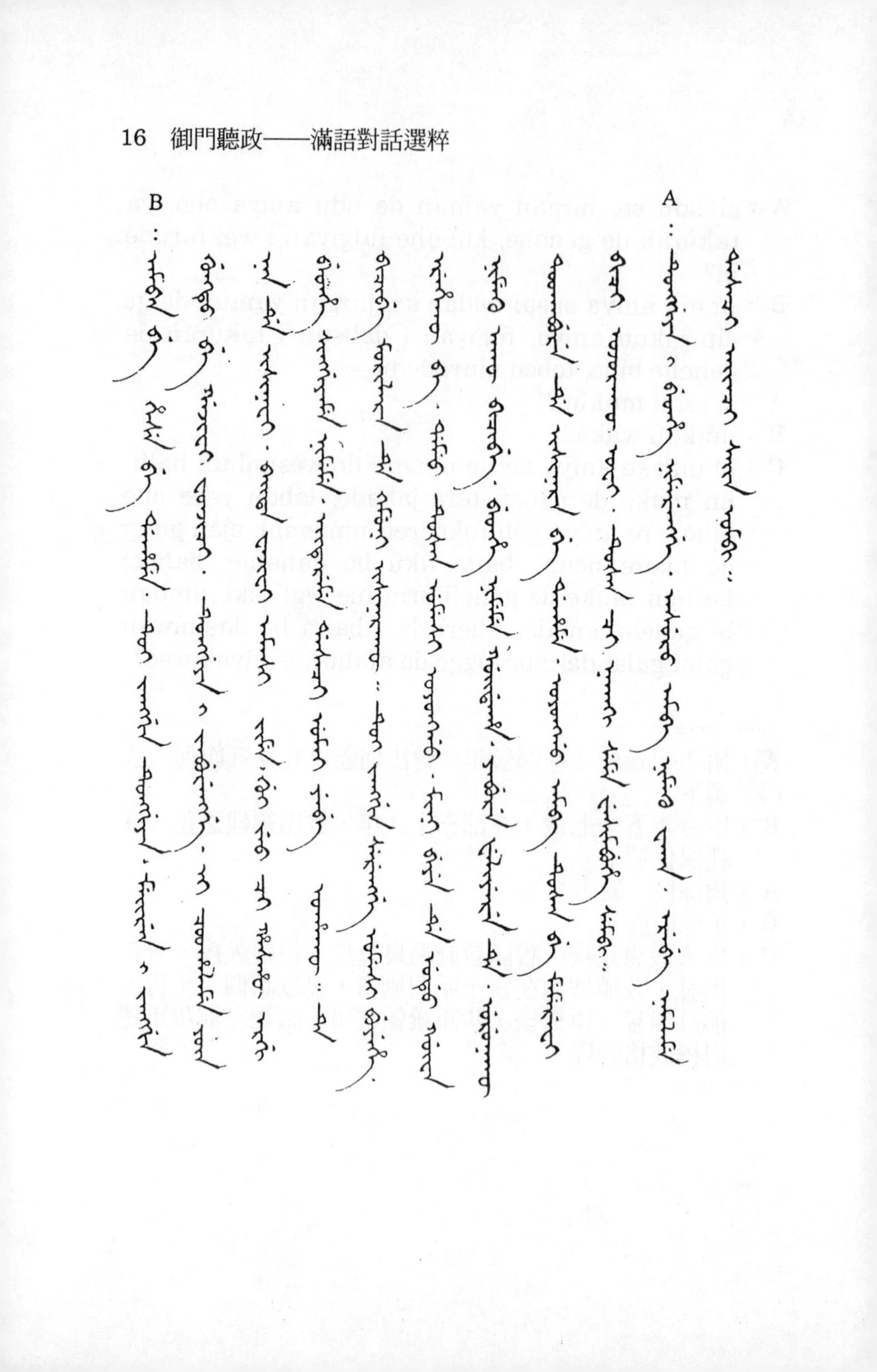

A: [illegible]

B: [illegible]

B：amban be hese be dahame, tui janggin tunggiya, meiren i janggin gungtu be gajifi fonjici, tunggiya i jaburengge, i coohalame yūn nan de isinafi, baita wajifi .bpr gui jeo ci hashū ergi bethe singgiyame nimeme, eitereme dasaci umai yebe ohakū. te bicibe morilara de kemuni isinarakū, tui janggin serengge umesi buyehe, erehekū ba, damu tušan umesi oyonggo, mini beye de udu gūwa nimeku akū bicibe, bethe nimeme goidaha, yabure feliyere de, urunakū tookabure de isinara be dahame, oyonggo amba tušan be memerefi bici ojorakū ofi, tušan ci nakaki seme wesimbuhe sembi.

A：tunggiya i bethe nimerengge, asuru amba nimeku waka, erebe namalame dsaaci ainci sain ombi.

B：臣等遵旨傳問統領佟佳、副都統龔圖。佟佳云伊出征到雲南，畢事凱旋，至貴州左腿酸痛，調治未痊，至今不能上馬。統領之官乃向所欣慕不敢望者，但職任甚要，臣身雖無別症，腿痛既久，行走必致貽誤，豈敢久戀要職，故求罷任。

A：佟佳腿痛非係大病，既無別症，此病若行鍼灸，庶幾痊可。

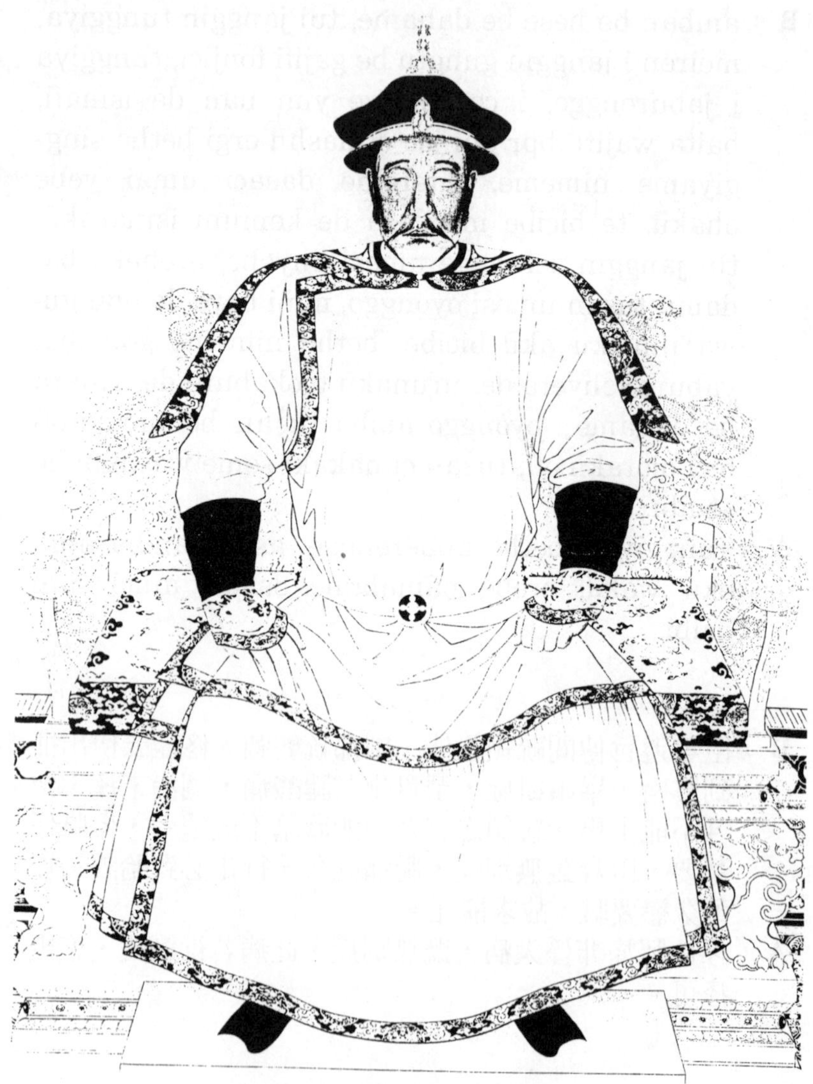

清太祖努爾哈齊坐像

二、對症下藥

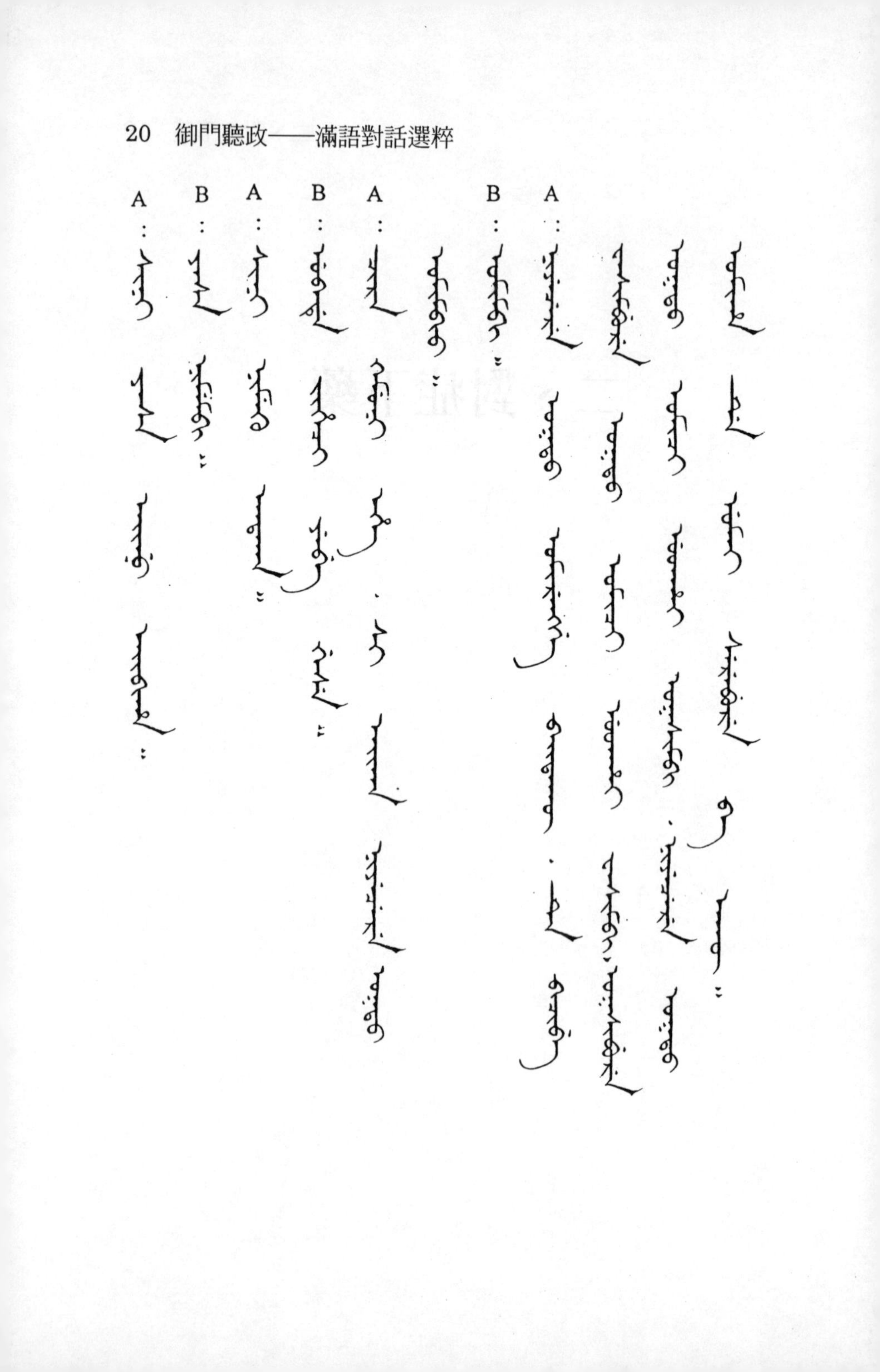

A:

B:

A:

B:

A:

B:

A:

A：sini yasa ainu aibiha?

B：yasa nimembi.

A：sini nimeku antaka?

B：ubade jiheci yebe gese.

A：cira kemuni ehe, si aika niyecere okto omimbio?

B：omimbi.

A：niyecere okto omirengge baitakū, te bicibe wasimbure okto omici uthai wasimbi, oksibure okto omici uthai oksimbi, niyecere okto omiha de umai serebure ba akū.

A：爾眼何腫？

B：害眼。

A：爾疾若何？

B：至此處似稍愈。

A：氣色尚不好，爾豈服補藥乎？

B：服之。

A：服補藥無益，如服下藥即下，服吐藥即吐，服補藥總不知覺。

A：niyecere okto omirengge, uthai niyalmai acabure gisun be donjire adali, umai tusa akū.

C：ejen i sahangge umesi inu, daifu sa okto acabure giyan be sarkūngge labdu, omiha seme tusa akū, amban bi neneme niyecere okto omimbihe, ejen tacibuha ci, okto omire be nakara jakade, te cira sain oho.

A：daifu sei gisun be akdaci ojorakū, nimeku yebe oci, i okto i haran sembi, taka yebe ojorakū oci, i nesuken okto de elhei tusa ombi.

A：服補藥如聞譽言，總無利益。

C：皇上所見甚是，醫者多不知配藥之理，服之無益，臣昔曾服補藥，自蒙皇上訓示，因不服藥，今氣色好矣。

A：醫者之言不可信，病愈則曰藥之功，不愈則曰平和之藥緩乃有效。

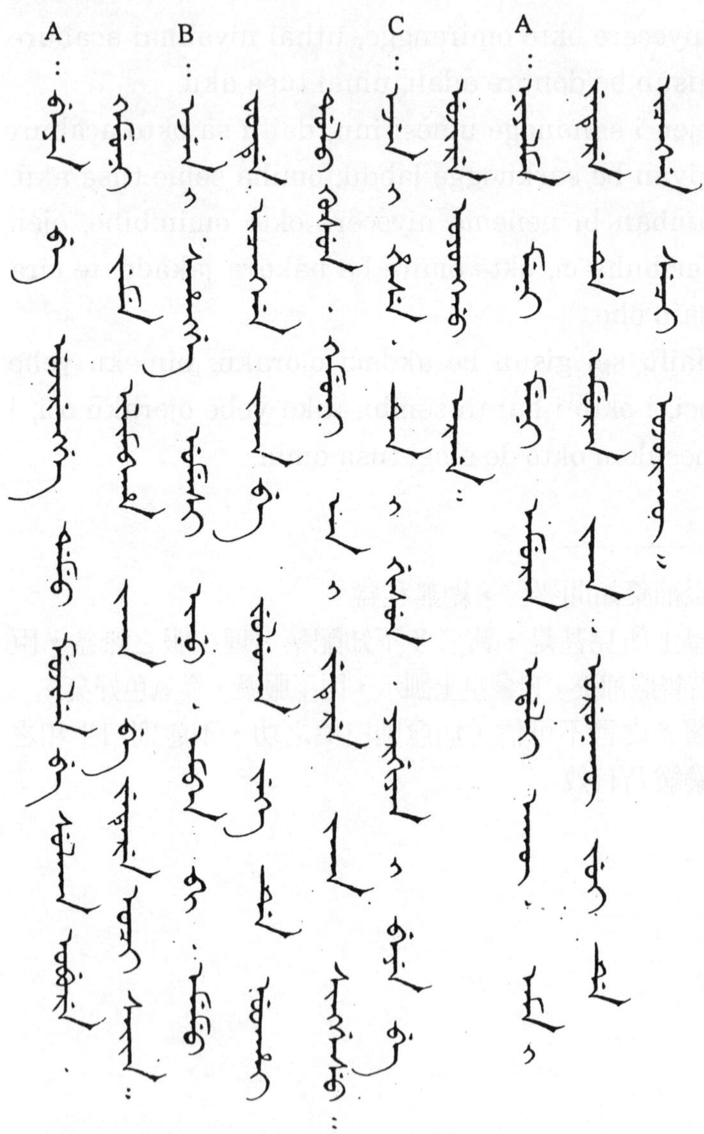

A：beye be ujirengge damu mujilen be sulaka obure, kemuni jeme ilimbaha jaka be jetere oci sain.

B：ejen i sahangge umesi inu, amban bi, ememu fonde icangga jaka be fulukan jeke de uthai dolo kušun, kemuni an i jetere jaka singgesu.

C：ejen i hese, ten i gisun, yargiyan i beye be ujire oyonggo arga.

A：niyalma meni meni amuran adali akū, ama i jetere de amuran jaka, urunakū jui de icangga seci ojorakū.

A：養身者，但寬其心，食常食之物爲佳。

B：皇上所見甚是，臣有時食適口之物過多則膨悶，仍食照常之物，則易於消化。

C：皇上之旨，眞是至言，誠養身之要法。

A：人之所好，各不同，父所愛食之物，必不能令其子愛食之。

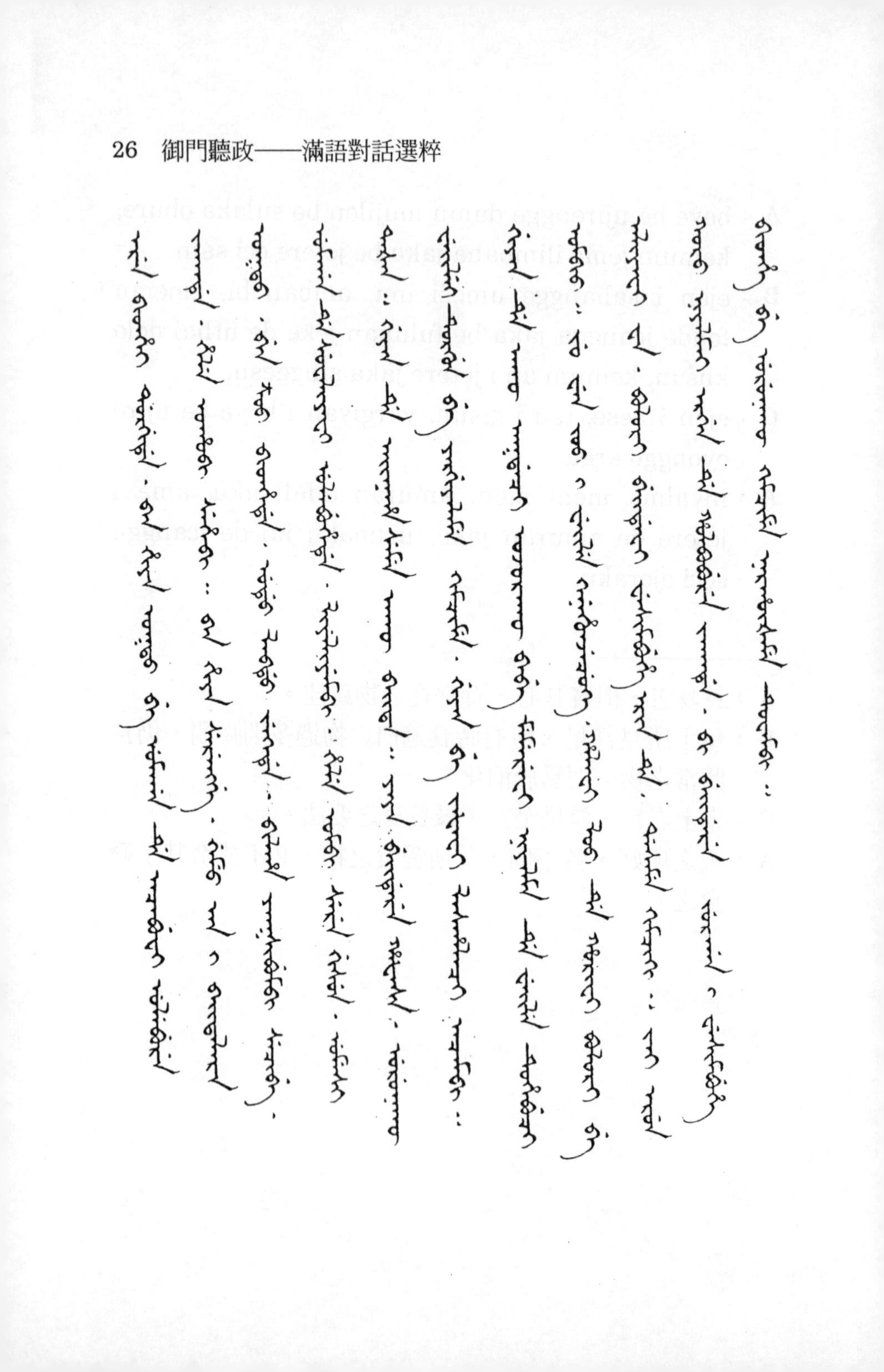

ere bithei dorgide ban hiya okto be umgan de acabufi ulebure jakade, hele ohobi sehebi. ban hiya serengge, gemu an i baitalara okto, ben ts'oo bithede, udu labdu jekede, bilha yaksibumbi secibe, umgan de suwaliyafi ulebuhede, liyeliyembi, hele ombi sere gisun, umesi tašan. giyan de ainaha seme akū baita, yaya beidere hafasa, urunakū weilei turgun be yargiyalame kimcime, giyan be jafafi lashalaci acambi. giyan de akū akdaci ojorakū babe memerefi niyalma de wiele tuhebuci ombio? ju wen joo i weile kenehunjecuke, halafi loo de horifi bolori be aliyafi wa, bolori beidefi wesimbuhe erin de, dasame kimciki. jai erun koro niyalmai ergen de holbobure jakade, bi beidere jurgan i wesimbuhe bithe be urunakū kimcime narhūšame tuwambi.

此本內云半夏和雞子食之，因此喉啞。夫半夏乃常用之藥，雖本草云半夏多食喉閉，若和雞子食之，便致昏迷喉啞之說殊謬，決無此理。凡讞獄官員應詳察事情，據理審斷。若理之所無，不可信者，豈可執坐人罪乎？朱文兆之罪可疑，著改爲監候秋後處決，俟秋審具題之日再爲詳酌。

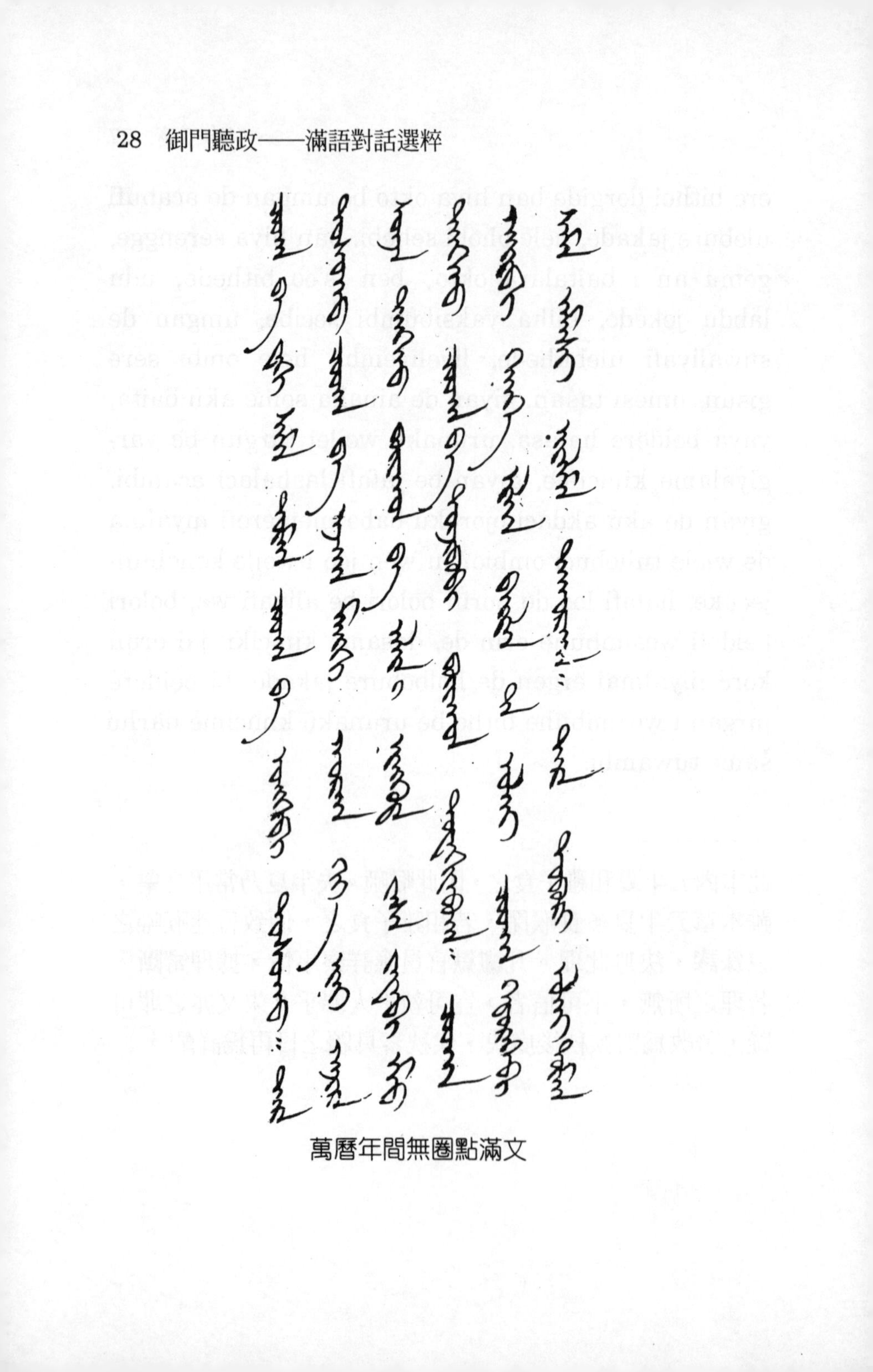

萬曆年間無圈點滿文

三、民間疾苦

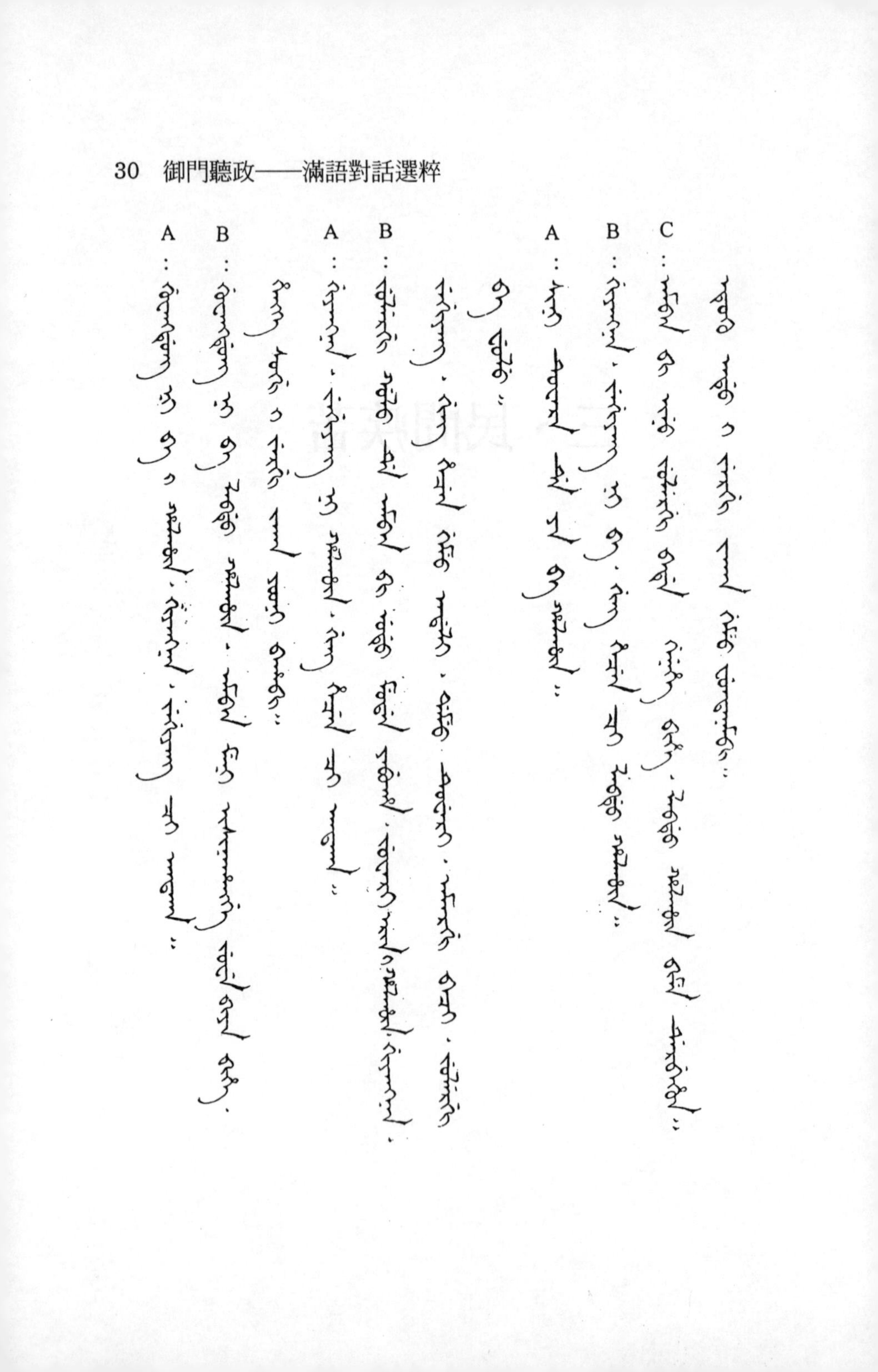

[illegible]

C：[illegible]

B：[illegible]

A：[illegible]

B：[illegible]

A：[illegible]

B：[illegible]

A：[illegible]

A：guwangdung ni ba i halhūn, giyangnan, jegiyang ci antaka?

B：kguwangdung ni ba labdu halhūn, amban meni isinahangge juwe biya bihe, hengke sogi i jergi jaka yooni bahabi.

A：giyangnan, jegiyang ni halhūn, ging hecen ci antaka?

B：julergi golo de amban bi udu mudan yabuha, juwari erin i halhūn, giyangnan, jegiyang, ging hecen gemu adali, damu tuweri, amargi baci, julergi ba fulu.

A：sini tuwara de ya ba halhūn?

B：giyangnan, jegiyang ni ba, ging hecen ci labdu halhūn.

C：amban bi inu julergi bade genehe bihe, labdu halhūn bime derbehun. etuku adu i jergi jaka gemu funtanambi.

A：廣東地方之熱較江浙何如？

B：廣東甚熱，臣到之日是爲二月，瓜菜等物俱已成熟。

A：江浙之熱較京師何如？

B：臣曾數至南省，夏月之熱，江浙與京師無異，但冬月之時，南方稍勝北方。

A：據爾所見何地爲熱？

B：江浙地方較京師熱甚。

C：臣亦到南省，甚熱且濕，衣服等物皆污。

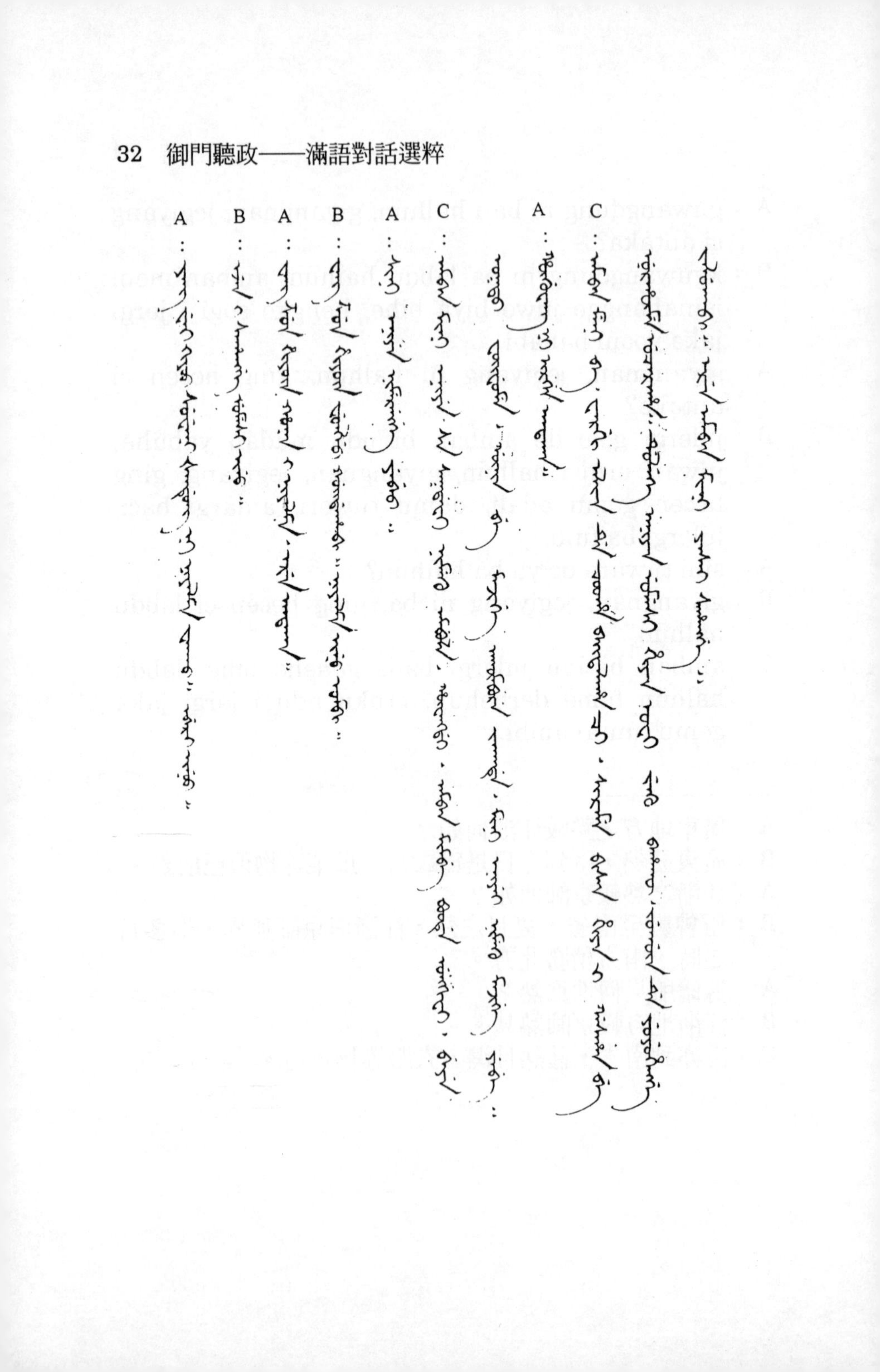

A：[illegible]

B：[illegible]

A：[illegible]

B：[illegible]

A：[illegible]

C：[illegible]

A：[illegible]

C：[illegible]

A：yang wei kiyoo suweni šandung kni niyalma wakao? eberi inuo?
B：ejen i sahangge umesi inu.
A：wang dzun hiyūn honan i niyalma, ere antaka?
B：wang dzun hiyūn funglu goidahabi, niyalma inu ombi.
A：sini eniye nimerengge yebeo?
C：amban mini eniye se sakdafi nimeku ambula, hū wangdi, amban mimbe boode unggifi, beye okto foifume, gūnin be majige akūmbure jakade, mini eniyei nimeku majige yebe.
A：hūguwang ni irgen antaka?
C：amban meni ba, wargi alin de cooha baitalaha ci, sirame bisan hiya i gashan be nurhūme ucaraha. duleke aniya umesi hiya ofi jeku bahakū, jugūn de yuyuhengge jalukabi. ere amban mini yasai sahangge.

A：楊維喬是爾山東人，果庸劣否？
B：皇上所見極是。
A：王遵訓係河南人，其人若何？
B：王遵訓俸深，爲人亦好。
A：爾母病痊否？
C：臣母年老多病，蒙皇上放臣歸家，親侍湯藥，少將菽水，母病稍痊。
A：湖廣百姓如何？
C：臣鄉自西山用兵之後，繼以水旱頻仍，昨年旱荒更甚，顆粒無收，道殣相望，臣所目擊。

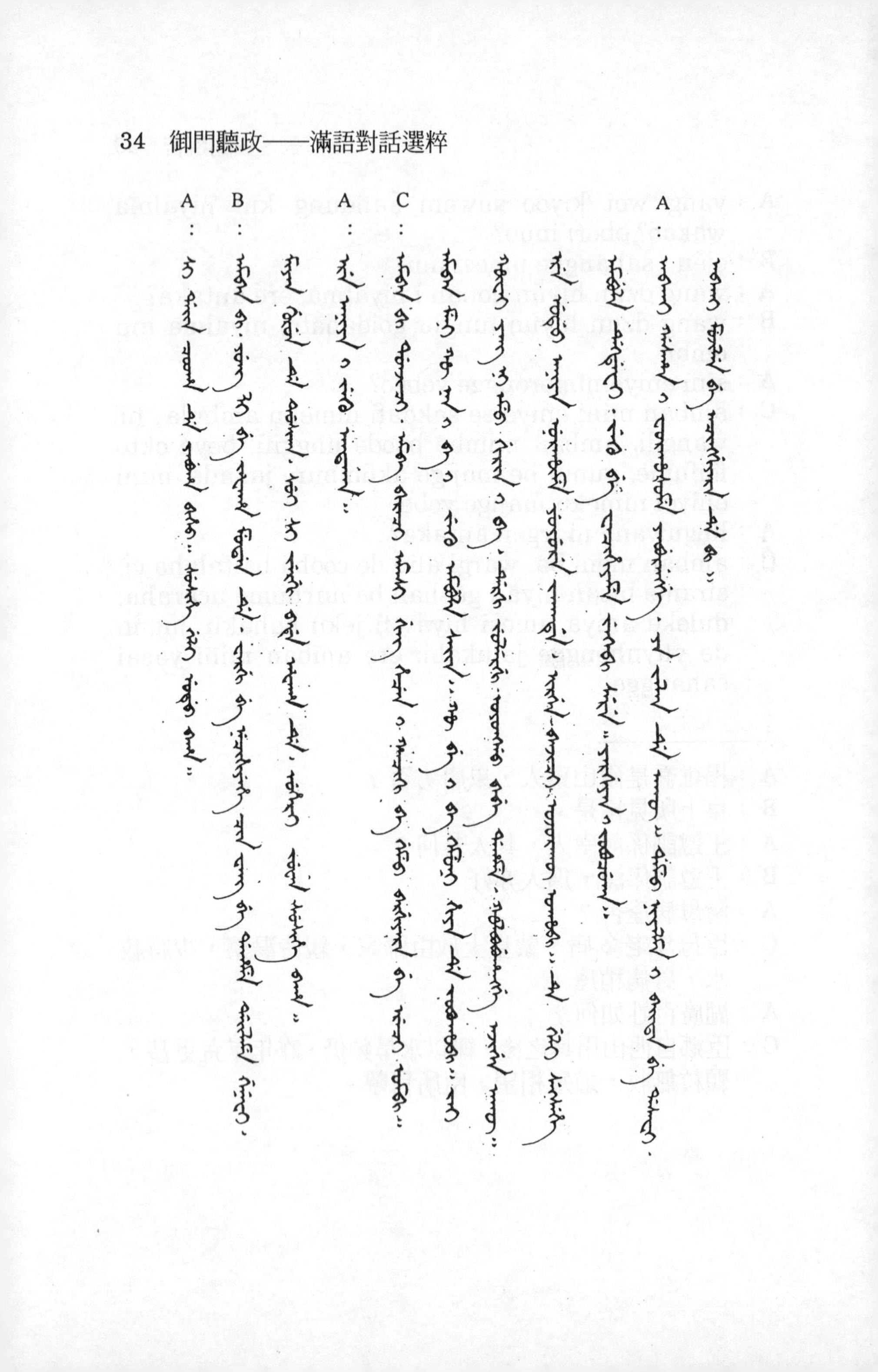

A：[illegible]

C：[illegible]

A：[illegible]

B：[illegible]

A：[illegible]

A：si dain cooha de yabuha biheo? šusihe geli udu baha?

B：amban bi, yung li be jafaha mudan de, wargi be necihiyehe cin wang be dahame dailame genefi, miyan gurun de dosika, sui si jergi bade afaha de, uheri juwan šusihe baha.

A：ere aniya i jeku antaka?

C：amban bi donjici, amba biraci amasi ging hecen i hanciki ba gemu bargiyara be ereci ombi. amban meni hū nan i ba i jeku ambula sain. hū be i ba kemuni i hiya de jobohobi. jai hūwai yang ni emu girin i ba, dergi julergi oyonggo babe dahame, holbobuhangge ajigen akū. ere udu aniya nurhūme yuyure jakade, irgen banjici ojorakū ohobi. te geli seksehe ambula dekdefi, jeku be wacihiyame jekebi sere. yargiyan i jobocuka.

A：abkai gashan i forhošome yaburengge, ya jalan de akū. damu niyalma i baita be dasafi, abkai mujilen be acinggiyara de bi.

A：爾曾經戰陣否？得有功牌幾何？

B：向擒獲永曆時，臣曾隨平西親王入緬國、征水西等處，共得功牌十個。

A：今年田禾若何？

C：以臣所聞，大河以北，畿輔地方，俱可望有秋。臣鄉湖南大熟，湖北仍苦亢旱。至淮陽一帶，爲東南重地，關係匪小，連年饑饉，民不聊生。茲又飛蝗蔽天，禾苗食盡，深爲可憂。

A：天災流行，何代無之，唯在修人事以格天心耳。

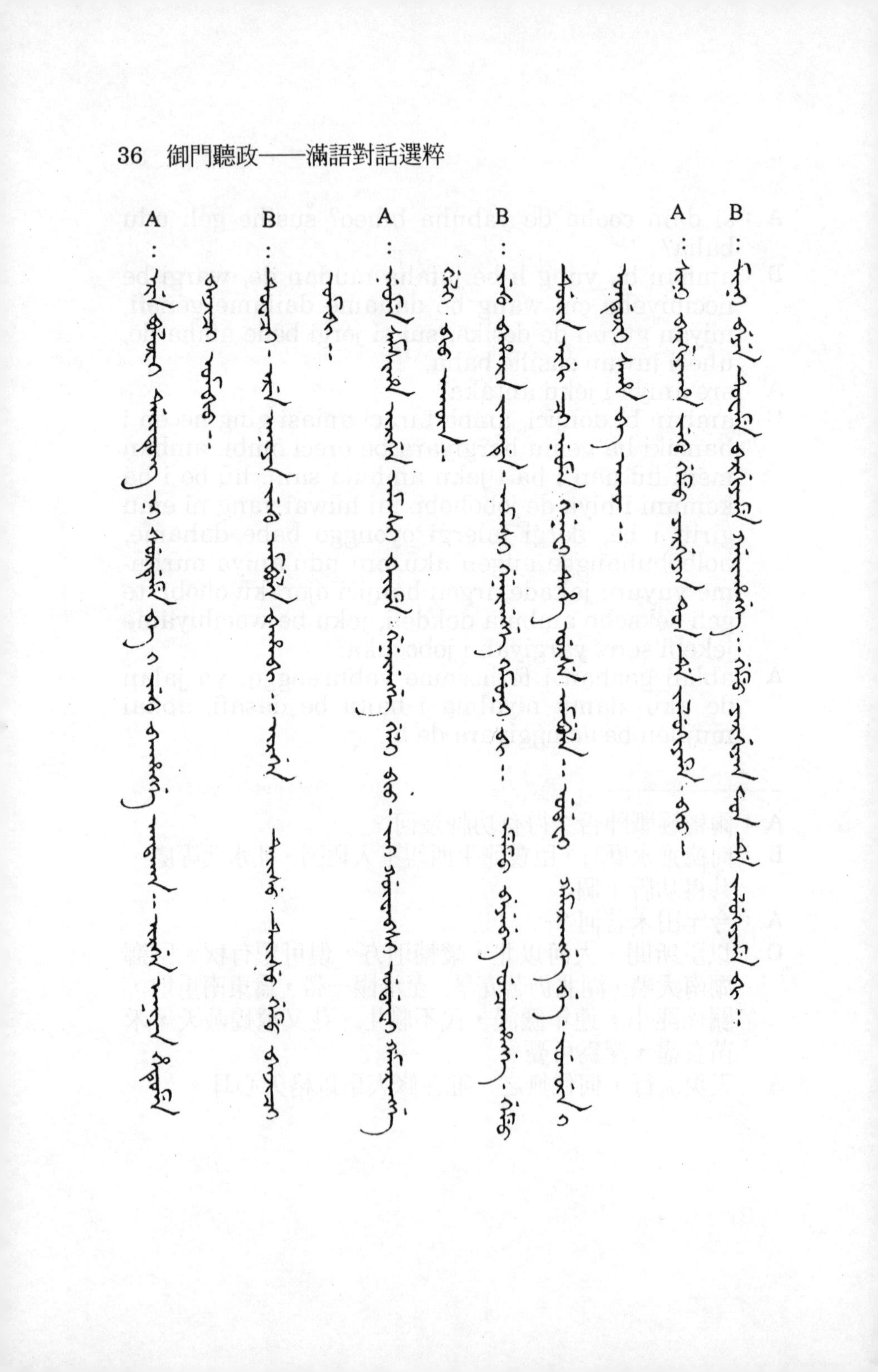

A：[illegible]

B：[illegible]

A：[illegible]

B：[illegible]

A：[illegible]

B：[illegible]

A：ere bolori daitung ni šurdeme ba jeku bahangge antaka? irgen aniya hetume banjici ombio?

B：tuwaci, ere aniya jeku ambula bahabi. irgen teisu teisu gemu banjici ombi.

A：neome samsiha irgen amasi baime generengge geli bio? jai gūwabsi udafi gamrangge geli bio akūn?

B：jeku bahara jakade, amasi generengge kemuni bi. ememu beyebe uncahangge, gemu duin ergi ci neome genefi tehe urse ambula. udafi gamarangge be, jugūn i unduri saha ba akū.

A：sini bargiyaha jeku gemu yargiyan ton de jalukiyame bio?

B：mini beye tuwame bargiyame gaihangge. gemu yargiyan ton de jalukiyame bi.

A：今秋大同周圍地方所獲米糧若何？百姓可有一年生計否？

B：觀今年米糧大收，百姓俱可生活。

A：流散之民亦有歸集者否？還有他處賣去者否？

B：今米糧已得，歸集者亦有。或有賣身者，皆係四方流寓之人居多，沿途並未見賣去者。

A：爾所收米石俱實足數否？

B：臣親身查收，俱實足數。

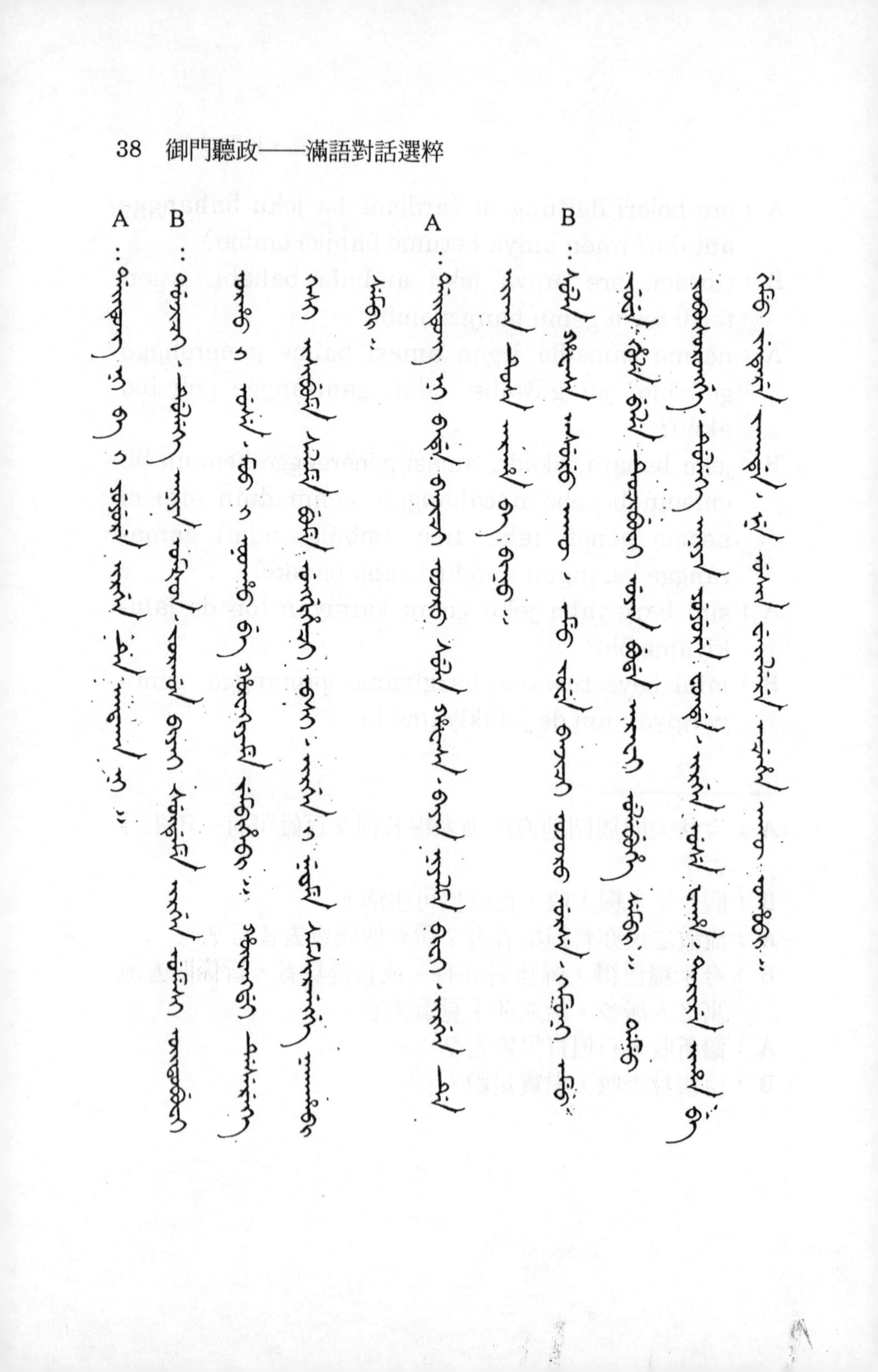

A：

B：

A：

B：

A：daitung ni ba i yuyure irgen te antaka ni?

B：donjici, duleke aniya omšon, jorgon biyai šur deme irgen umesi oitobufi orho i use, moo i notho be hūwakiyame jembihebi. hūwangdi desereke kesi isibume salame bume unggiheci ebsi, irgen i neome samsirengge nakahabi sembi.

A：daitung ni bade banjici ojoro sula hafasa, bayan niyalma bifi, irgen de aika tusa araha ba binio?

B：sula hafasa asuru akū, emu juwe banjici ojoro urse, kemuni emu juwe hule bele tucibufi uyan buda arafi ulebuhe sembi. damu jobošorongge, duleke aniya yuyure fonde, irgen use faha, tarire ihan be gemu jetere jakade, ne usin weilere encehen akū ohobi.

A：大同地方饑民近來何如？

B：聞去年十一、十二月間，民生最爲困苦，草根木皮曾經剝食。蒙皇恩浩蕩，遣官賑濟以來，民之流散者方止。

A：大同地方有富足鄉紳及富民等，與百姓亦有救益之處否？

B：鄉紳亦不甚有，惟一、二富家，出米一、二石，煮粥分食。但所慮者，去年饑荒之時，民間穀種、耕牛俱已食盡，今無資本耕田耳。

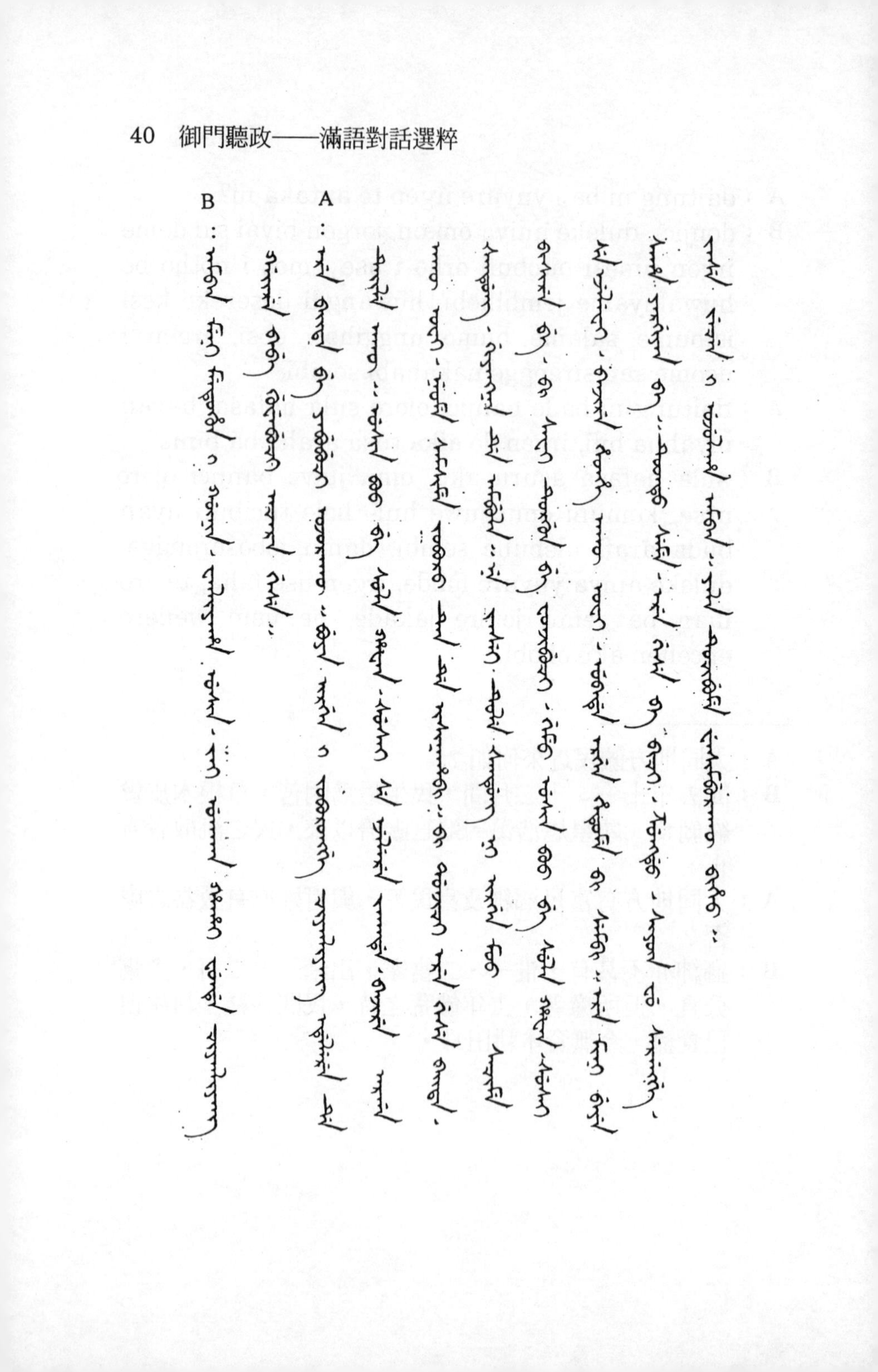

A:

B:

B：amban meni mentuhun i gūnin, waliyaha usin, jai ukaka hahai funde ciyanliyang gaire babe guwebuci acara gese.

A：ere baita be yabubuci ojouakū. buya irgen i joborongge ciyanliyang edelere de teile akū. usin boo be sula hafan, šusai se ejelere jakade, banjire arga akū ofi, neome samsime joboro ten de isinahabi. bi donjici ere gese baita, šandung, giyangnan de ambula. ne jasei tule šandung ni irgen moo sacime bisire be, bi safi turgun be fonjibuci, gemu usin boo be sula hafan, šusai se ejelefi, banjire hethe akū ofi, ubade ergen hetume bi sembi. ere mini beye saha yargiyan ba. tuttu seme, ere gese ba bici, dzungdu, siyūn fu serengge, jase jecen i ujulaha amban, yala tucibume wesimburakū biheo?

B：臣等愚見，以爲包納荒田逃丁錢糧似應豁免。

A：此事難以准行。小民之所患苦不止於拖欠錢糧，其田產每爲紳衿霸占，故無以聊生，流離失散，極其困苦。朕聞此等事唯山東、江南爲多，朕曾見山東之民流在口外，打柴爲生者，因問其故，俱云田產爲紳衿所占，無業爲生，故至此餬口。此朕所親見確證。且督、撫爲封疆大臣，如有此事，豈不陳奏？

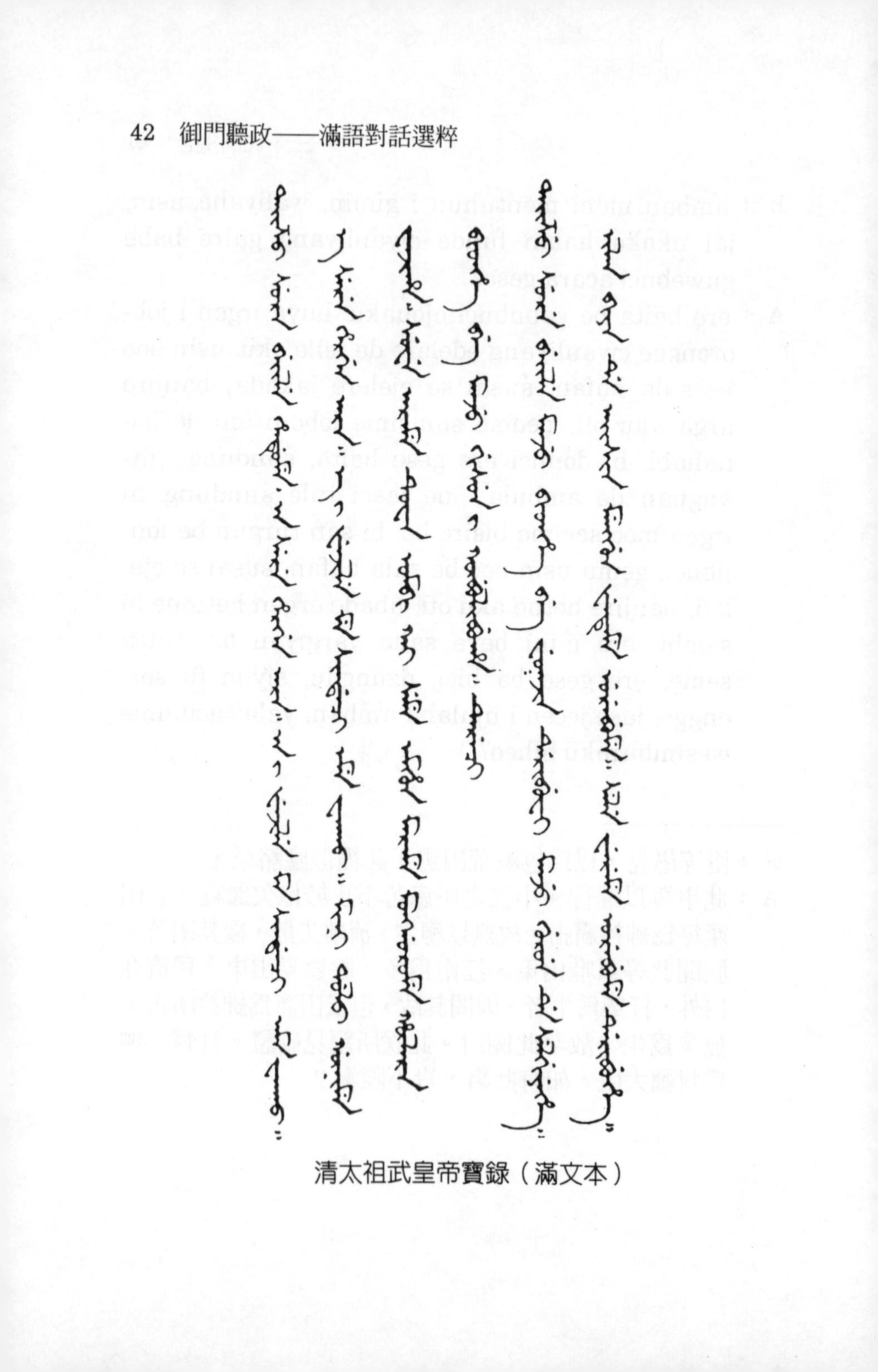

清太祖武皇帝寶錄（滿文本）

四、重農務本

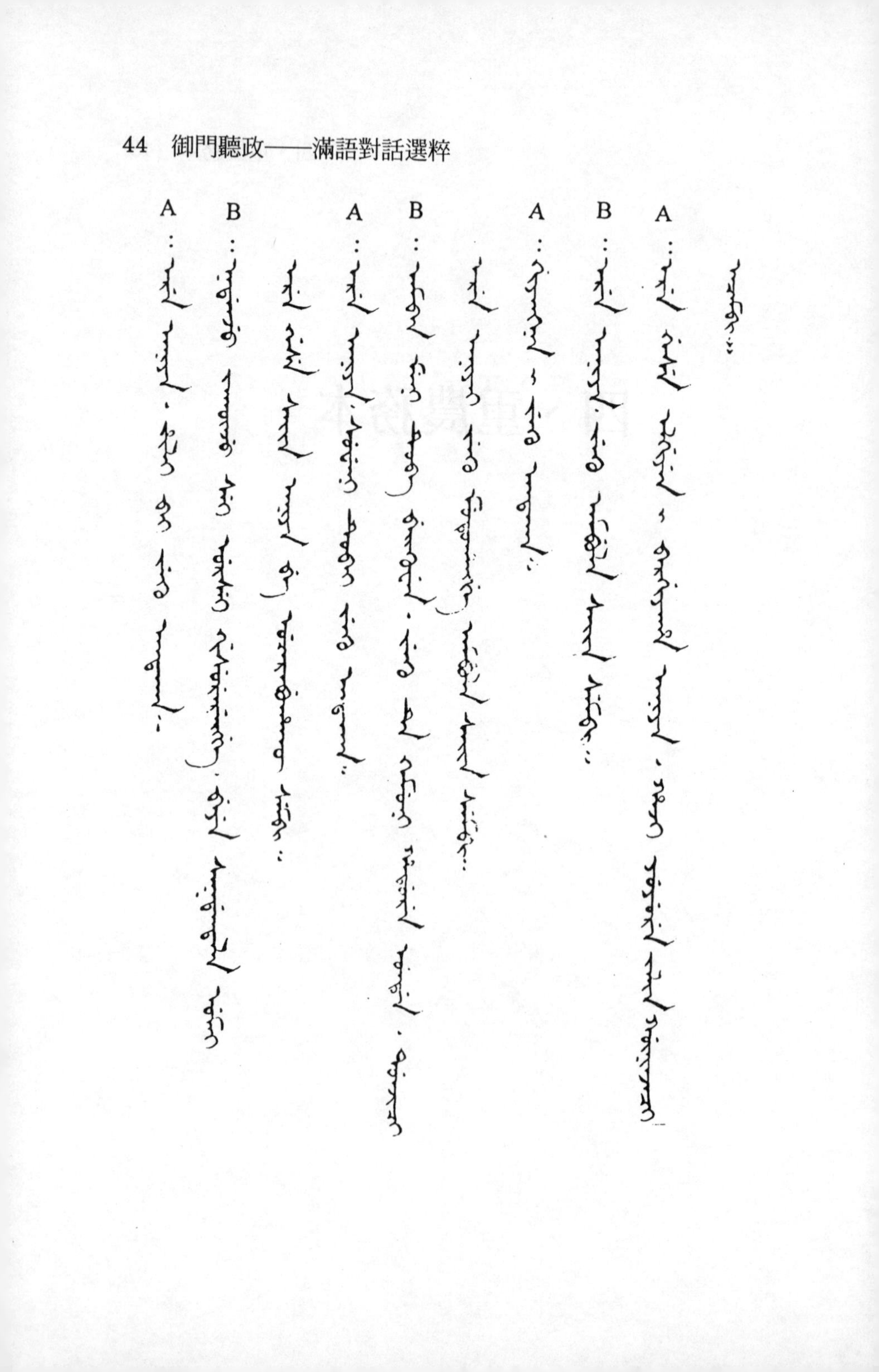

A：ᡝᠨᡝ ᠠᠨᡳᠶᠠ᠈ ᠵᡝᡴᡠ [illegible]

B：[illegible]

A：[illegible]

B：[illegible]

A：[illegible]

B：[illegible]

A：[illegible]

A：ere aniya, jyli bai jeku antaka?

B：nadanju jakūnju sei ursei gisurerengge, beye sakdantala umai ere gese sain aniya be ucarabuhakū sembi.

A：ere aniya, suweni tubai jeku antaka?

B：amban meni tuba beikuwen, jeku te kemuni hadure unde, donjici ere aniyai jeku mutuhangge ambula sain sembi.

A：giyangnan i jeku antaka?

B：ere aniya, jeku ambula sain sembi.

A：ere gese elgiyen i bargiha aniya, haji yuyure jalin gūninjaci acambi.

A：直隸今歲田禾如何？

B：七八旬老叟皆云，有生以來從未遇此豐年。

A：今歲爾處秋田如何？

B：臣鄉多塞，秋田今尚未刈，但聞今歲禾稼甚茂。

A：江南秋田如何？

B：今歲禾稼甚豐。

A：如此豐年，即當預籌荒歉。

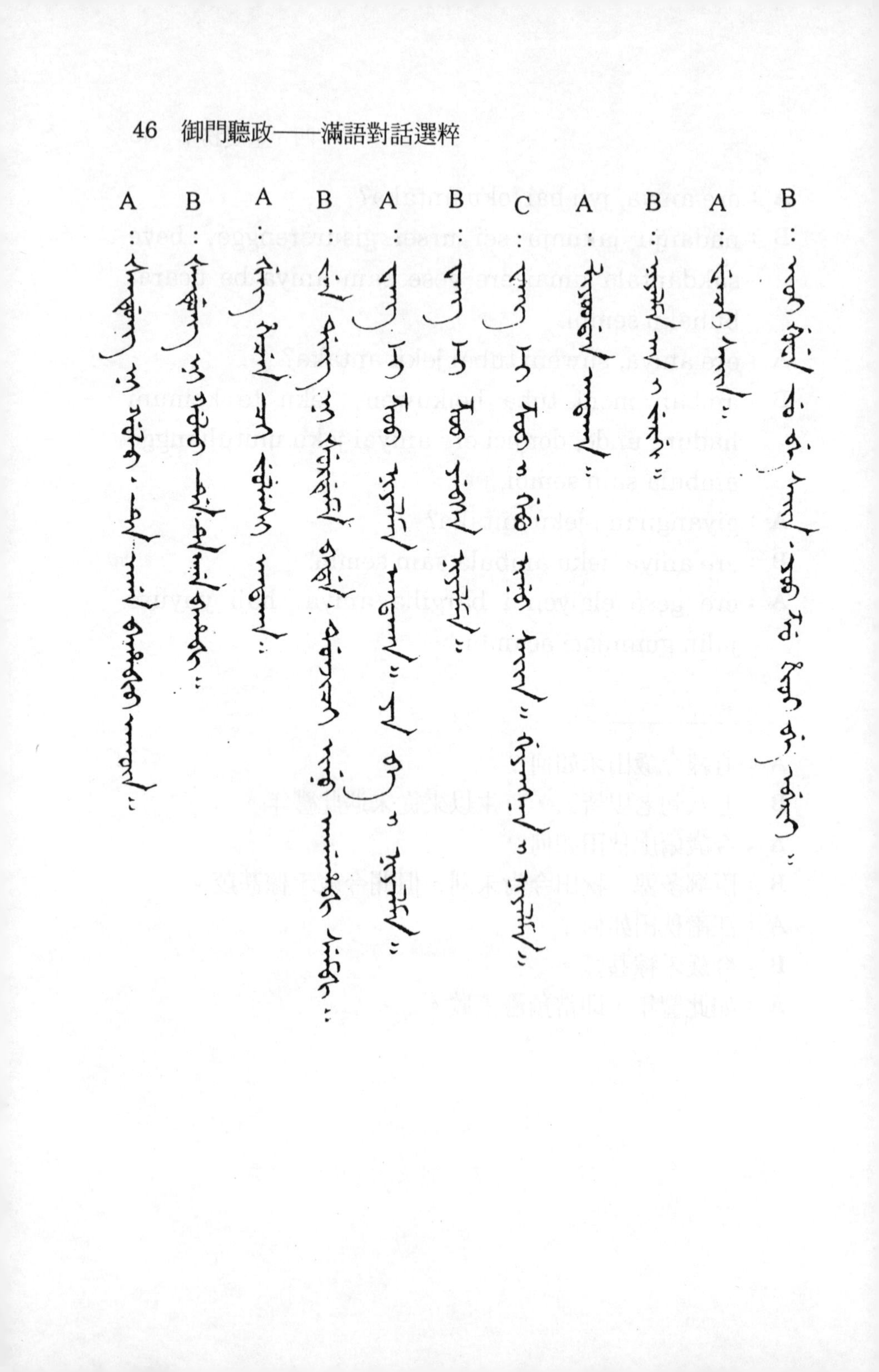

A：[illegible]

B：[illegible]

A：[illegible]

B：[illegible]

A：[illegible]

B：[illegible]

C：[illegible]

A：[illegible]

B：[illegible]

A：[illegible]

B：[illegible]

A：šandung ni golo, te aga bahabio akūn?
B：šandung ni golo de, te aga bahabi.
A：ging hecen ci julesi antaka?
B：jen ding ni šurdeme bade, donjici inu agahabi sembi.
A：wang zi dzoo niyalma antaka? ya ba i niyalma?
B：wang zi dzoo yebken niyalma.
C：wan zi dzoo i gebu inu sain, giyangnan i niyalma.
A：liyoodan antaka?
B：niyalma an i jergi.
A：weci sain?
B：ioi guwe ju be sain, yoo dzu hioi be eberi.

A：山東今有雨否？
B：山東今已得雨。
A：京師以南如何？
B：眞定一帶地方，聞亦得雨。
A：王日藻何處人？爲人何如？
B：王日藻爲人堪用。
C：王日藻係江南人，夙有名譽。
A：廖旦何如？
B：其人平常。
A：優者爲誰？
B：余國柱才優，姚祖項才劣。

B：ᠰᠠᡴᡩᠠ ᠪᡝ ᡠᠵᡳᡵᡝ ᠵᠠᠯᡳᠨ᠈ ᡨᡠᠴᡳᠪᡠᠮᡝ ᠪᠠᡳᠮᡝ ᠵᡳᡥᡝ ᠰᠠᡳᠨ᠉

A：ᡝᠮᡝ ᡳ ᠰᡝ ᡠᡩᡠ᠈ ᡠᡩᡠ ᠰᡝ ᠨᡳ᠈ ᡝᠮᡝ ᡳ ᠪᡝ ᠰᠠᡥᠠ᠉

B：ᠠᠮᠠ ᡳ ᠰᡝ ᠨᠠᡩᠠᠨᠵᡠ ᠵᡠᠸᡝ ᠰᡝ ᠣᡥᠣ᠈ ᡝᠮᡝ ᡳ ᠰᡝ ᠨᡳᠩᠵᡠ ᠵᠠᡴᡡᠨ ᠰᡝ ᠣᡥᠣ᠉ ᡤᡝᠮᡠ ᠰᡝ ᠰᠠᡴᡩᠠ ᡳ ᠵᠠᠯᡳᠨ ᡨᡠᠴᡳᠪᡠᠮᡝ ᠪᠠᡳᠮᠪᡳ᠉

A：ᠰᡳ ᡨᡠᠸᠠᠮᡝ ᠵᡳᡶᡳ ᠠᡳ ᠪᠠᡳᡨᠠ᠈ ᠠᠯᡳᠨᡳ ᡨᡠᠴᡳᠪᡠᡥᡝᠩᡤᡝ ᡝᠯᡩᡝᠮᠪᡳ᠉

B：ᠪᡳ ᠪᡠᠶᡝᠮᡝ ᠪᡝᡳᡩᡝᠮᡝ ᠪᠠᡳᠮᡝ ᠪᠠᠨᡳᡥᠠ ᡳ ᠵᠠᠯᡳᠨ ᡤᡳᠰᡠᡵᡝ᠈ ᠪᡳᠰᡳᡵᡝ ᠪᡝ ᠰᠠᡥᠠ᠉ ᠵᡝᡵᡤᡳ ᡨᡠᠸᠠᠮᡝ ᠵᡳᡶᡳ ᠪᡳ ᡝᡵᡳ ᠪᡳᠰᡳᡵᡝ᠈ ᠪᡳ

C：ᡝᡵᡝ ᠪᡝ ᡥᠣᠯᠣ ᠠᠯᡳᠨ᠈ ᠰᡳᠮᡝᠩᡤᡳ ᡝᡵᡝ ᡥᠣᠯᠣ ᡤᡳᠰᡠᠨ ᠰᡝᡵᡝ᠉

ᡨᡠᠸᠠᠮᡝ ᠪᠠᡳᠮᡝ᠈ ᡥᠣᠯᠣᠮᡝ ᡤᡳᠰᡠᠨ ᠪᡝ ᠪᠠᡳᠮᡝ ᠪᡝ ᠰᠠᡥᠠ᠉

B：ᠪᡳ ᠪᡠᠶᡝᠮᡝ ᠪᡝᡳᡩᡝᠮᡝ ᠪᠠᡳᠮᡝ ᡥᠣᠯᠣ ᠪᡳᠰᡳᡵᡝ ᠵᠠᠯᡳᠨ ᡨᡠᠸᠠᠮᡝ ᡤᡳᠰᡠᡵᡝ ᠪᡳ

A：ᡨᡠᠸᠠᠮᡝ ᠵᡳᡶᡳ ᠪᡳ ᡝᡵᡳ ᠪᡳᠰᡳᡵᡝ ᠪᡝ ᠰᠠᡥᠠ᠉

A：hūguwang ni golo i aniya antaka?
B：ere niyengniyeri, juwe hacin i maise ambula baha, juwari doisime, hiya de hangnabure jakade, bolori jeku yooni baha ba akū.
C：bele hule tome emte yan, maise hule tome ninggute jiha salimbi.
B：ere nurhūme ududu aniya hūguwang ni golo gemu jeku baha bime, ere niyengniyeri geli maise baha. neome samsire, banjire babe ufarara de isinaraku.
A：si hūwanggiyarakū seme akdulaci ombio?
B：amban bi tuwaci, jugūn i unduri tehe irgen, an i banjimbi. yuyure omiholoro arbun akū. harangga siyūn fu, inu ere aniyai irgen i banjire jalin joboro ba akū sehe.
A：honan i si ping, sui ping ni emu girin i ba antaka?
B：amban bi amasi jidere de, tubabe yabuhakū ofi sarkū.

A：湖廣年歲如何？
B：今春二麥大熟。因入夏亢旱，秋禾不能全獲。
C：米每石計值一兩，麥每石六錢。
C：連年楚省皆熟，兼以今春麥收，不致有流離失所之事。
A：爾能保其無患乎？
B：臣見沿途居民安堵如故，無饑饉之狀，該撫亦言今歲百姓可無憂生計。
A：河南西平、遂平一路如何？
B：臣回時，未經其地，不能悉知。

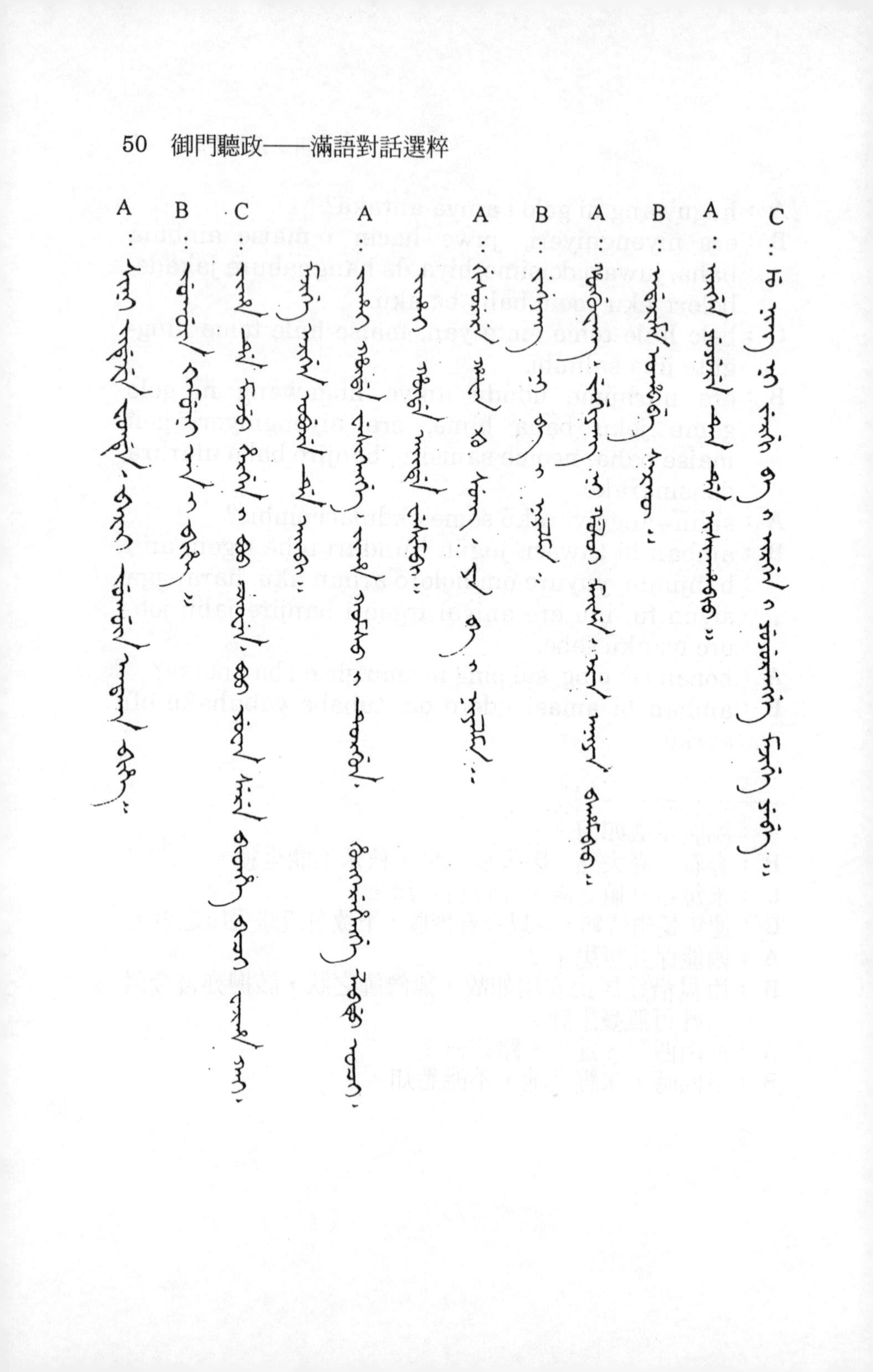

A：[illegible]

B：[illegible]

C：[illegible]

A：[illegible]

A：[illegible]

B：[illegible]

A：[illegible]

B：[illegible]

A：[illegible]

C：[illegible]

A：sini jidere fonde, birai jugūn antaka bihe?
B：jugūn kemuni an i bihe.
C：jiha de manju hergen i boo ciowan, boo yuwan sere bithe bici wajiha kai, majige ajigen obure de aibi.
A：jihai hūda wesikengge, jiha komso i turgun, hungkerehengge labdu oci, jihai hūda aide wesimbi.
A：gisurere hafan k'o sung, ya ba i niyalma?
B：jegiyang ni ba i niyalma.
A：hūguwang, jegiyang ni goloi maise, ere aniya bahambio?
B：adarame oho be sarkū.
A：irgen yuyure ten de isinahabio?
C：zu ning ni jergi ba i irgen i yuyurengge majige yebe.

A：爾來時，河道若何？
B：臣過時，河道如常。
C：鑄錢有寶泉、寶源滿字足矣，雖少輕有何不可？
A：錢價所以貴者，因錢少之故。若所鑄既多，則錢價從何而貴？
A：給事中柯聳何處人？
B：浙江人。
A：湖廣、浙江今年麥田成熟否？
B：未知若何？
A：百姓饑荒至極否？
B：汝寧等處饑荒猶爲未甚。

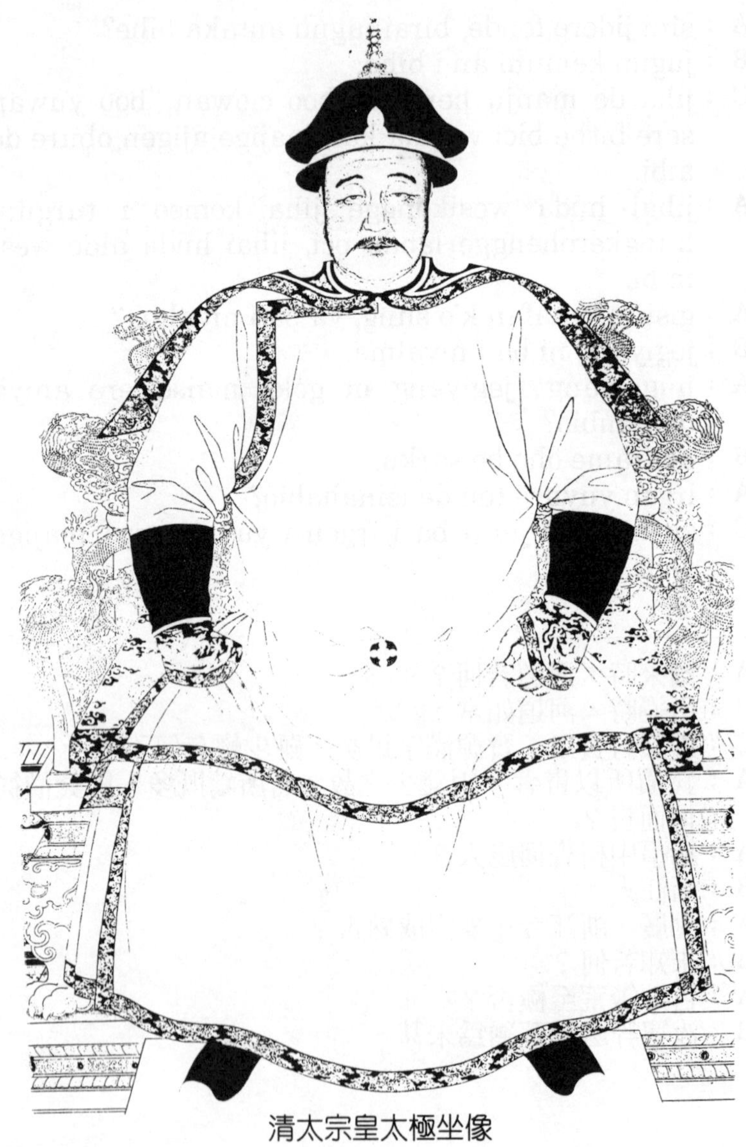

清太宗皇太極坐像

五、與民休息

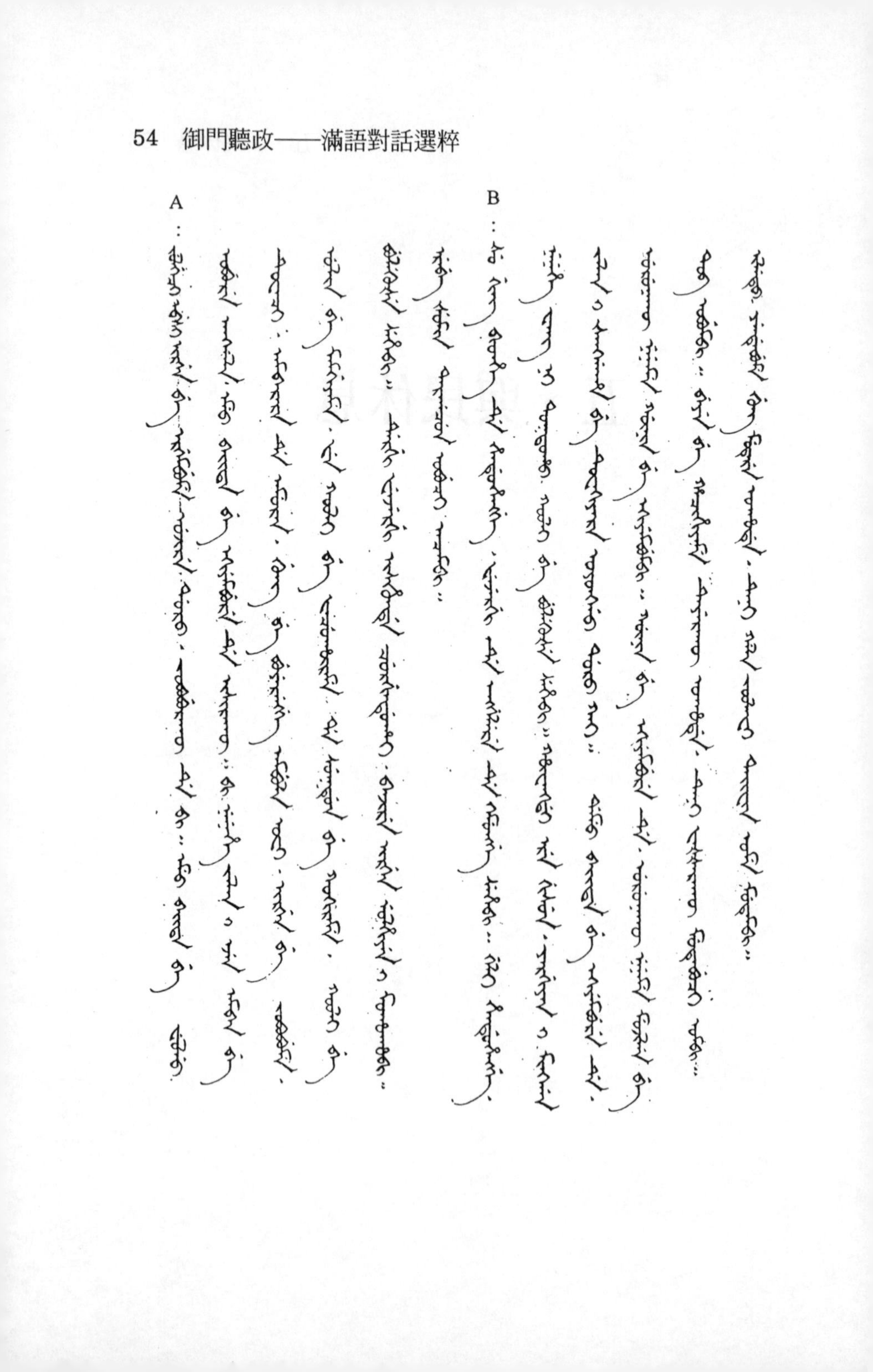

[illegible]

B : [illegible]

A : [illegible]

A：julgeci ebsi irgen be ergembume ujire doro, joboburakū de bi. emu baita be fulu obure anggala, emu baita be ekiyebure de isirakū. bi nenehe jalan i ejen amban be tuwaci, ambarara de amuran, gung be buyerengge ambula ofi, irgen be jobobume, ulin be mamgiyame, fe kooli be facuhūrame da sukdun be kokirame, kooli be bulekuše sehebi. dergi fejergi ishunde curginduhai, banjire irgen ulhiyen i mohohobi. erebe šumin targacun obuci acambi.

B：šu ging bithe de henduhengge, fejergi de enggelere de kemungge sehebi. geli henduhengge, nenehe wang ni toktoho kooli be bulekuše sehebi. hūwangdi ere gisun, yargiyan i minggan jalan i šanggaha be tuwakiyara oyonggo doro kai. damu baita be ekiyembure de, urunakū neneme gūnin be ekiyembumbi. gūnin be ekiyembure de, urunakū neneme mujilen be tob obumbi. beye be hacihiyame teyerakū ohode, teni faššarakū mutebuci ombi. iletu yendebume gung mutere ohode, teni gala joolafi taifin ome mutembi.

A：從來與民休息，道在不擾，與其多一事，不如省一事。朕觀前代君臣，每多好大喜功，勞民傷財，紊亂舊章，虛耗元氣，上下訌囂，民生日蹙，深可為鑑。

B：書云：臨下以簡。又云；監于先王成憲。皇上此言，誠千古守成之要道也。但欲省事，必先省心，欲省心，必先正心。自強不息，方能無為而成；明作有功，方能垂拱而治。

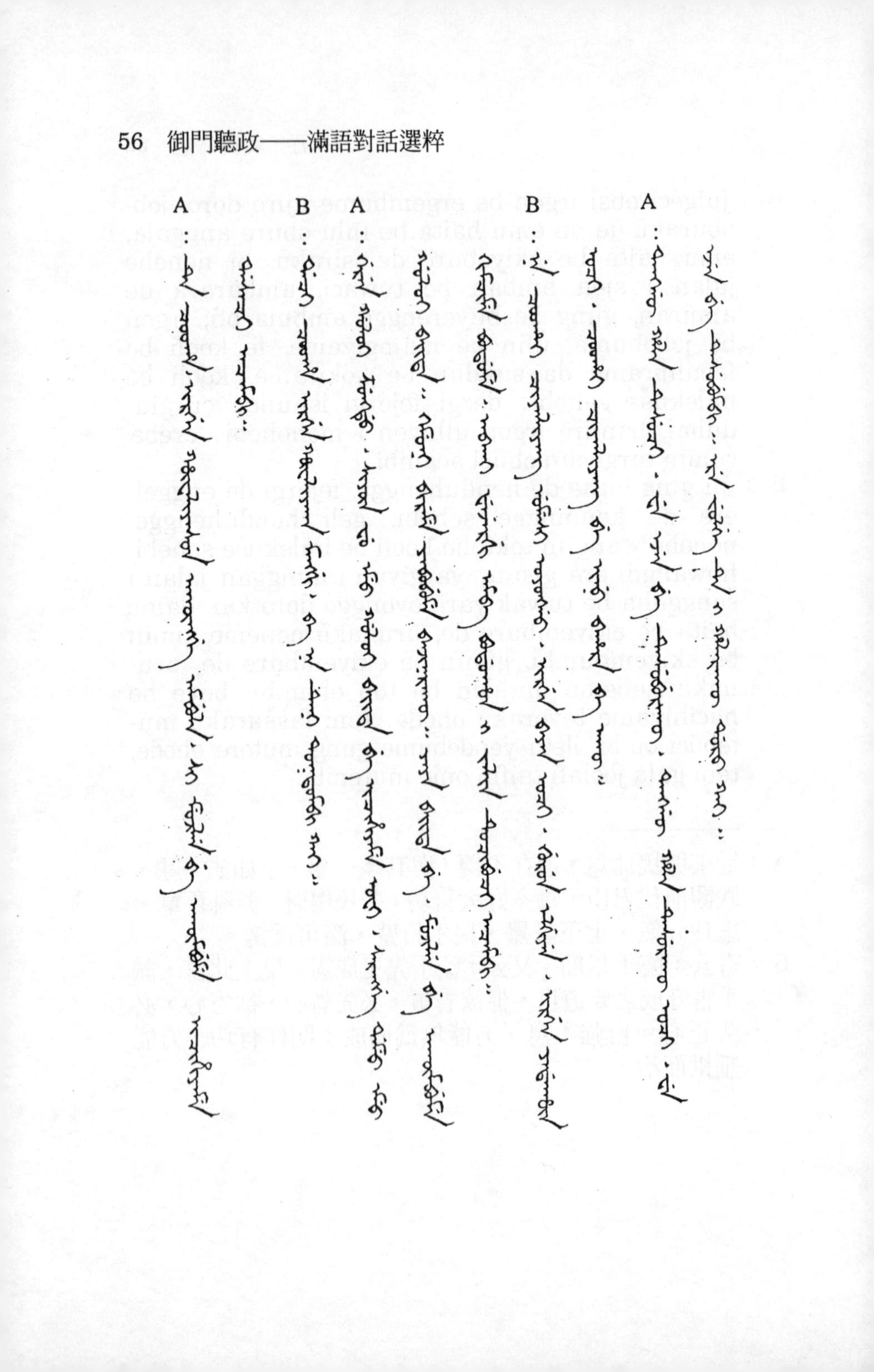

A: [illegible]

B: [illegible]

A: [illegible]

B: [illegible]

A: [illegible]

A：te cooha, irgen hūwaliyasun akūngge ambula, si mujilen be akūmbume icihiyame dasaci acambi.

B：daci cooha irgen hūwaliyaka manggi, ba na teni toktombi kai.

A：geren goloi dzungdu, siyūn fu emu goloi baita be icihiyame ofi, sarangge damu emu goloi baita. kemuni bireme yabubume banjinarakū. yaya baita be mujilen be akūmbume kimcime bodome, abkai fejergi amba bodohon i jalin tucibuci acambi.

B：ne coohai ciyanliyang umesi oyonggo, irgen bayan oci, gurun elgiyen, irgen yadahūn oci, coohai ciyanliyang be inu bahara ba akū.

A：tanggū hala tesuci, we ejen be tesuburakū, tanggū hala tesurakū oci, we ejen be tesubumbi. ere julge te i halarakū doro kai.

A：近來兵民多不能調和，爾宜盡心料理。

B：從來兵民和協，然後地方輯寧。

A：各省督撫料理一省之事，所見止在一省，往往不能通行。凡事應悉心區畫，從天下大計起見。

B：目前惟兵餉最爲緊急。但民富則國裕，民貧則兵餉亦無從而辦。

A：百姓足，君孰與不足；百姓不足，君孰與足。古今不易之理也。

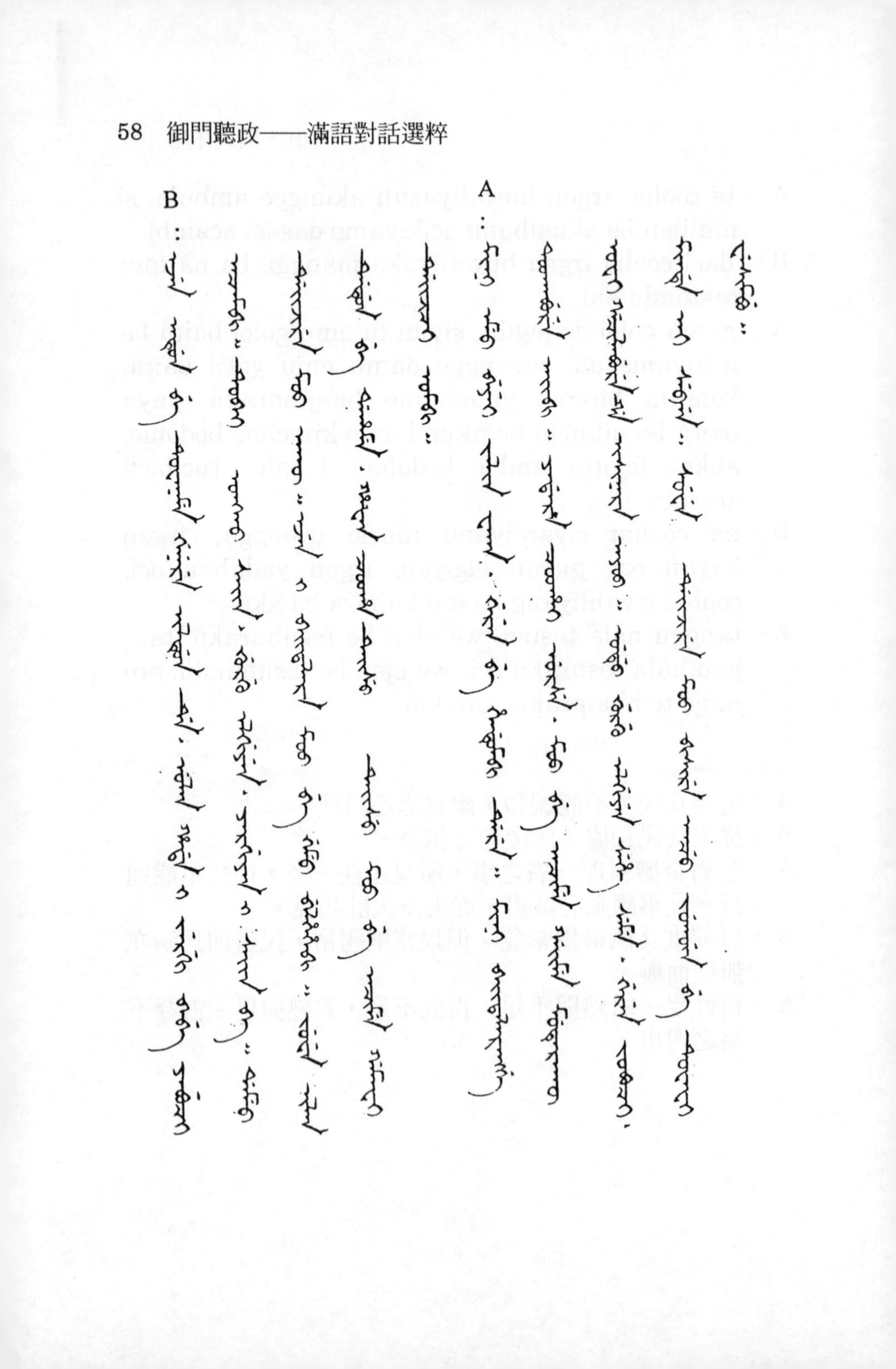

A

[illegible]

B

[illegible]

B：ejen adun be tuwaname genere ildun de, ulan hada i jergi babe yabuci acambi. tubai ongko sain, gurgu elgiyen, yargiyan i sain ba. damu deijire moo akū. ejen i baitalara moo be gemu belhehebi. juwe ilan dedun be dahame, hafan cooha teisu teisu moo be acime gamafi deijici ombi.

A：mini emu beyei jalin waka, geren be hendumbi. dere. mini baitalarangge tookabure aibi. yadara coohai urse, moo be acime gaime muterakū ofi gacilabure de isinara ayoo. udu gurgu elgiyen sehe seme, geren joboci, minde ai sebjen. suwe deijire moo bisire encu jugūn be tuwafi wesimbu.

B：聖駕今往牧馬地方，可乘便經過烏蘭哈達等處。彼處水草甚佳，獸類繁多，誠爲勝地，但無柴薪，止上用柴薪已經預備。此去不過二三日之程，官軍宜各帶柴薪前往。

A：此非爲朕一人，要當爲衆計耳。朕所需用豈至有誤，惟恐官軍窮乏，不能攜帶柴薪，以致窘急。獸類雖多，衆人不免愁苦，朕有何樂？爾等另擇有柴薪地方來奏。

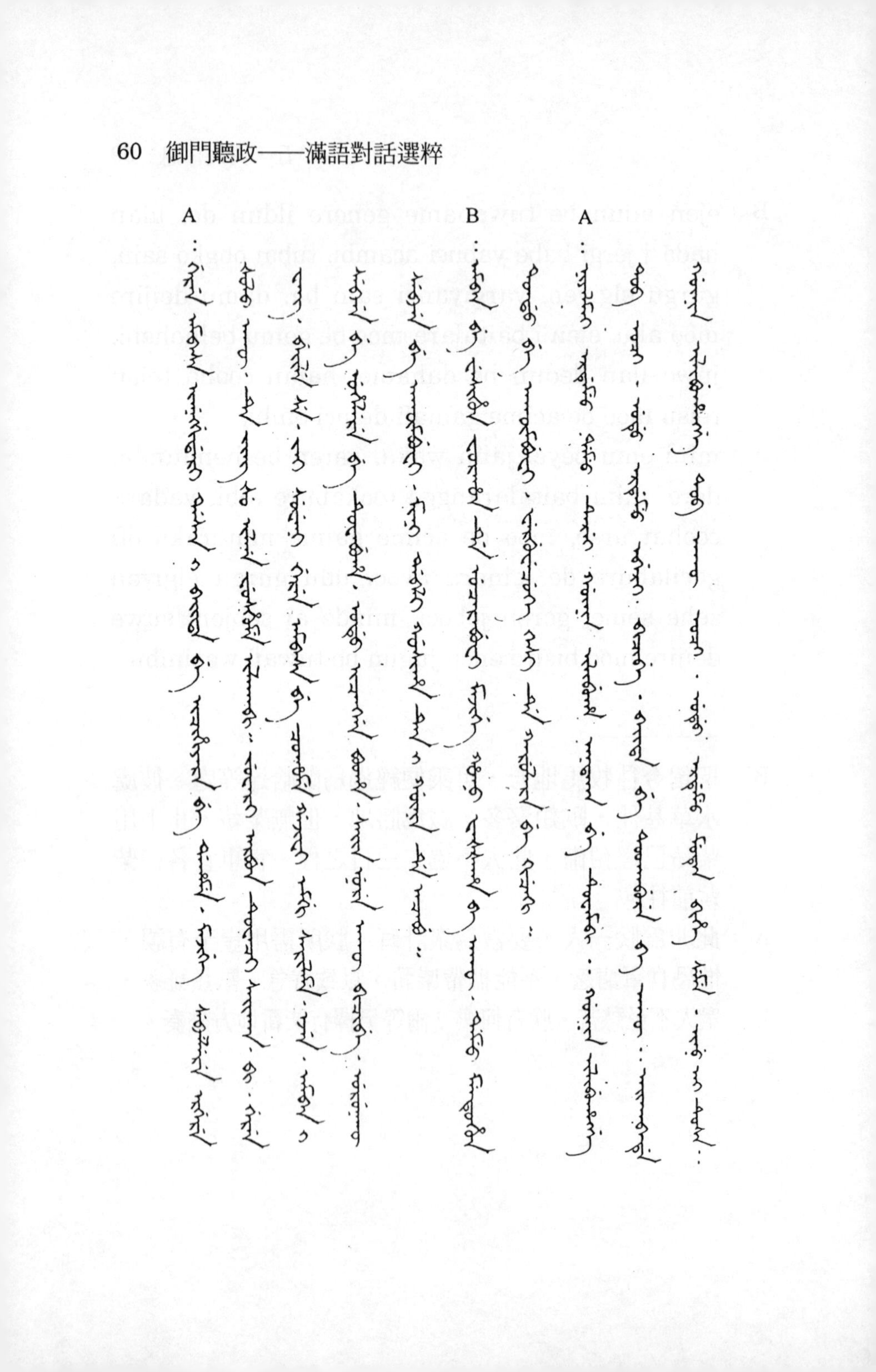

A [illegible]

B [illegible]

A [illegible]

A：geren ambasa inenggidari dasan i baita be icihiyara be dahame, majige sebjelere ergere šolo akū, te jing šu ilga fushume ilakabi, juwari arbun tuwaci saikan, bi geren wang, beile se , jai suweni geren ambasa be cohome gajifi emgi sarilame, ejen, amban i sebjen be uhelere be tuwabuha, udu icangga booha, sain nure akū bicibe, urunakū sebjen be akūmbufi, mini dabali gosiha ten i gūnin de acabu.

B：amban be wesihun forhon de ucarabufi majige hono faššaha ba akū, damu mentuhun tondo be akūmbufi, ferguwecuke kesi de karulara be kiceki.

A：niyalmai erdemu damu terei gūnin ilibuha antaka be tuwambi. gūnin ilibuhangge tob oci, udu erdemu eberi bicibe, baita be tookabure ba akū. aikabade gūnin ilibuhangge tob akū oci, udu erdemu muten bihe seme, inu ai tusa.

A：諸臣日理政務，略無休暇。今值荷花盛開，夏景堪賞，朕因特召諸王、貝勒等及爾諸臣同宴，以示君臣偕樂。雖非佳肴旨酒，務令盡歡，以副朕優渥至意。

B：臣等躬際盛時，本無寸效，惟益竭愚忠，以圖報殊遇耳。

A：人材亦顧其立心何如耳。立心果正，雖才短，於事無誤；若立心不正，雖有才能，亦何補益。

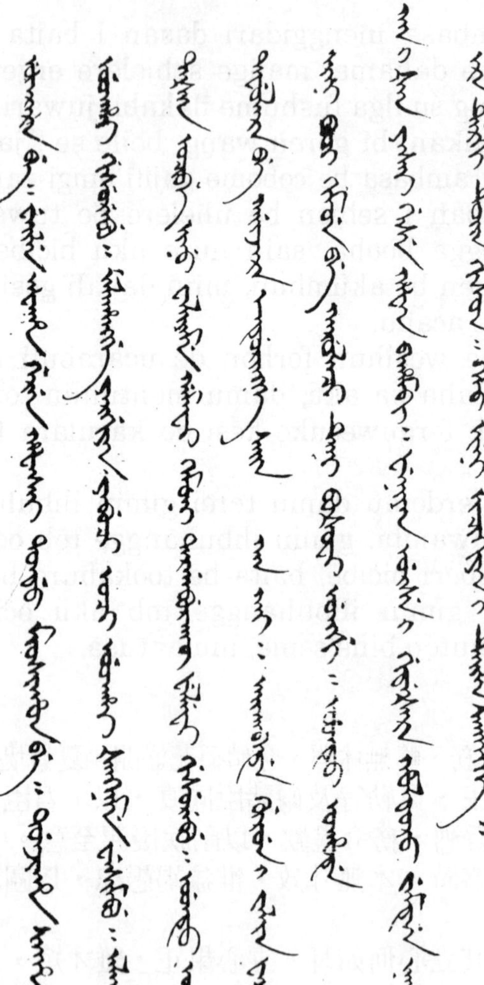

天聰年間加圈點滿文

六、澄清吏治

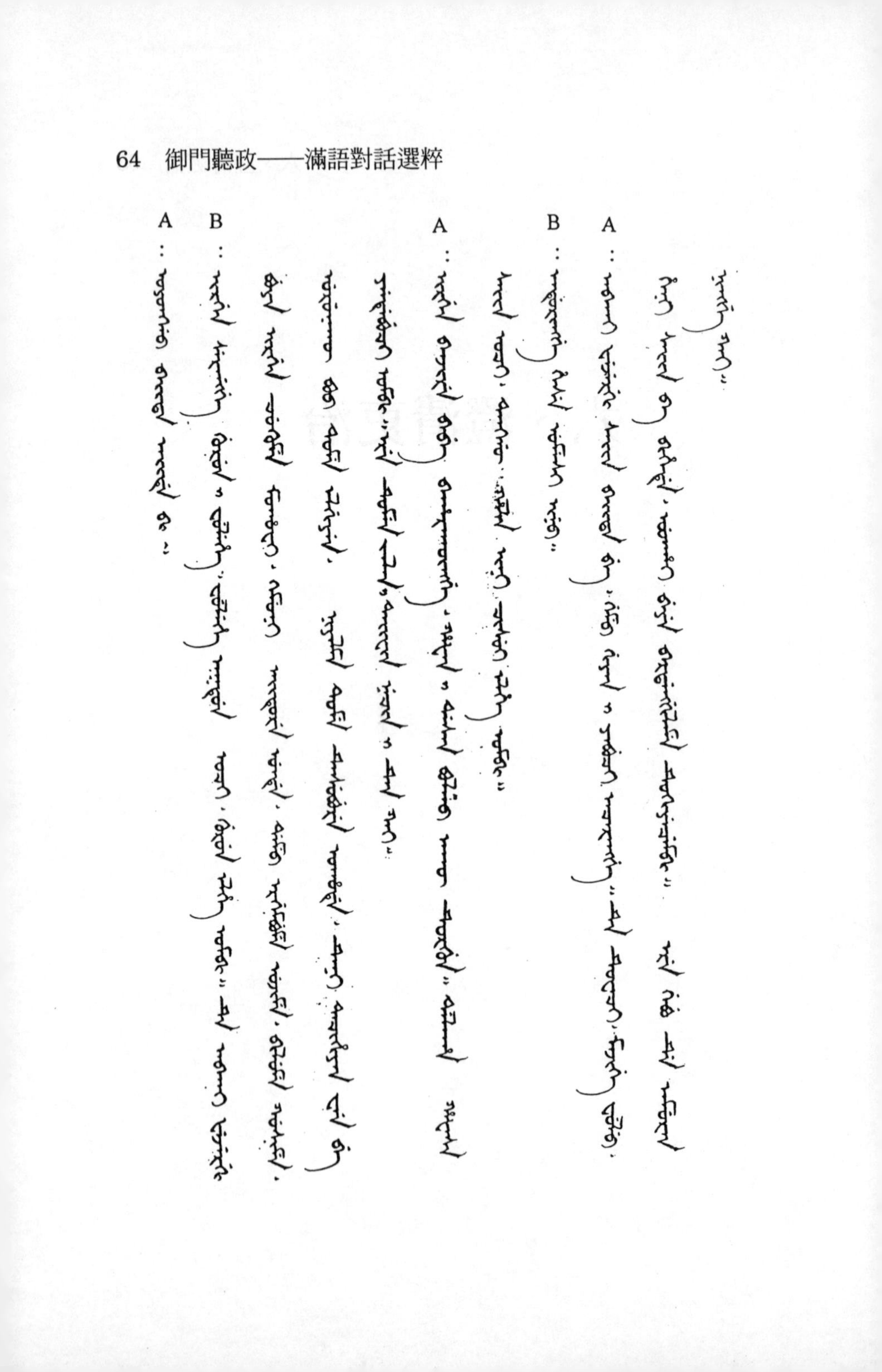

[illegible]

A：[illegible]

B：[illegible]

A：[illegible]

B：[illegible]

A：[illegible]

A：oyonggo baita aide bi?

B：irgen serengge gurun i fulehe, fulehe akdun oci, gurun elhe ombi. te abkai fejergi buya irgen cukume mohofi, kemuni aiture unde, damu ergembume ujime, bilume gosime, urunakū boo tome elgiyen, niyalma tome tesubure ohode, teni tacihiyan wen be yendebuci ombi. ere tumen jalan i taifin necin i ten kai.

A：irgen banjire babe baharakūngge, hafan i dasan bolgo akū turgun. dalaha hafasa sain oci, tanggū hala ini cisui elhe ombi.

B：enduringge hese umesi inu.

A：abkai fejergi sain baita be,dasan i baita dasaburengge, te tuwaci, majige fulu, heni sain ba bihede, uthai beye bardanggilame tukiyecembi. ere gebu de amuran ningge kai.

A：要務安在？

B：民爲邦本，本固邦寧。今天下小民窮苦尙無起色，惟在休養撫息。務令家給人足，庶幾教化可興，此萬世治平之基也。

A：民生不遂，由於吏治不清。長吏賢，則百姓自安。

B：誠如聖諭。

A：天下好事都是合該做的，近見有寸長片善便自矜衒，是好名也。

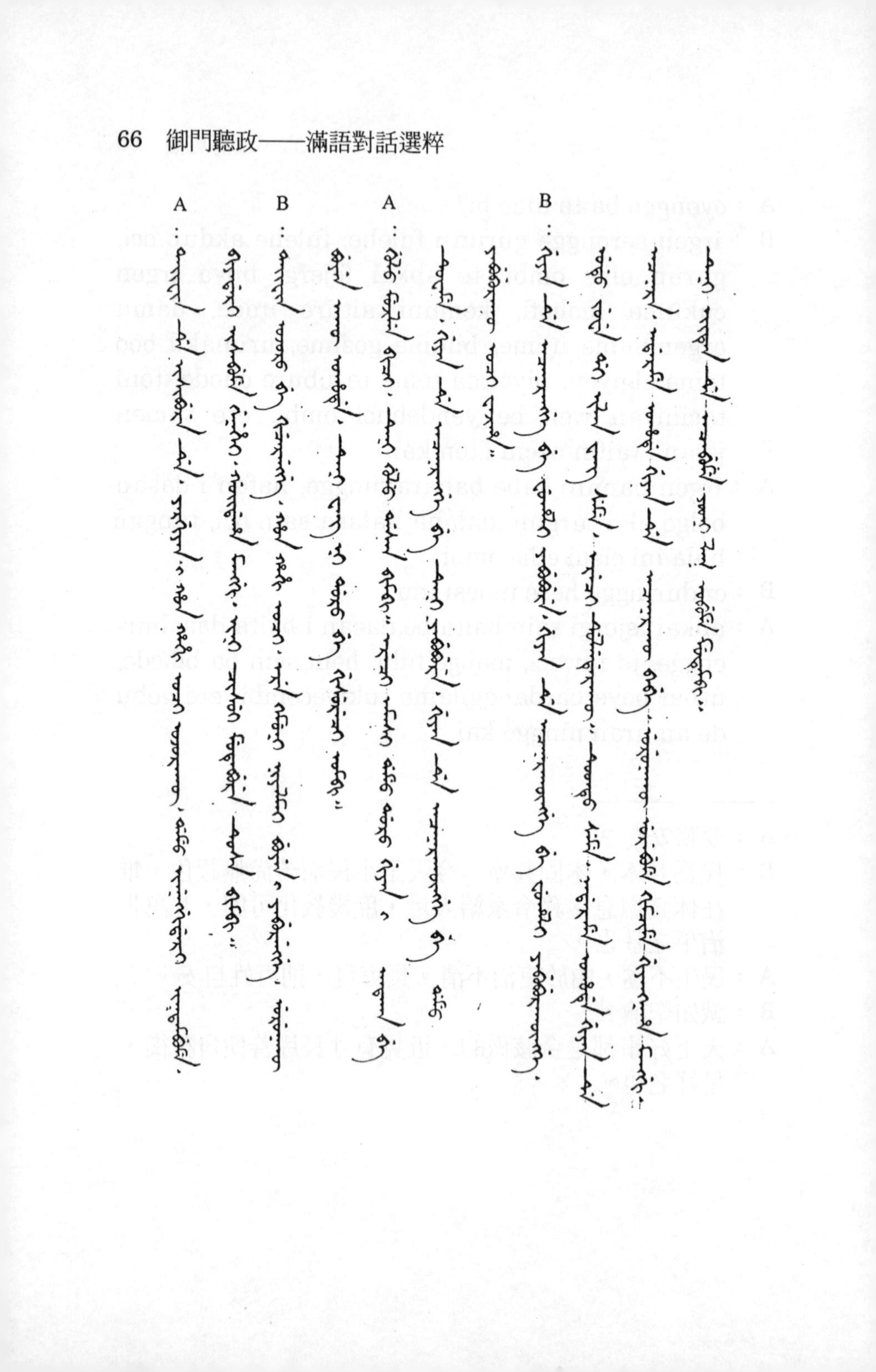

A [illegible]

B [illegible]

A [illegible]

B [illegible]

A：taifin de isibure de, yargiyan i hon hahi oci ojorakū, damu inenggidari iktambume, biyadari isabume genehei, goidaha manggi, ini cisui mutebure tusa bimbi.

B：taifin ojoro be kicerengge, hon hahi oci, ere kemuni niyalmai buyen i yaburengge, urunakū buyen akū ohode, teni wang ni doro be gisureci ombi.

A：gulu mujilen bici, teni gulu dasan bimbi. ereci amasi damu doro giyan i antaka be tuwame, giyan de acanarangge be teni yabubure, giyan de acanarakūngge be damu yabuburakū oci wajiha.

B：giyan de acanarangge be fuhali yabubure, giyan de acanarakūngge be fuhali yabuburakūngge, udu juwe di ilan wang seme, ereci dulenderakū. tuttu seme, adarame ohode giyan de acanara, adarame ohode giyan de acanarakū babe, urunakū urebume kimcime giyangnaha manggi, teni eiten de acabume yooni lak obume mutembi.

A：致治誠不宜太驟，只合日積月累做將去，久之自有成效。

B：求治太急，還是人欲用事，必無欲然後可以言王道。

A：有純心纔有純政。以後只看道理如何？合理的方行，不合理的只不行罷了。

B：合理的決行，不合理的決不行，雖二帝三王不過如是。然何以爲合理，何以爲不合理，必須講究爛熟，方能泛應曲當。

A：ᠪᡳ ᠪᠣᡩᠣᠴᡳ᠈ ᡤᡳᠰᡠᡵᡝᠨ ᠪᠠᡳᡨᠠ ᡤᡝᡵᡝᠨ ᠠᡴᡡ᠈ ᡨᡝᡵᡝ ᠶᠠᠪᡠᠮᠪᡳ᠉

B：ᡨᡝᡵᡝ ᡳ ᡤᡳᠰᡠᠨ ᡝᡵᡝ᠈ ᠪᠠᡳᡨᠠ ᠰᡝᠮᠪᡳ ᡳ ᠪᠠᡳᡨᠠ ᡳ ᠪᡝᡳᡩᡝᠮᠪᡳ
ᠪᡠᡥᡝ᠈ ᡤᡳᠰᡠᡵᡝᡵᡝ ᠪᠣᡩᠣᡵᡝ ᡝᡵᡝ ᡤᡝᡵᡝᠨ ᠪᡠᡥᡝ᠉

C：ᡤᡳᠰᡠᡵᡝᠨ ᠪᡝ ᡤᡳᠰᡠᠨ ᡤᡝᠪᡠ ᡝᠯᡳ ᡤᡳᠰᡠᡵᡝᠮᠪᡳ᠉

B：ᠠᠮᠪᠠᠨ ᠪᡝ ᡨᡠᠮᡝᠨ ᠪᡳ ᡤᡳᠰᡠᠮᠪᡳ᠈ ᡤᡝᠮᡠ ᠠᡴᡡ ᡤᡳᠰᡠᡵᡝ᠈ ᠪᡳᡥᡝᡳ ᠪᡝ ᠶᠠᠪᡠᡵᡝ ᠪᡠ᠈ ᡤᡳᠰᡠᡵᡝᡵᡝᡴᡡ᠈ ᡨᡝᡵᡝ ᡳ ᠪᡳᡥᡝ ᡳ ᡨᡠᠮᡝᠨ᠉

A：ᠠᠮᠪᠠᠨ ᠪᠣᡳᡤᠣᠨ ᡨᡠᡧᠠᠨ᠈ ᡤᡳᠰᡠᠨ ᡳ ᠪᠠᡳᡨᠠ᠉
ᠪᠣᠣᡩᠣᡵᡳ᠈ ᠠᠮᠪᠠ ᠠᠨ᠈ ᡥᠠᡵᡤᠠᠰᠠᡵᡳ ᠠᠨᡳᠶᠠ ᡳ ᠪᡳᡥᡝ ᡳ ᠪᡝᡳᡩᡝᡵᡝ᠉ ᠪᠣᠣᡩᠣᠨ ᠪᡝᡳᡩᡝᠮᠪᡳ᠉
ᠪᠣᠣᡩᠣᠣ ᡤᡳᠰᡠᠨ ᠪᡝᡳᡩᡝᡵᡝ ᡨᡝᡵᡝ᠈ ᠪᠣᠣᡩᠣᡵᡳ ᠠᠨ ᠪᡝ ᠪᡠᠮᠪᡳ᠉
ᠨᡳᠶᠠᠯᠮᠠ ᡤᡳᠰᡠᡵᡝᠨ ᡤᡝᠨᡝᡥᡝ ᠪᡝ ᠠᠮᠪᠠᠰᠠ ᠪᠣᠣᡩᠣᡵᡳ ᠪᡳ᠉

A：bi donjici, mursai hafan tehengge sain akū, suwe sambio?

B：ejen i sahangge inu, mursai dade coohai jurgan i sy i hafan bihe, niyalma inu hūlhi, baita de eberi bihe.

C：mursai be geren gemu dosi seme gisurembi.

B：amban bi wargi yo be weceme genehede, tubai jeo hiyan i hafasa gemu gasandumbi, gebu algin sain akū.

A：hanja bolgo serengge, eiten yabun i da. dade ashan i amban bihe ondai, cakū de, erdemu akū seci ojorakū. tuwakiyan dosi ojoro jakade, eiten yabun gemu tuwaci ojorakū ohobi. ere gemu girure yertere be sarkū turgun kai.

A：朕聞穆爾賽居官不善，爾等知否？

B：誠如聖見，穆爾賽前任兵部司官，爲人昏憒，不能辦事。

C：穆爾賽之貪，衆皆言之。

B：臣往祭西嶽，見彼處州縣官皆嗟怨，聲名不佳。

A：凡事以清廉爲本。原任侍郎溫代、察庫不可謂無材，但以貪污故，凡所行俱不足取。此皆不知廉恥故耳。

康熙皇帝寫字像

七、感召天和

ᡩᠣᠰᡳᡴᠠ ᡥᠠᡵᡤᠠᡧᠠᠨᠵᡳᡵᡝ᠈ ᡤᡝᠯᡳ ᠸᡝᠰᡳᠮᠪᡠᡵᡝ ᠪᠠᡳᡨᠠ ᡠᠯᡥᡳᠪᡠᡵᡝ ᡤᡳᠶᠠᠨ ᠪᡠᠰᡝᠮᠪᡳ᠉

B：ᡝᡵᡝ ᠨᡳ ᠠᠮᠪᠠ ᠠᠪᡴᠠᡳ ᡩᡝ᠈ ᠠᡳ ᠵᡝᡵᡤᡳ ᡥᡡᠸᠠᠩᡩᡳ᠈ ᠪᡝᡳᡵᡝ ᡝᠨᡝᠩᡤᡳ ᡳᠯᡳᡵᡝ ᡝᠵᡝᠨ᠉

A：ᡝᠵᡝᠨ ᠠᠮᠪᠠ ᡤᡠᡵᡠᠨ ᡳ ᠪᡝ ᠪᡳᠮᡝ᠉

B：ᡝᠵᡝᠨ ᡤᡝᠩᡤᡳᠶᡝᠨ ᠠᠮᠪᠠ ᠪᠠᡳᡨᠠ᠈ ᡝᠨᡝᠩᡤᡳ ᡳᠰᡳᠨᠵᡳ ᠪᡝ ᡝᠵᡝᠨ ᡳᠯᡳᡥᠠ᠉

A：ᡝᠵᡝᠨ ᠠᠮᠪᠠᠯᡳᠩᡤᡡ᠈ ᡤᡳᠶᠠᠨ ᡳᠯᡳᡥᠠ ᡳᠯᡳᠮᡝ ᠪᡳᡥᡝᠪᡳ᠉ ᡝᠵᡝᠨ ᡤᡠᡵᡠᠨ ᠪᡝ ᡨᠣᠪ᠉

B：ᡳᠯᡳᡥᠠᠩᡤᡝ ᠪᡝ ᡤᡳᠰᡠᡵᡝᠮᡝ ᡤᡝᠯᡳ᠈ ᠨᡳᠶᠠᠯᠮᠠ ᠠᠮᠪᠠᠰᠠ ᠰᡝᠮᡝ ᠠᠮᠪᠠ ᡳᠯᡳᡥᠠᠩᡤᡝ ᡝᠵᡝᠨ ᠠᠮᠪᠠᠯᡳᠩᡤᡡ᠈

A：ᡝᠨᡝᠩᡤᡳ ᠠᠨᡳ ᡤᡳᠶᠠᠨ ᡳ ᡨᡠᠸᠠᠨᠵᡳᡥᡝ ᠪᡝ ᠨᡳ᠈ ᡤᡝᠯᡳ᠈ ᡤᡝᠨᡝᡥᡝ ᠪᡝ ᠵᡳᡩᡝᡵᡝ ᡤᡝᠯᡳ᠉

B：ᠰᡝᠮᡝ ᠪᡳ ᡥᡡᠸᠠᠩᡩᡳ ᡳᠯᡳᠮᡝ ᠪᡝᠶᡝᡥᡝᠩᡤᡝ ᡤᡝᠯᡳᡥᡝᠩᡤᡝ ᠨᡳ ᠠᠮᠪᠠᠯᡳᠩᡤᡡ ᡤᡳᠶᠠᠨ ᡤᡝᠨᡝᡥᡝ᠉

A：ᡝᠨᡝᠩᡤᡳ ᡳ ᡥᠠᡵᡤᠠᡧᠠᠮᡝ᠈ ᠨᡳᠶᠠᠯᠮᠠ ᠠᠮᠪᠠᠯᡳ ᠸᡝᠰᡳᠮᠪᡠᡵᡝ ᠠᠮᠪᠠ ᡝᠵᡝᠨ ᡤᡝᠨᡝᡥᡝᠩᡤᡝ᠈ ᡳᠯᡳᡥᠠᠩᡤᡝ ᠮᡠᠰᡝᡳ ᡨᡠᠸᠠᠮᠪᡳ᠉

B：ᠪᡳ ᠰᠠᡥᠠ᠉

A：ᠪᡳ ᡤᡠᠸᠠᠰᡳ ᡳ ᡝᠯᡥᡝᠩᡤᡝ ᠪᡝ ᠠᡴᡡ᠉

A：si teni na aššaha be sahao?
B：bi saha.
A：sikse na aššahangge, gemu mini erdemu akū de ohongge, mujilen ambula jobošombi.
B：gashan kūbulin sabubuhangge yargiyan i amban meni turgun.
A：suwe šan dung ni yuyure ba i jeo, hiyan be duleme jiheo?
B：ududu babe duleme jihe, gemu enduringge kesi i gosime aitubuha de akdafi, irgen dasame bahafi banjiha.
A：ere aniya, jeku udu ubu bahambi?
B：ereci julesi aga bahade, ninggun nadan ubu be ereci ombi.
A：sinde aika wesimbure ba bio?
B：ejen i amba hūturi de, te elhe ome toktoho, banjire irgen kemuni ambula jobome suilarangge, gemu hafasai dosi nantuhūn ci banjinahangge.

A：頃者地動，爾知之否？
B：臣知之。
A：昨日地震，皆朕不德所致，心甚憂之！
B：災變之來，實由臣等。
A：山東饑荒州縣，爾等俱經過否？
B：經過數處，皆賴聖恩賑濟，民得再生。
A：歲收可得幾分？
B：向前得雨，可望六、七分。
A：爾有何陳奏？
B：荷皇上洪庇，今已安堵，而民生猶多困苦者，皆官吏貪污，有以致之。

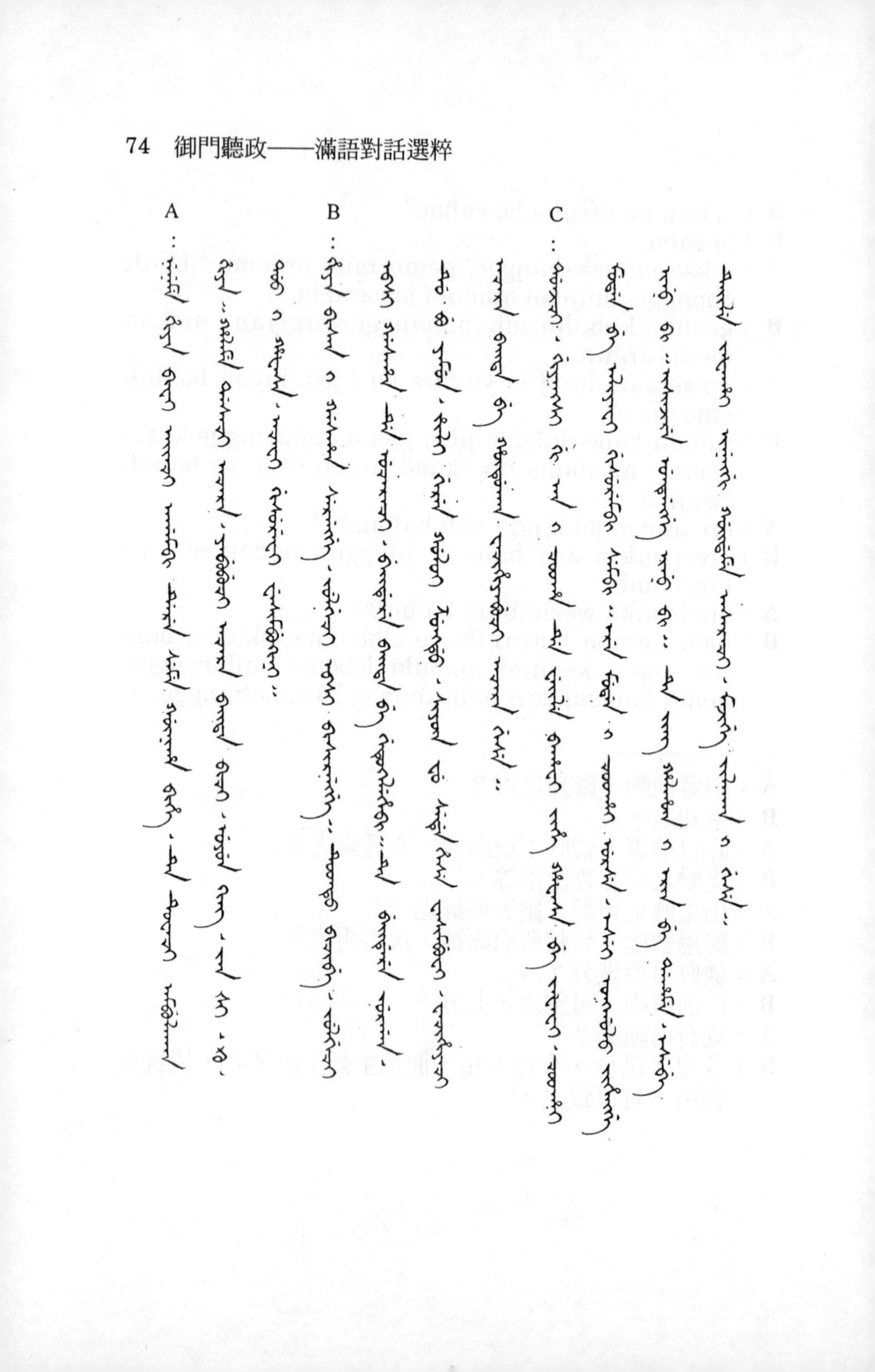

A [illegible]

B [illegible]

C [illegible]

A：neneme hiya bifi ainci agambi dere seme gūniha bhie, te tuwaci ambulakan hiya. halame dasaci acara, yabubuci acara baita bici, uyun king, jan ši, k'o, doo i hafasa, acafi gisurefi wesimbukini.

B：hiya bisan i gashan serengge, julgeci ebsi bisirengge, tuttu bicibe, julgeci ebsi gashan de ucaraci, beidere baita be getukelehebi. te beidere jurgan, du bu yamun, jyli geren goloi dzungdu, siyūn fu sede hese wasimbufi wacihiyaci acara baita ba hūdukan wacihiyabuci acara gese.

C：donjici, giyangsi gi an i cooha de weile bahafi jihe hafasa be jafafi, coohai mudan be aliyafi gisurembi sembi. ere mudon i coohai urse, esei onggolo jihengge inu bi. isinjire undengge iun bi. te jing halhūn i erin be dahame, esebe teile jafahai inenggi goidame asaraci, majige jilakan i gese.

A：日來天旱，意必得雨。今觀亢旱已甚，如有應改應行事宜，著九卿、詹事、科、道官員會議具奏。

B：水旱爲災，自古有之。然從來每遇災祲時，唯有清理刑獄。今宜請敕刑部督捕，直省督撫，將應結事件速行完結。

C：近聞出征江西吉安緣事回京官員拏禁，俟同事大兵到日議罪。但同事各員有回在伊等之先者，有未回者。今當炎暑，獨將伊等日久禁候，似屬可憫。

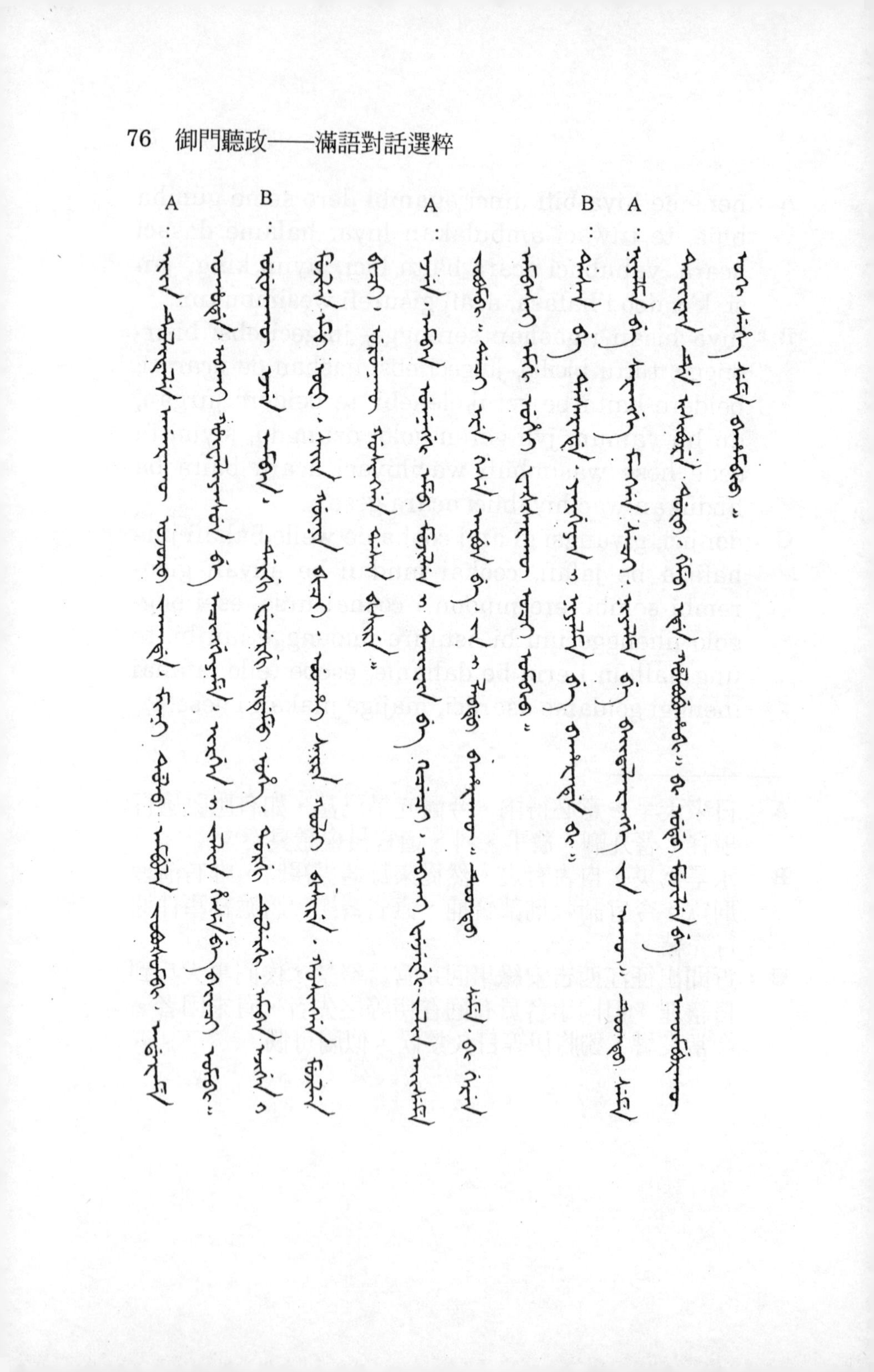

A：[illegible]

B：[illegible]

A：[illegible]

B：[illegible]

A：[illegible]

A：erin tulitele agarakū ojoro jakade, mini dolo ambula jobošombi, adarame ohode, abkai hūwaliyasun be acinggiyame, irgen i jalin hese be baici ombi.

B：urunakū ejen amban, dergi fejergi erdemu uhe, dorgi tulergi, amban ajigen i mujilen emu ofi, sain gūnin bici, uthai sain kooli bisire, gosingga mujilen bici, urunakū gosingga dasan bisire.

A：ejen, amban unenggi emu mujilen i taifin be kiceci, abkai fejergi jalin aiseme jobombi. daci ere gese arbun be, ja i labdu baharakū. tuttu seme bi geren ambasai emgi uhei faššarakū i oci ombio?

B：dasan be dasarade, yargiyan i niyalma be baharade bi.

A：niyalma be sarangge mangga seci, niyalma be baitalarangge ja akū. tuttu seme taifin de isibure doro, gemu ede holbobuhabi. bi udu mujilen be akūmburakū oki sehe seme bahambio?

A：雨澤衍期，朕心憂廑，何道可以感召天和，爲民請命？

B：必也君臣上下一德，內外大小一心，有美意即有良法，有仁心必有仁政。

A：君臣果能一心圖治，豈憂天下哉！從來此等光景未易多得，然朕與諸臣何可不交勉之。

B：爲政端在得人。

A：知人難，用人不易。然致治之道，全關於此，朕即欲不盡心，不可得也。

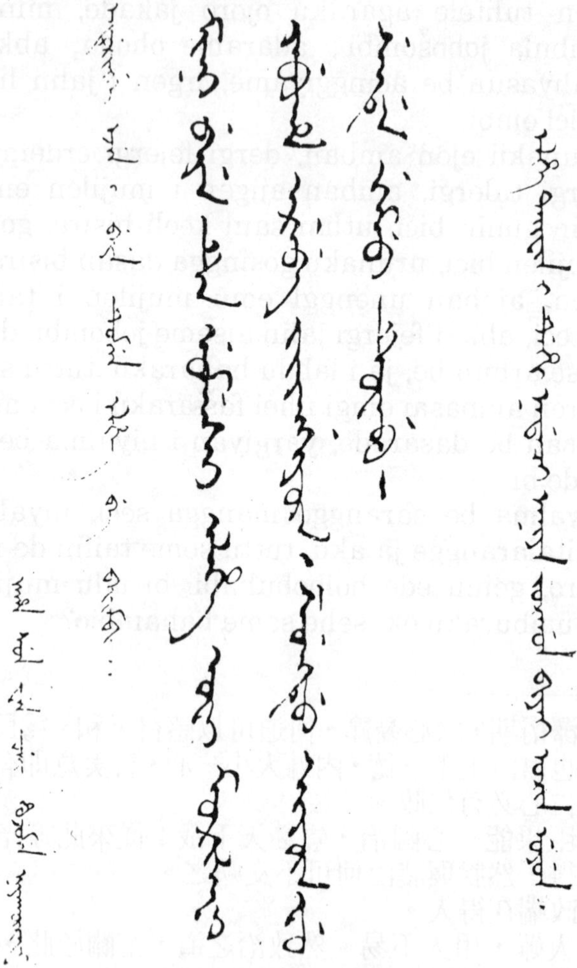

康熙皇帝滿文硃批

八、因才器使

A：ᠵᡠᠸᠠᠨ ᠨᡳᠶᠠᠯᠮᠠ ᠪᡝ᠈ ᠵᡠᠸᠠᠨ ᡥᠠᡶᠠᠨ ᠠᡴᡡ ᠨᡳᠶᠠᠯᠮᠠ ᠰᠣᠨᠵᠣᠮᡝ᠉ ᡝᠮᡠ ᠮᡠᡩᠠᠨ ᠰᠣᠨᠵᠣᡵᡝ ᠪᡝ

B：ᡤᡳᠶᠠᠨ ᠵᡠᠸᡝ ᠠᡴᡡ ᠵᡠᠸᡝ ᠠᡴᡡ᠈ ᠨᡳᠶᠠᠯᠮᠠ ᠪᡝ ᠪᠠᡳᠴᠠᠮᡳ᠈ ᡤᡳᠰᡠᡵᡝᠮᡝ ᡤᡳᠶᠠᠨ ᠪᡝ ᡤᡳᠰᡠᡵᡝᠮᡝ᠈ ᡤᡳᠶᠠᠨ ᠪᡝ ᠰᡳᠯᡤᠠᠮᡳ᠈ ᡥᠠᡶᠠᠨ ᡳ ᠪᡳᠶᠠ ᠪᡝ᠈ ᡥᠠᡶᠠᠨ ᠵᡝᡵᡤᡳ ᠪᡝ ᠪᠠᡳᠴᠠᡥᠠᡴᡡ᠉ ᠨᡳᠶᠠᠯᠮᠠ ᠪᡝ ᠪᠠᡳᠴᠠᠮᡝ᠈ ᠠᡴᡡ ᡩᡝ ᠰᡠᡵᡝᠨ᠈ ᡤᡳᠶᠠᠨ ᡳ ᠨᡳᠶᠠᠯᠮᠠ᠈ ᡩᠣᡵᠣᠨ ᠪᡳ ᠨᡳᠶᠠᠯᠮᠠ ᠪᡝ ᠪᠠᡳᠴᠠᠮᡝ ᠰᡠᡵᡝᠨ᠈ ᡤᡳᠶᠠᠨ ᡥᠠᡶᠠᠨ ᠪᡝ ᡤᡳᠰᡠᡵᡝᡵᡝ᠈ ᡤᡳᠶᠠᠨ ᠨᡳᠶᠠᠯᠮᠠ ᠪᡝ ᠪᠠᡳᠴᠠᠮᡝ ᠰᡠᡵᡝᠨ᠉ ᡤᡳᠶᠠᠨ ᠵᡝᡵᡤᡳ ᠰᡳᠨᡳ ᡤᡳᠰᡠᡵᡝᠨ ᠰᡠᡵᡝᠨ ᠪᡝ ᠪᠠᡳᠴᠠᠮᡝ᠉ ᠠᡳᠰᡳᠯᠠᠮᡝ᠈ ᠪᠠᡳᠴᠠᡥᠠᡴᡡ ᡩᡝ ᡳᠰᡳᠨᠠᡥᠠ᠉

A：ᠵᡠᠸᠠᠨ ᠨᡳᠶᠠᠯᠮᠠ ᠪᡝ ᠪᠠᡳᠴᠠᠮᡝ ᡤᡳᠰᡠᡵᡝᡵᡝ ᠵᡝᡵᡤᡳ ᠪᡝ᠈ ᡤᡳᠶᠠᠨ ᡳ ᠪᠠᡳᠴᠠᠮᡝ ᡳᠰᡳᠨᠠᡥᠠ᠉

B：ᠵᡝᡵᡤᡳ ᠪᡝ ᠠᡴᡡ ᠵᡠᠸᡝ ᠪᡝ᠈ ᠵᡠᠸᡝ ᠪᡳ ᡳᠰᡳ ᠰᡳᠨᡳ ᡩᡝ ᡥᠠᡶᠠᠨ ᠪᡠᡥᡝ᠉ ᡤᡳᠶᠠᠨ ᡤᡳᠶᠠᠨ ᠵᡝᡵᡤᡳ ᠪᡝ᠈ ᠠᡴᡡ ᠰᡠᡵᡝᠨ ᡩᡝ᠈ ᠠᡳᠰᡳᠯᠠᠮᡝ ᠰᡳᠨᡳ᠈ ᡤᡳᠶᠠᠨ ᡳ ᠠᡳᠰᡳᠯᠠᠮᡝ ᡳᠰᡳᠨᠠᡥᠠ ᠪᡝ᠈ ᠵᡝᡵᡤᡳ ᠪᡝ ᠪᠠᡳᠴᠠᠮᡝ ᡤᡳᠰᡠᡵᡝᠮᡝ᠉ ᡤᡳᠶᠠᠨ ᠪᡝ ᠰᡳᠨᡳ ᡥᠠᡶᠠᠨ ᡝᠮᡠ ᡳᠨᡝᠩᡤᡳ ᠪᡝ ᡳᠰᡳᠨᠠᡥᠠ ᠪᡝ ᡤᡳᠰᡠᡵᡝᠮᡝ᠈ ᠪᡠᡥᡝ᠈ ᠨᡳᠶᠠᠯᠮᠠ ᠪᡝ ᠠᡴᡡ ᠰᡳᠨᡳ᠈ ᡥᠠᡶᠠᠨ ᠪᡝ ᡝᠮᡠ ᠮᡠᡩᠠᠨ ᠰᠣᠨᠵᠣᠮᡝ᠈ ᠠᡴᡡ ᠰᡠᡵᡝᠨ ᡩᡝ ᠪᠠᡳᠴᠠᠮᡝ ᡤᡳᠰᡠᡵᡝᠮᡝ ᠪᡝ᠈

A：dasara niyalma bi, dasara fafun akū sehengge adarame?

B：daci jemden akū fafun akū, niyalma be bahaci, mujilen ci forhošome wembure be dahame, ini cisui dasabumbi. niyalma be baharakū oci, udu di i kooli, wang ni bodon, jeo guwan, jeo li sehe seme, inu sain be akūmburengge mangga. hūwangdi damu niyalma be baitalara de, gūnin sithūci acambi. sain niyalma be bahaci, dasan i baita dasaburengge, halaci ojorakū doro kai.

A：yargiyan i baita icihiyame mutere niyalma be, inu labdu bahara mangga.

B：niyalma be sara mergen be, julgei di wang se mangga obuhabi. ememu modo mufuyen yokcin akū urse de, fulu ba akū gese bime, dorgide muten kiyangkiyan be tebufi, largin be icihiyara, oyonggo be alici ojorongge, inu bi. ememu erdemu gūnin, aššara arbušarangge, ambula ojoro gese bime, sara bahanarangge micihiyan cinggiyan ofi, nememe baita be efulerengge inu bi. niyalmai mutere muterakū be,

---

A：有治人無治法何謂也？

B：從來無無弊之法，得其人，變化因心，自足以治；不得其人，雖典謨官禮，亦難盡善。皇上惟留意用人。人材得，則政事理，不易之道也。

A：眞能辦事的也難多得。

B：知人則哲，古帝其難。有平淡木訥若無所長，而中饒幹濟可以理繁任劇者；有才情氣魄大似有爲，而識養淺露反致僨事者。人之能否？

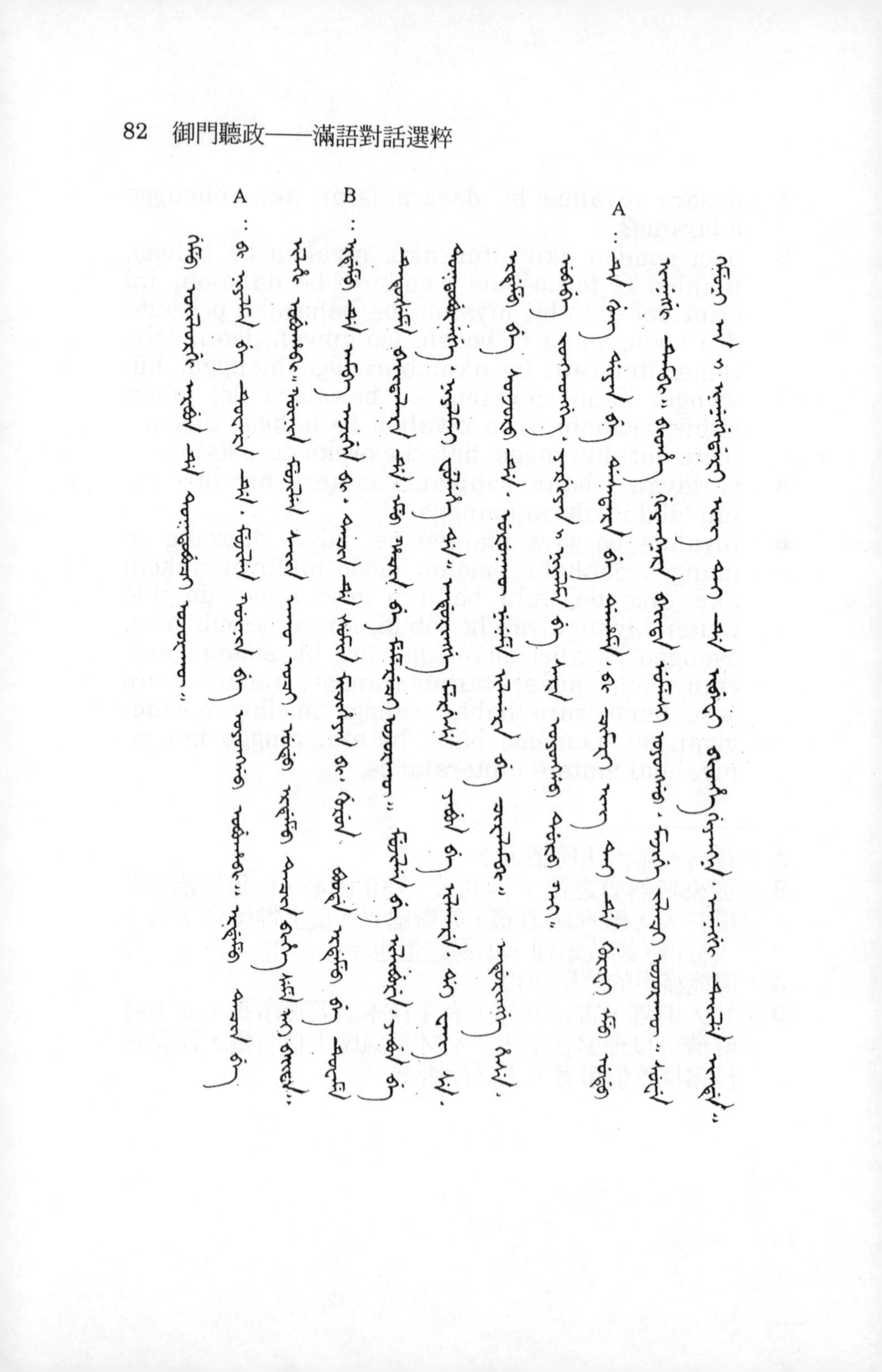

[illegible]

A [illegible]

B [illegible]

A [illegible]

gemu oilorgi arbun de toktobuci ojorakū.

A：bi niyalma be tuwara de, mujilen gūnin be oyonggo obuhabi. erdemu tacin be ilhi obuhabi. gūnin mujilen sain akū oci, udu erdemu tacin bihe seme ai baita.

B：erdemu de amba ajigen bi, tacin de šumin micihiyan bi, gurun boode erdemu be tuwame tetušeme baitalara de, emu bacin be memereci ojorakū. mujilen be ilibure, yabun be toktoburengge, niyalmai fulehe da. enduringge mergese yabun be ilgare, di wang se, erdemu be sonjoro de, urunakū neneme ilgara be ciralmbi. enduringge hese, ubabe jongkongge, yargiyan i niyalma be sara oyonggo doro kai.

A：te gung diyan be dasatara be dahame, bi cimari ing tai de gurifi emu udu inenggi tembi. bithe giyangnara baita umesi oyonggo, majige jalaci ojorakū. suwe kemuni an i inenggidari ing tai de ibefi bithe giyangna, enenggi teile inde.

俱未可以外貌定也。

A：朕觀人先心術，次才學。心術不好，便有才學何用？

B：才有大小，學有淺深。朝廷因才器使，難拘一格。至立心制行，人之根本。聖賢衡品，帝王掄才，必首嚴其辨。聖諭及此，誠知人之要道也。

A：今緣脩葺宮殿，明日移駐瀛台，暫居數日。講書之事最要，不可少間。爾等仍照常每日至瀛台進講，今日暫停。

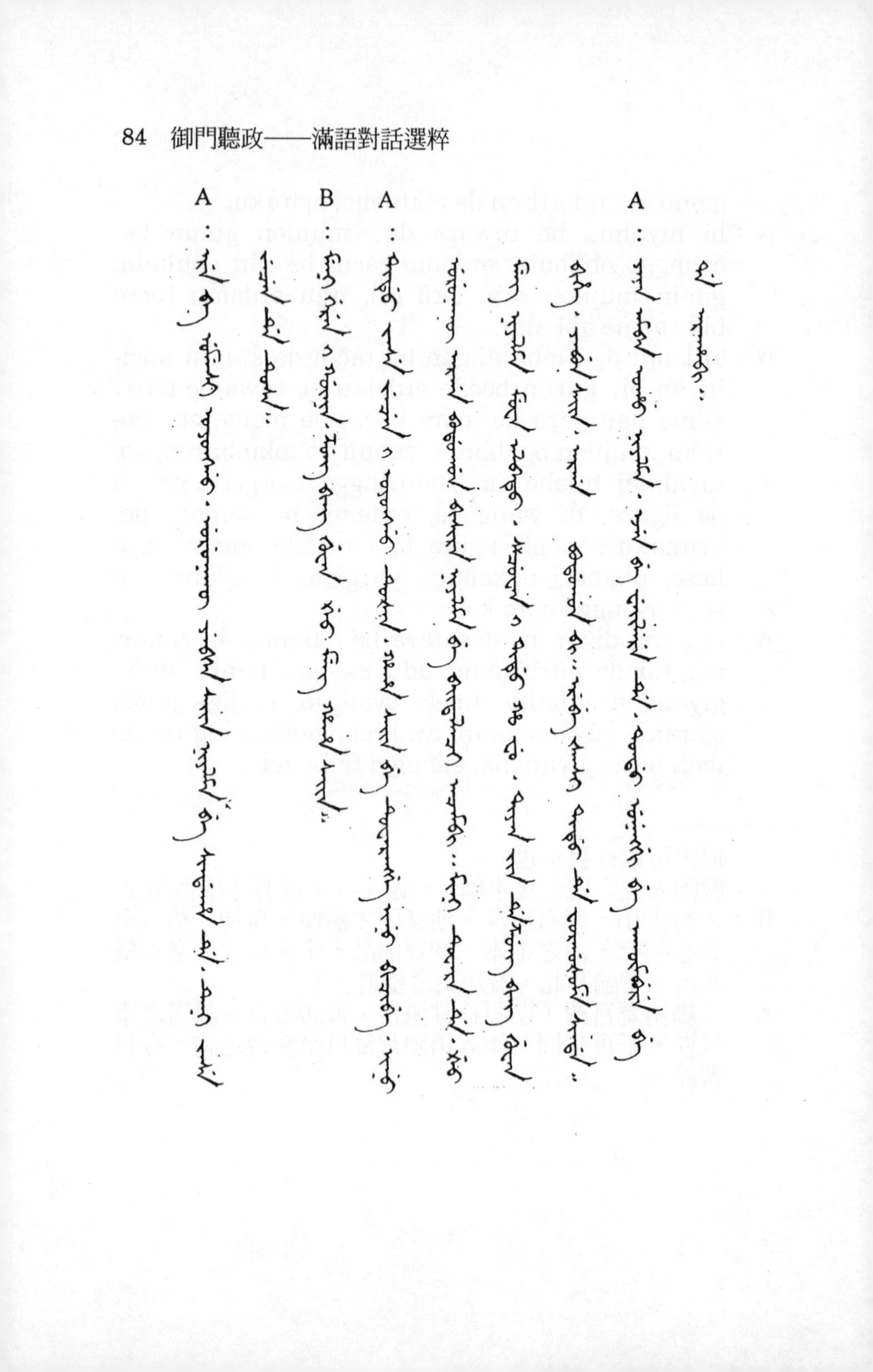

A：[illegible]

B：[illegible]

A：[illegible]

A：[illegible]

A：ere ba umesi oyonggo, urunakū yebken sain niyalma be sindaha de, teni jase jecen de tusa.

B：meni geren i gūnin, dzung bing guwan g'ao meng haha sain.

A：tidu jase jecen i oyonggo tušan, haha sain be tuwarangge inu bicibe, inu urunakū arga bodogon bisire niyalma be baitalaci acambi. mini tuwara de, g'ao meng niyalma muwa albatu, sycuawan i tidu ho fu, tiyan jin de dzung bing guwan bihe, yabun sain, arga bodogon bi, erebe šansi tidu de forgošome sinda.

A：yaya amban oho niyalma, ejen be weilere de, tondo unenggi be akūmbure be da arahabi.

A：此要害之地，必得才具優長之人補授，方于邊疆有益。

B：臣等公議，總兵官高孟人材壯健。

A：提督乃邊疆要任，雖貴人材壯健，亦宜用有謀略之人。朕觀高孟爲人粗鄙。四川提督何傅曾任天津總兵官，品行頗佳，且有謀略，著調補陝西提督。

A：凡人臣事君，以竭盡忠誠爲本。

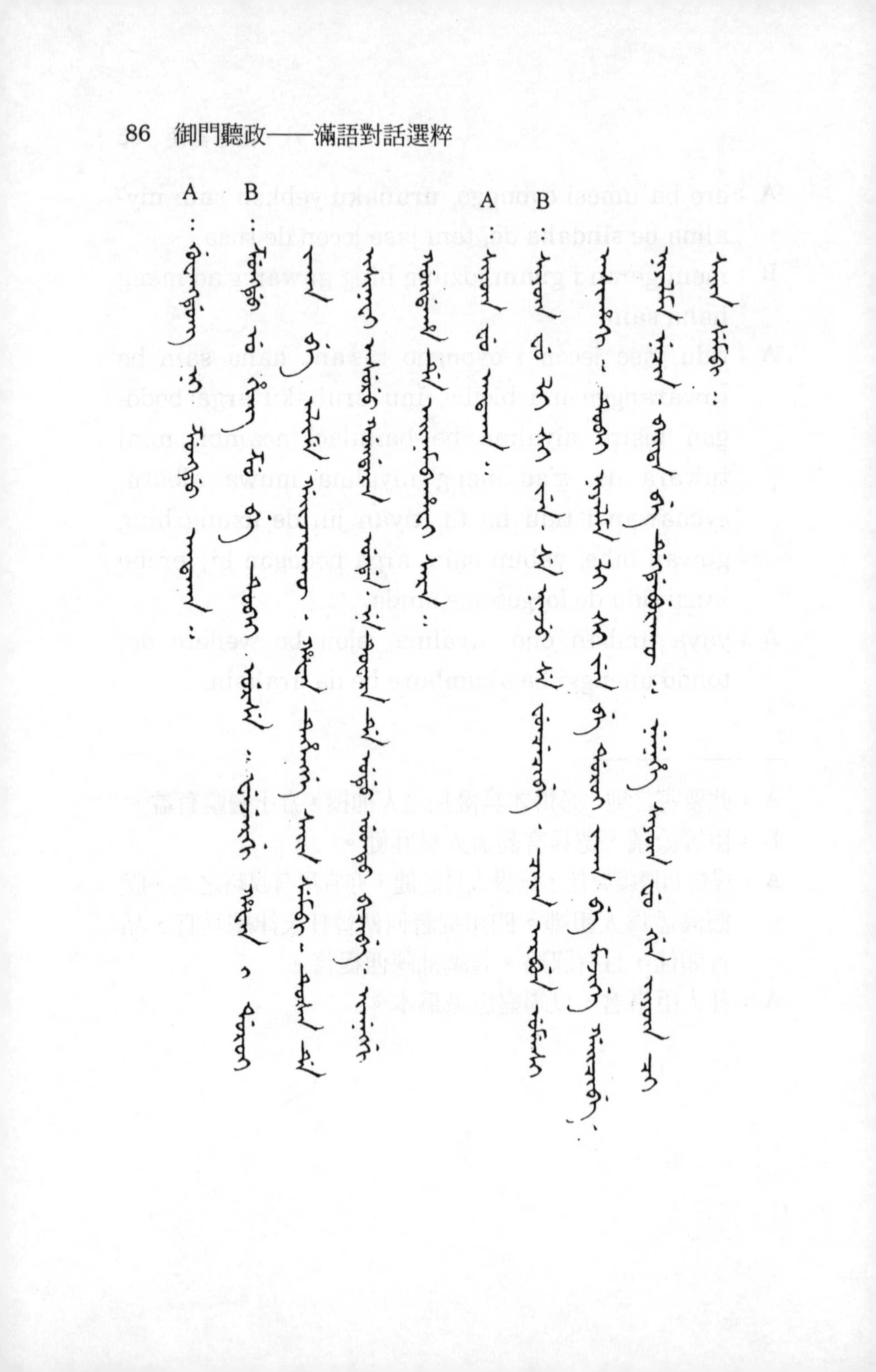

A

B

A

B

A：guwangdung ni dzungdu antaka?

B：dzungdu u hing dzu be tubai urse, fejergi hafan i doroi jaka be alime gaijarakū, hafan tehengge sain sembi, tušan de isinafi asuru goidara unde, ne tuwara de udu uttu bicibe, inenggi goidaha de ainambahafi sara.

A：siyūn fu antaka?

B：siyūn fu li ši jen, se ninju se funcecibe, cira arbun umesi asihaki. tubai niyalma li ši jen be doroi jaka be majige gaicibe, niyalma necin, baita be dekdeburakū. nenehe siyūn fu gin jiyūn ci sain sembi.

A：廣東總督何如？

B：據彼處人云，總督吳興祚不受屬下官員禮物，居官亦善。但到任未久，今雖如此，久後亦未可知。

A：巡撫何如？

B：巡撫李士禎雖六十餘歲，容貌甚少。據彼處人云，李士禎雖稍受禮物，爲人和平，不生事端，較前任巡撫金儁爲優。

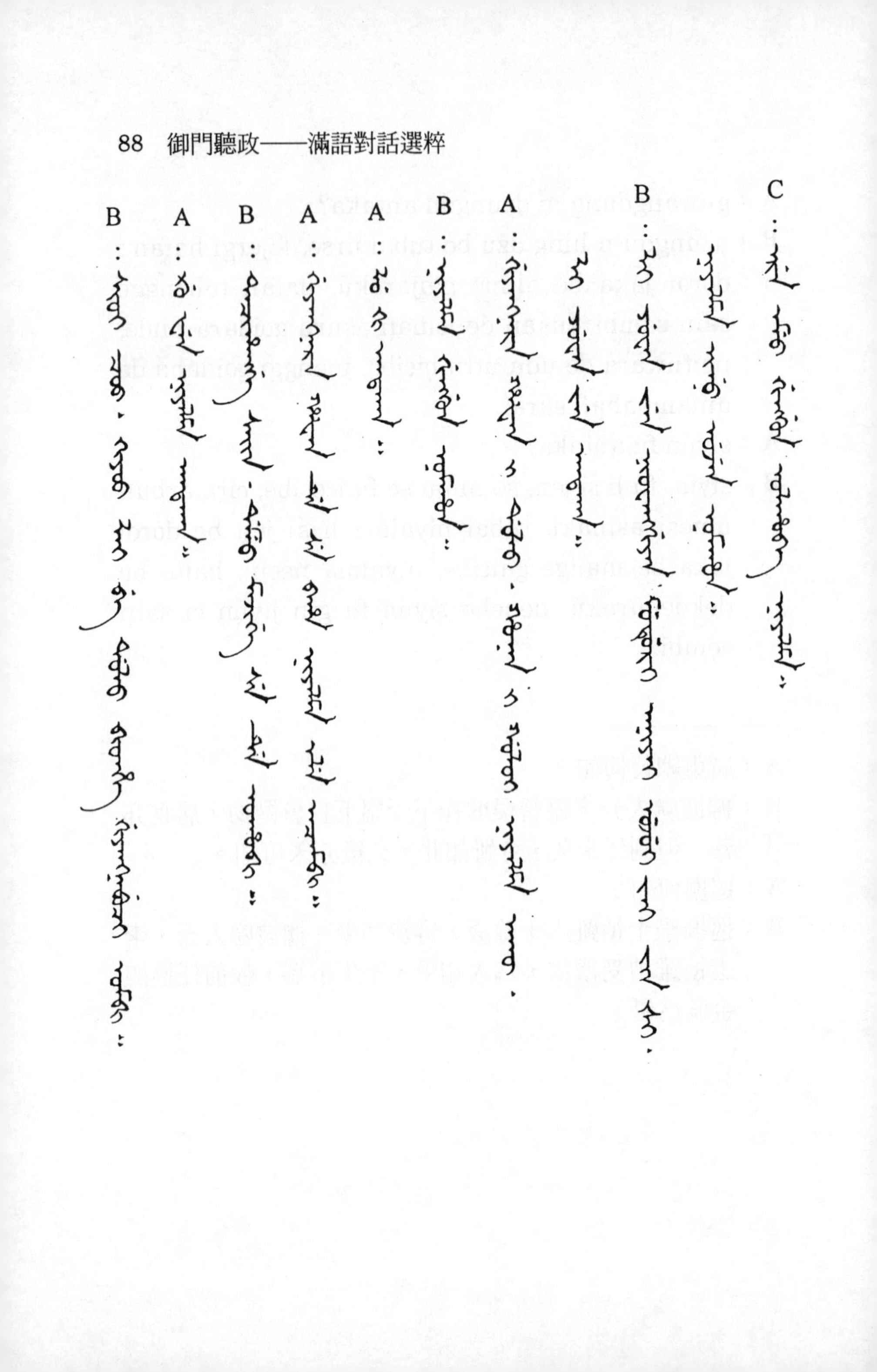

B：[illegible]

A：[illegible]

B：[illegible]

A：[illegible]

A：[illegible]

B：[illegible]

A：[illegible]

B：[illegible]

C：[illegible]

B：sioi coo, kiyoo lai be dolo bithe giyangnabuci ombi.

A：g'o fen niyalma antaka?

B：tacihangge sain, damu majige se de ohobi.

A：giyangnara hafan de se baha niyalma ele acambi.

A：lu ki antaka?

B：niyalma ginggun nomhon.

A：giyangnara hafan i dolo, honan i goloi niyalma akū, li yuwan jen antaka?

B：li yuwan jen niowanggiyan muduri aniyai ujui jai jin ši, niyalma inu ujen nomhon.

C：ere emu ginggun olhoba niyalma.

B：徐潮、喬萊可備進講之選。

A：郭棻爲人何如？

B：學問頗優，但年稍長耳。

A：講官最宜用年長者。

A：盧琦如何？

B：爲人謹厚。

A：講官內無河南人。李元振何如？

B：李元振係甲辰科一甲第二，人亦老成。

C：是一謹愼人。

A：ᠴᠣᡥᠣᠮᡝ ᠪᠣᠣ ᠰᠠᠪᡠᠨ ᠵᡳᡥᡝ᠉

B：ᠪᠠᡳᠴᠠᠴᡳ ᡥᠠᡶᠠᠨ ᠶᠠᠮᡠᠨ ᠪᠠᡩᡝ ᡝᡵᡝ ᠪᡝ ᠨᡳᠶᠠᠯᠮᠠ ᠠᡴᡡ ᠪᡳᡥᡝ᠈ ᡨᡠᠸᠠᠴᡳ ᠪᠠᠨᠵᡳᡥᠠ ᠠᠮᠪᠠᠨ ᠪᡳ ᡳ ᠵᡳᡥᡝ᠉

A：ᠪᠠᡥᠠ ᡝᡵᡝ ᡳ ᠣᠶᠣᠩᡤᠣ ᠪᠠᡳᡨᠠ ᡤᡡᠨᡳᠨ ᠪᡝᡳᠯᡝ᠈ ᡤᡡᠨᡳᠮᡝ ᡤᡳᠰᡠᠨ ᠪᡝ ᡤᡡᠨᡳᠮᡝ ᠮᡠᠰᡝᡳ ᠪᡳ

A：ᡨᠣᡩᡝᡵᡝ ᠨᡳᠶᠠᠯᠮᠠ᠉

B：ᠠᠮᠪᠠᠨ ᡳ ᡤᡡᠨᡳᠨ᠉

B：ᠠᠮᠪᠠᠨ ᡳ ᡤᡳᠰᡠᠨ ᠪᠠᡥᠠᡶᡳ ᡨᠠᠴᡳᠪᡠᡵᡝ ᡠᠵᡠᠯᠠᡵᠠ ᠪᡳ᠈ ᠵᡝᡴᡠ ᠪᡳ ᠪᠠᡥᠠᡶᡳ ᡤᡳᠰᡠᠨ ᡩᡝ ᡨᡠᠸᠠᠮᡝ᠉

A：ᠪᡳ ᡩᠣᠯᠣᠨ᠈ ᠠᠮᠪᠠ ᠨᡳᠶᠠᠯᠮᠠ ᠪᠣᠯᠣᡴᠣ ᡨᡠᡥᡝ ᠵᡠᠸᡝᡩᡝ ᠨᡳᠶᠠᠯᠮᠠ ᡳ ᠪᠠᠨᠵᡳᡥᠠ ᡤᡳᠰᡠᠨ ᠠᡴᡡ

B：ᠰᠠᡳᠨ ᡨᡠᡵᡠᡤᡳ᠉

C：ᡝᡵᡝ ᠪᡝ ᡨᡠᠸᠠᠴᡳ ᠨᡳᠶᠠᠯᠮᠠ ᡳᠨᡠ ᡠᠮᡝᠰᡳ ᡥᡡᠰᡠᠨ᠉

A：yabun tob akūngge weci?

B：baicame tuwara hafasai dolo inu hon ehengge akū. damu tang coo i baita de an i jergi.

A：tang coo i erdemu udu juken bicibe, umesi emu ujen nomhon teisu be tuwakiyara niyalma.

A：jiyang i antaka?

B：jiyang i de baita icihiyara erdemu bi, tušan i baita de inu kicebe.

A：bi donjici, ere niyalma babade surteme yabumbime, geli hecen be baicaha fonde gebu algin sain akū.

B：amban be sarkū.

C：joo jy ding niyalma inu ujen nomhon.

A：品行不端者爲誰？

B：御史中亦無甚不肖者，惟唐朝彝辦事平常。

A：唐朝彝才雖庸常，乃一敦厚循分之人也。

A：蔣伊爲人何如？

B：蔣伊辦事有才，且勤於職業。

A：朕聞此人各處奔競，巡城時聲名亦不佳。

B：臣等不及知。

C：趙之鼎人亦敦厚。

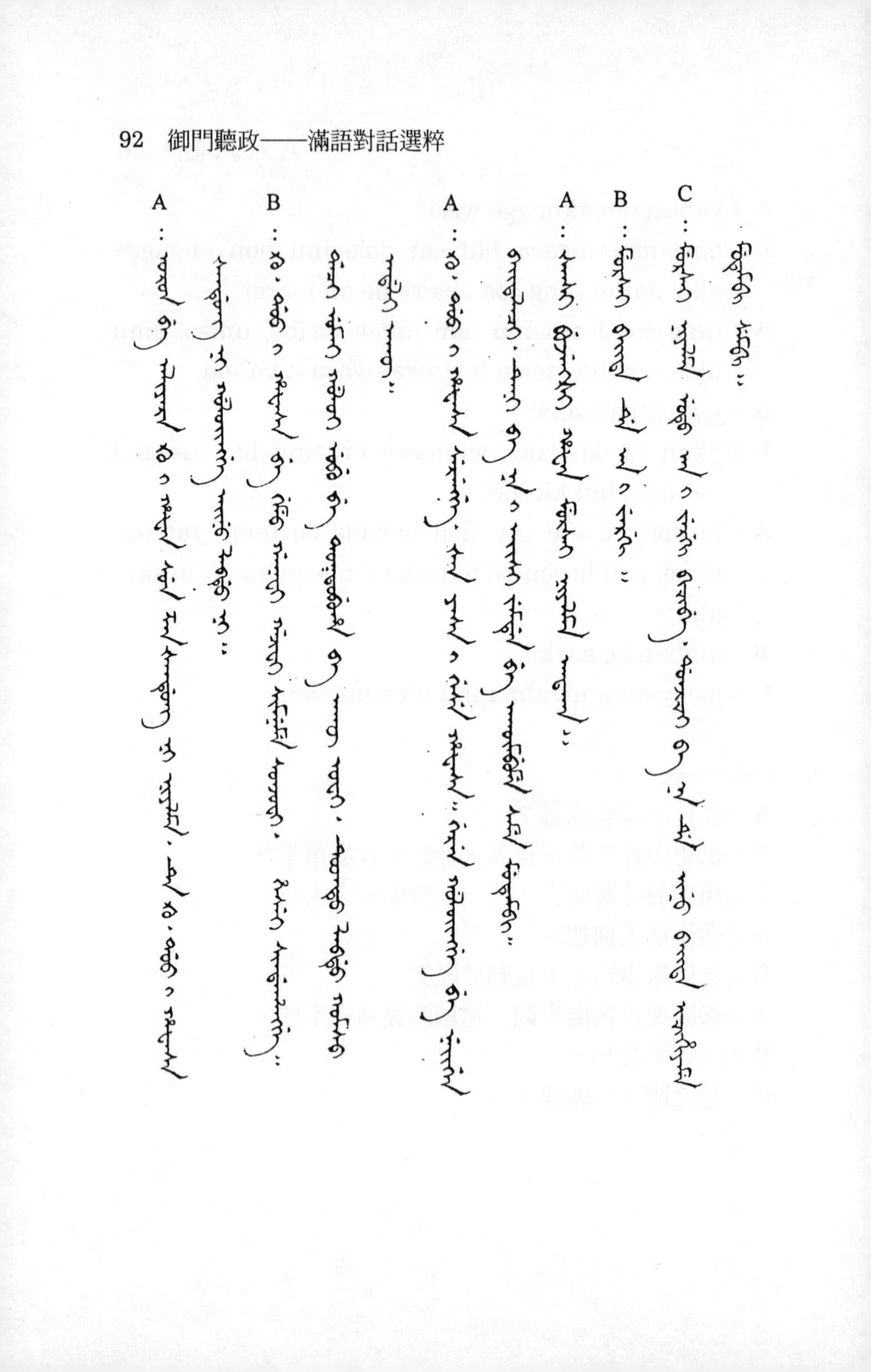

A: [illegible]

B: [illegible]

A: [illegible]

A: [illegible]

B: [illegible]

C: [illegible]

A：oron be aliyara k'o i hafan sun dzan šandung ni niyalma, te k'o, doo i hafasa šandung ni goloingge ainu labdu ni?

B：k'o, doo i hafasa be gemu ganafi gajifi simneme sonjlfi, hesei sindahangge. daci umai goloi ubu be toktobuha ba akū ofi, tuttu labdu komso adali akū.

A：k'o, doo i hafasa serengge, šan yasa i gese hafasa. geren goloingge be neigen baitalaci, teni ba na i aisi jemden be akūmbume same mutembi.

A：šansi bujengši hafan mursai niyalma antaka?

B：mursai baita de an i jergi.

C：mursai niyalma udu an i jergi bicibe, donjici ba na de inu baita icihiyame mutembi sembi.

A：候補科員孫纘係山東人，近來科、道官山東獨多，何也？

B：科、道官皆係行取考選，奉旨點用，原未分定省分，所以多寡不均。

A：科、道係耳目之官，各省均用，乃能周知地方利弊。

A：山西布政使穆爾賽其人何如？

B：穆爾賽辦事平常。

C：穆爾賽人雖平常，聞在地方亦能料理。

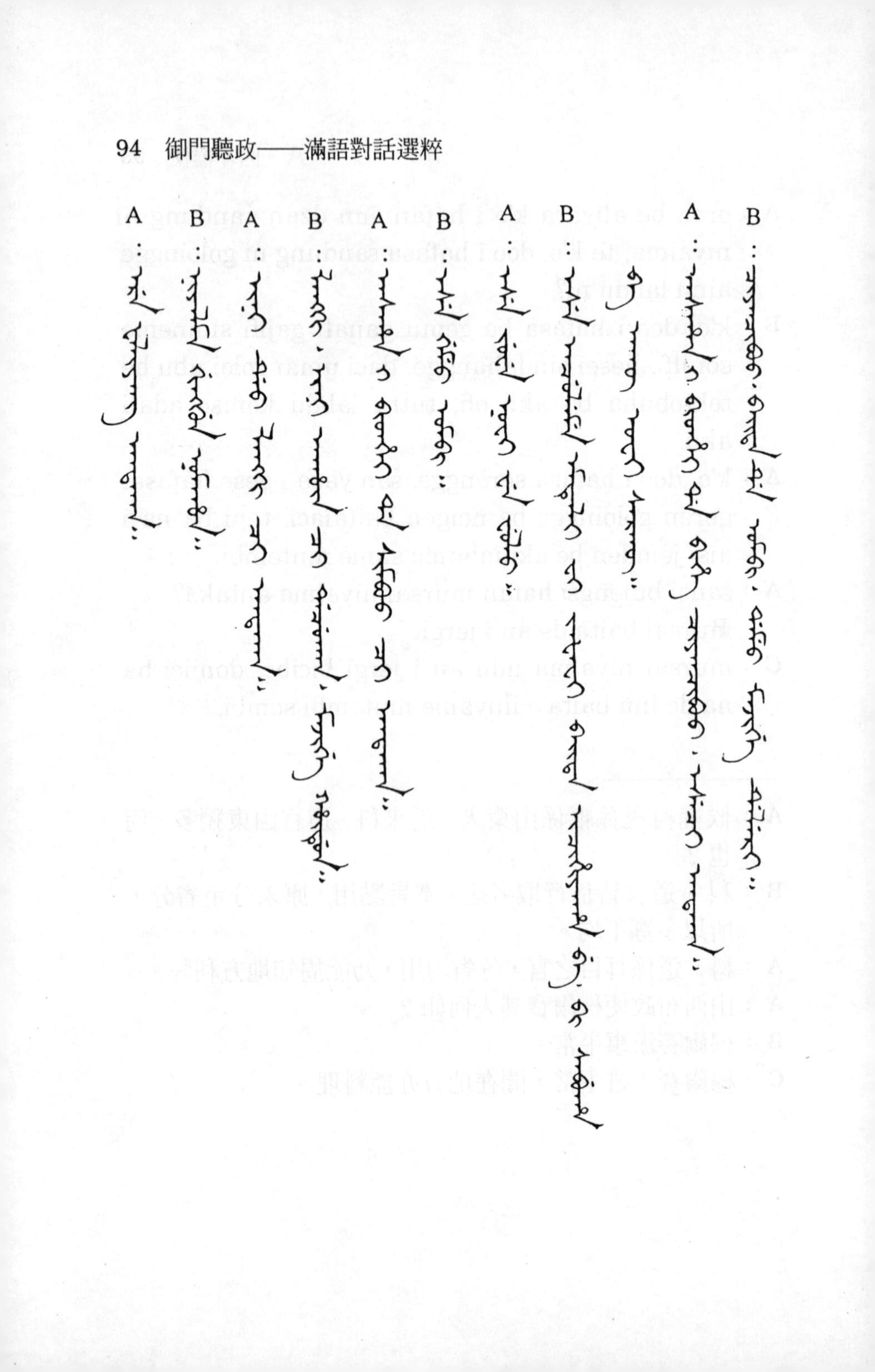

A: [illegible]

B: [illegible]

A: [illegible]

B: [illegible]

A: [illegible]

B: [illegible]

A: [illegible]

B: [illegible]

A：ere faliyang antaka?
B：niyalma ginggun nomhon.
A：ini deo langki ci antaka?
B：langki, ini ahūn ci dacukan, majige hūdun.
A：ashan i bithei da simboo ci antaka?
B：ese gemu ombi.
A：ese juwe nofi we fulu?
B：ese enculeme emteli fi jafafi baita icihiyaha be, bi sabuha ba akū ofi sarkū.
A：ashan i bithei da bihe ciyanciboo, eseci antaka?
B：ciyanciboo, baita de ombi, damu majige deleri.

A：法良爲人何如？
B：爲人恪謹。
A：比伊弟郎奇如何？
B：郎奇比伊兄稍覺敏捷。
A：比學士辛保如何？
B：伊等俱優。
A：此二人誰優？
B：臣不曾遇彼等獨自執筆辦事，是以不得而知。
A：原任學士錢齊保比伊等如何？
B：錢齊保辦事頗優，但略輕浮耳。

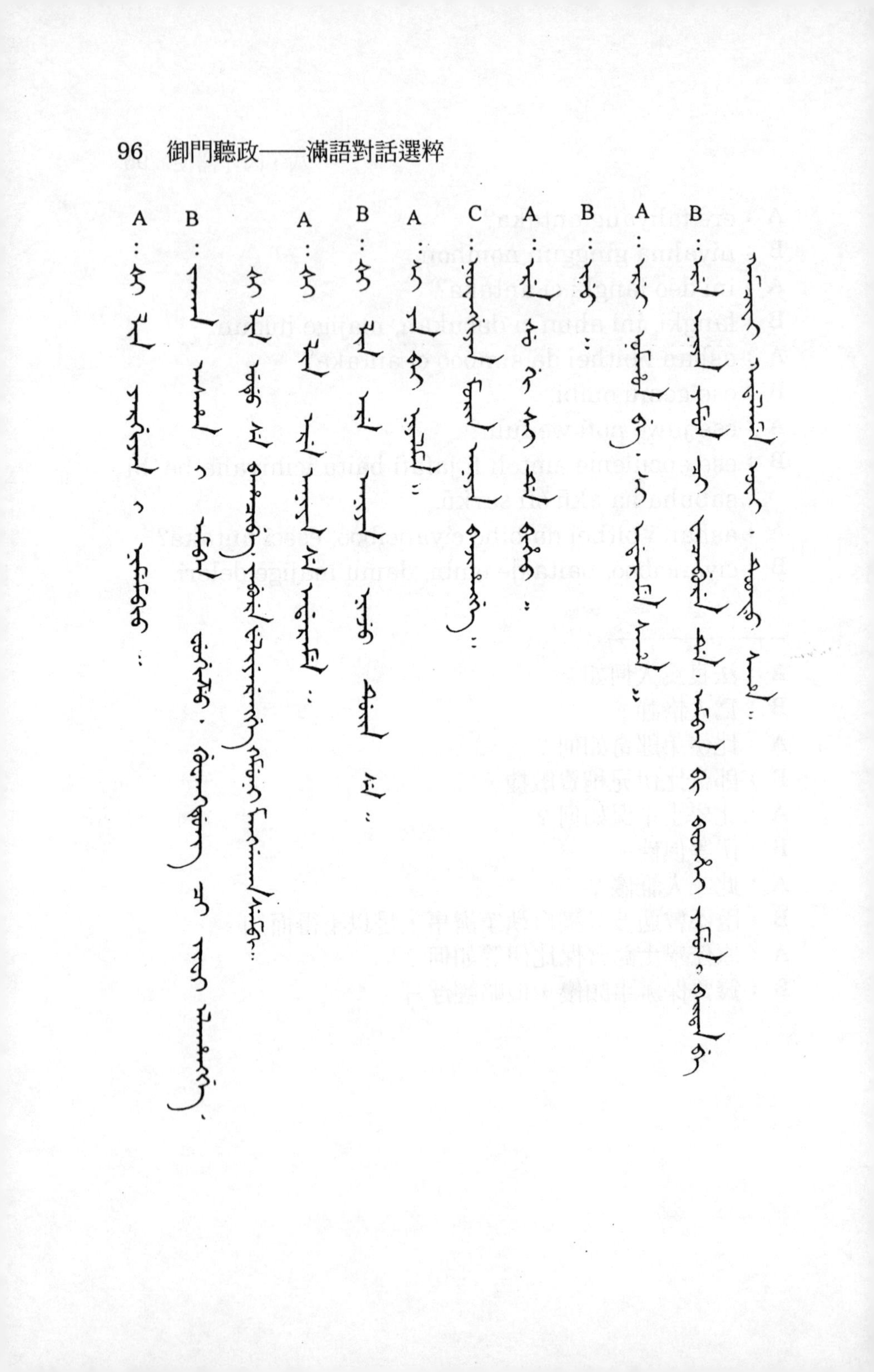

A：[illegible]

B：[illegible]

A：[illegible]

B：[illegible]

A：[illegible]

C：[illegible]

A：[illegible]

B：[illegible]

A：[illegible]

B：[illegible]

A ：ši lin yargiyan i nimembio?
B ：jakan ashan i amban fugidzu, guwangdung ci jifi alahangge, si lin udu se bahacibe, yabure feliyerengge kemuni manggakan sembi.
A ：ši lin ere aniya se adarame?
B ：ši lin ere aniya ninju duin se.
A ：si ya bai niyalma?
C ：niowanggiyan morin aniya banjihangge.
A ：ere šu gi ši de biheo?
B ：inu.
A ：erei nomhon be, si adarame saha?
B ：ere aniya yamun ci facabure de, amban bi bithei yamun i baita be kamcifi kadalame ofi, tuttu saha.

A ：石琳病果眞否？
B ：頃侍郎傅繼祖自廣東回，據云石琳雖年邁，其舉動尙健。
A ：石琳年幾何？
B ：石琳年六十四歲。
A ：爾何處人？
C ：甲午生。
A ：此係庶吉士否？
B ：是。
A ：爾何以知其老實？
B ：今歲散館時，臣職兼翰林院掌院，故知之。

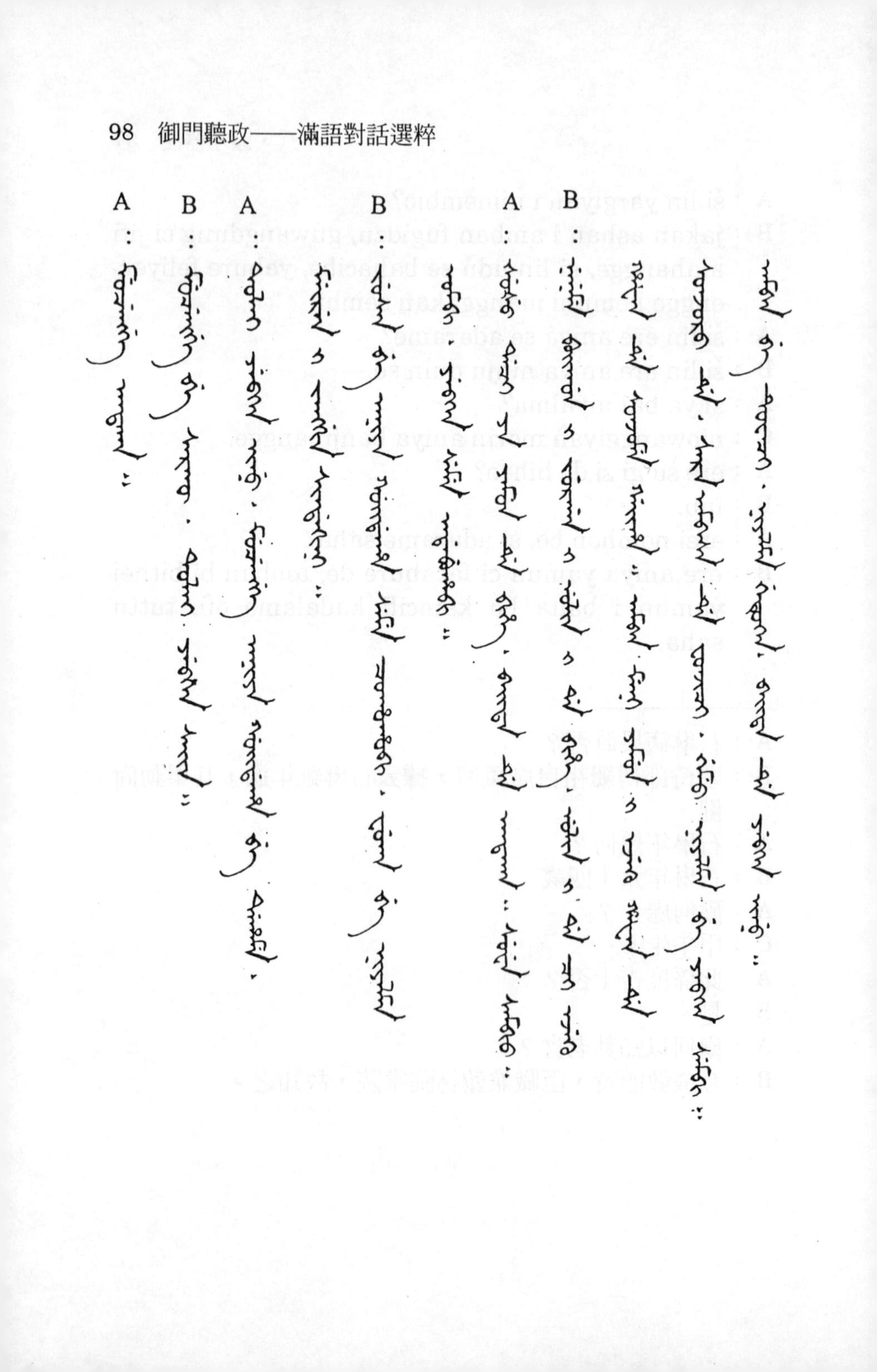

A：mucengge antaka?

B：mucengge be sarkū, tolai yebken sain.

A：tolai yebken inu, mucengge aniya goidaha be dahame, meiren i janggin sindakini.

B：jusan be aniya goidaha seme cohohobi, fuka be niyalma ombi, yebken seme adabuhabi.

A：šušu daci ya yamun de bihe, baita de antaka. suwe sambio?

B：neneme boigon i jurgan i ulin i da bihe, ulin i da ci ejeku hafan de sonjome gaiha. amban meni yamun i ejeku hafan de sonjoro de, sara ambasa de fonjici, gemu niyalma be yebken sembi. amban be tuwaci, niyalma getuken, baita de yebken inu.

A：穆成格何如？

B：穆成格未識其人，托賴頗優。

A：托賴固優，但穆成格歷年已久，著補授副都統。

B：朱山因其年久擬正，傅哈為人優長可用，故爾擬陪。

A：舒書原任何衙門？辦事何如？爾等知之否？

B：向為戶部司庫，選授主事。臣衙門選補侍讀，諸臣知之者，皆言其人頗優。臣等觀之，其人亦明習事體。

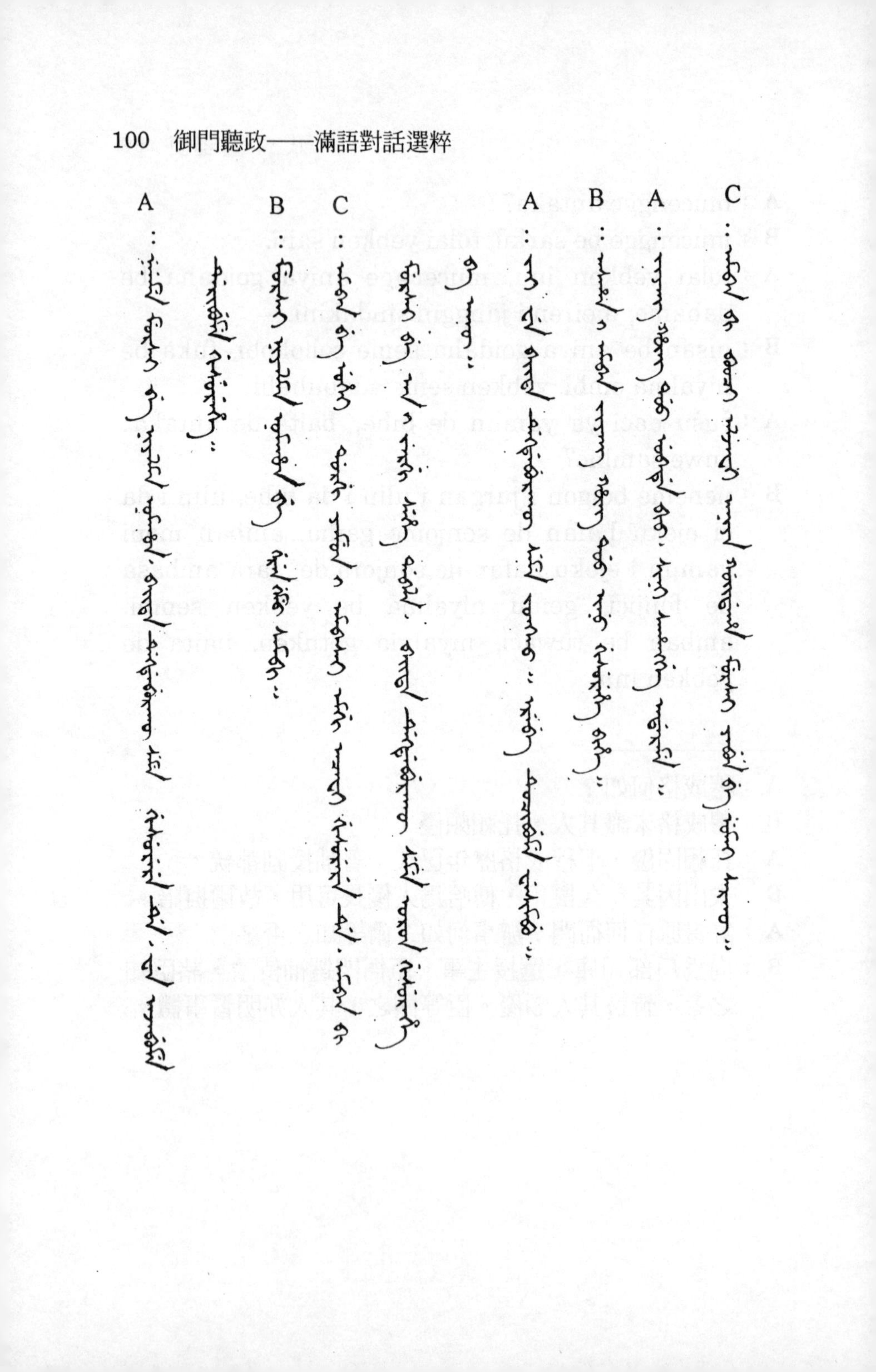

A：

B：

C：

A：

B：

A：

C：

A：neneme mursai be niyalma nomhon, baita dekdeburakū seme gisurere de, we ajabume deribume gisurehe.

B：mursai niyalma nomhon be geren gemu sambi.

C：amban be uhei dorgi yamun i ambasai emgi acafi gisurere de, amban bi mursai be an i jergi sehe dabala, baita dekdeburakū seme oron gisurehe ba akū.

A：jai we baita dekdeburakū seme jongko, erebe tucibume wesimbu.

B：ashan i amban jiyang hūng doo inu gisurehe bihe.

A：jiyang hūng doo ubade bio? sini sahangge adarame?

C：amban bi booci aljafi aniya goidaha, mursai yabun be umai sarkū.

A：前者謂穆爾賽爲人老實不生事，孰倡此語？

B：穆爾賽爲人老實，衆人皆知。

C：臣等同內閣諸臣會議時，臣止言穆爾賽平常，並未言其不生事。

A：又誰稱其不生事，可即舉出。

B：侍郎蔣弘道亦如此說。

A：蔣弘道在此否？爾所見若何？

C：臣離家年久，並不知穆爾賽行跡。

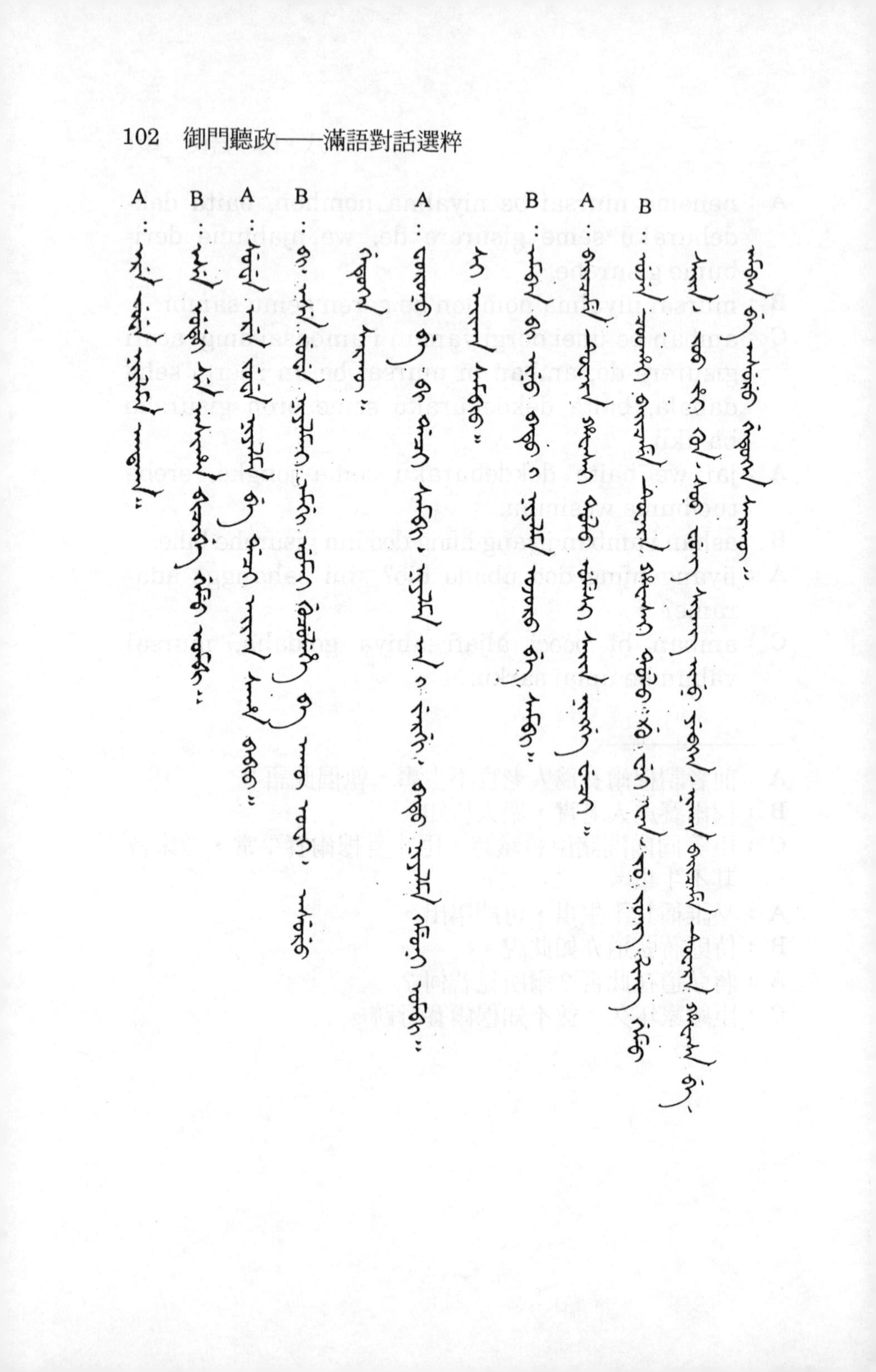

A：[illegible]

B：[illegible]

A：[illegible]

B：[illegible]

A：[illegible]

B：[illegible]

A：[illegible]

B：[illegible]

A：ere juwe niyalma antaka?

B：ese udu se asihan bicibe gemu ombi.

A：suwe ere juwe niyalma be daci aika saha babio?

B：bi, ese juwe niyalmai emgi umai guculehe ba akū ofi, asuru getuken sarkū.

A：forono be bi daci sambi, niyalma an i jergi, batu niyalma kemuni ombi. si aika sambio?

B：amban bi inu batu i niyalma ojoro be sambi.

A：baicame tuwara hafasai dolo umesi sain ningge weci?

B：ujen coohai baicame tuwara hafasai dolo g'o wei fan, ju jung ling gemu sain, joo jy kun, šoo fung siyang inu yebken, nikan baicame tuwara hafasa be, amban be asuru getuken sarkū.

A：此二人如何？

B：伊等雖年幼，俱屬可用。

A：爾等素知此二人否？

B：臣未曾與此二人相交，不能深知其爲人。

A：朕素知佛羅諾爲人平常，巴圖才具可用，爾知之否？

B：臣亦知巴圖之才堪用。

A：御史中最賢者爲誰？

B：漢軍御史中郭維藩、祝鍾靈俱賢，趙之鵾、邵鳳翔亦優，漢御史臣等知之未確。

A : ᡝᠵᡝᠨ ᡨᡠᠴᡳᠪᡠᡥᡝ ᠰᡠᠮᡝᠮᠪᡳ᠉

B : ᠶᠠᠪᡠᡵᡝ ᠪᡝ ᠪᠠᡳᡨᠠᠯᠠᡵᡝ᠈ ᠨᡳᠶᠠᠯᠮᠠ ᡳ ᠪᠣᡳᡤᠣᠨ ᡳ ᡨᡠᡴᡳᠶᡝᠨ ᡳ ᠵᠠᡳᡩᠠᠮᡝ ᠪᠠᡳᡨᠠ ᡤᡝᠮᡠ ᠪᡳᡵᡝ᠈ ᠪᠣᡳᡤᠣᠨ ᠵᡝᠮᡝ ᠪᡝ ᠪᡳ᠉ ᡝᡵᡝ ᡝᠵᡝᠨ ᡳ ᡨᡠᠸᠠᠮᡝ ᠪᡝ ᠠᠯᡳᠪᡠᡵᡝ᠉

A : ᠪᠣᡳᡤᠣᠨ ᡳᠨᡩᡝᡵᡝ ᠰᡳᠨᡩᠠ᠉

B : ᠶᠠᠪᡠᡵᡝ ᡤᡝᠨᡝᡥᡝ ᠪᡝᠶᡝ ᠠᡴᡡ ᠪᡝ ᠰᠠᡵᠠᡴᡡ᠉

A : ᡝᡳ᠈ ᠮᡠᠰᡝᡳ ᡩᡝ ᠪᡳᠰᡳᡵᡝ᠈ ᠰᡝᠮᠪᡳ ᡳᠰᡳᠪᡠᠮᠪᡳ᠉

C : ᠪᠣᡳᡤᠣᠨ ᡳᠨᡩᡝᡵᡝ ᡤᡝᠮᡠ᠈ ᠪᠠᡳᡨᠠ ᡩᡝ ᠶᠠᠪᡠ ᠰᠠᡳᠨ᠉

A : ᠮᡳᠨᡳ ᠪᠣᡳᡤᠣᠨ ᡩᡝ ᠪᠣᡳᡤᠣᠨ ᠪᡝ ᠠᠯᡳᡥᠠ ᠠᡴᡡ᠉

A : ᠠᠮᠠ ᠰᡝ ᡤᡝᠨᡝᡥᡝ ᠠᡴᡡ᠈ ᡳᠰᡳᠨᠠᡥᠠ ᡨᡠᠸᠠᡥᠠ᠉

B : ᠠᠮᠠ ᠪᡝ ᡤᡝᠨᡝᡥᡝ ᡳᠰᡳᠨᠠᡥᠠ ᠪᠠᡳᡨᠠ ᠪᡝ ᠪᠠᡳᡨᠠᠯᠠᡵᡝ ᠪᡳᡵᡝ ᡤᡝᠨᡝᡥᡝ ᡳᠨᡝᡴᡠ᠉

A：suweni fonjihangge adarame?

B：amban be baicaci, mukden i dorolon i jurgan i icihiyara hafan bihe buyanu, umai jailaha ba akū, ging hecen de ne jakūn hahai usin bi.

A：buyanu niyalma antaka?

B：amban meni beye saha ba akū.

A：si mukden de bihe. ainci sambidere.

C：buyanu niyalma yebken, baita de inu sain.

A：ere oron de buyanu de sinda sehe.

A：jang k'o ciyan antaka? suwe sambio?

B：jang k'o ciyan ekisaka teisu be tuwakiyame baita dekdeburakū niyalma.

A：汝等所問如何？

B：臣等查得原任盛京禮部郎中布雅努並無規避。現有八名壯丁、田畝在京。

A：布雅努爲人何如？

B：臣等未曾親識。

A：爾曾在盛京，料必知之。

C：布雅努爲人堪用，辦事亦優。

A：這員缺著補布雅努。

A：張可前何如，爾等可知之否？

B：張可前爲人守分安靜，不生事者。

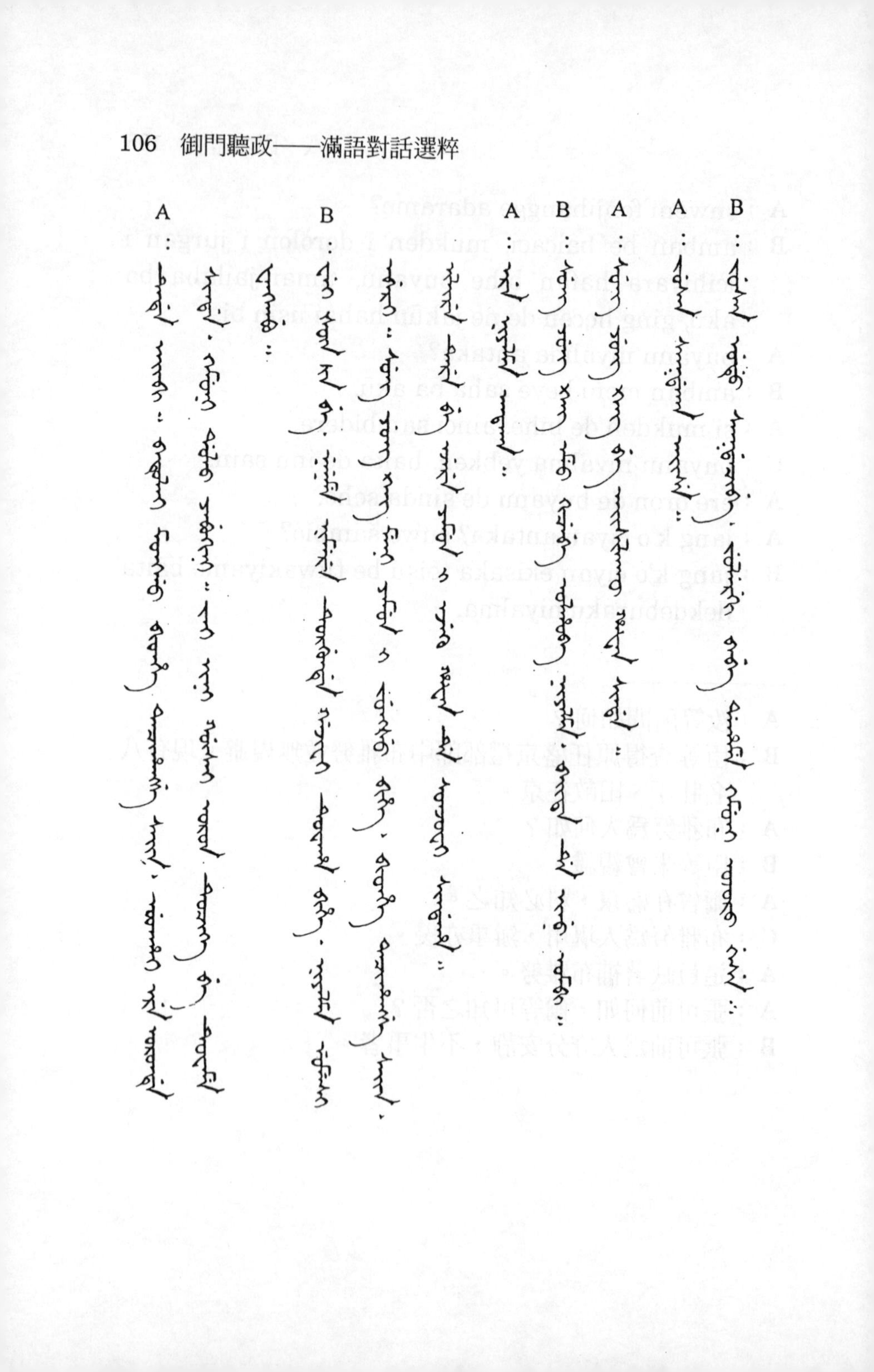

A : [illegible]
[illegible]
[illegible]

B : [illegible]
[illegible]
[illegible]

A : [illegible]

B : [illegible]

A : [illegible]

A : [illegible]

B : [illegible]

A：tede aibi. batulai monggo bithe bacihangge sain, uthai ere oronde sinda, kemuni dolo yabukini. jai ini gūsai oron tucike be tuwame fangkabu.

B：wei šūn zin be, neneme nimere turgunde gajifi tuwaha bihe, niyalma umesi eberi. sung yung k'ang meni yamun i jungšu bihe, bithe tacihangge sain, ilire tere be ejere yamun i ejeku hafan de sonjofi sindaha.

A：ere niyalma antaka?

B：sung yung k'ang emu kicebe olhoba niyalma, baita de inu ombi.

A：sung yung k'ang be aisilakū hafan sinda.

A：jusan sakdaka aise.

B：jusan udu sakdacibe, julergi babe dahame kemuni ojoro gese.

A：此亦無妨。巴圖賴蒙古文學頗優，著即補授此缺，仍令內庭侍奉，俟其本旗缺出，即行抵補。

B：魏純仁先以抱病曾傳來驗看，爲人極庸。宋永康原係臣衙門中書，學問頗優，曾經選擇以起居注主事補用。

A：其人若何？

B：宋永康勤慎能辦事。

A：宋永康著補授員外郎。

A：朱山想已年老耶！

B：朱山雖年老，在南方似乎可用。

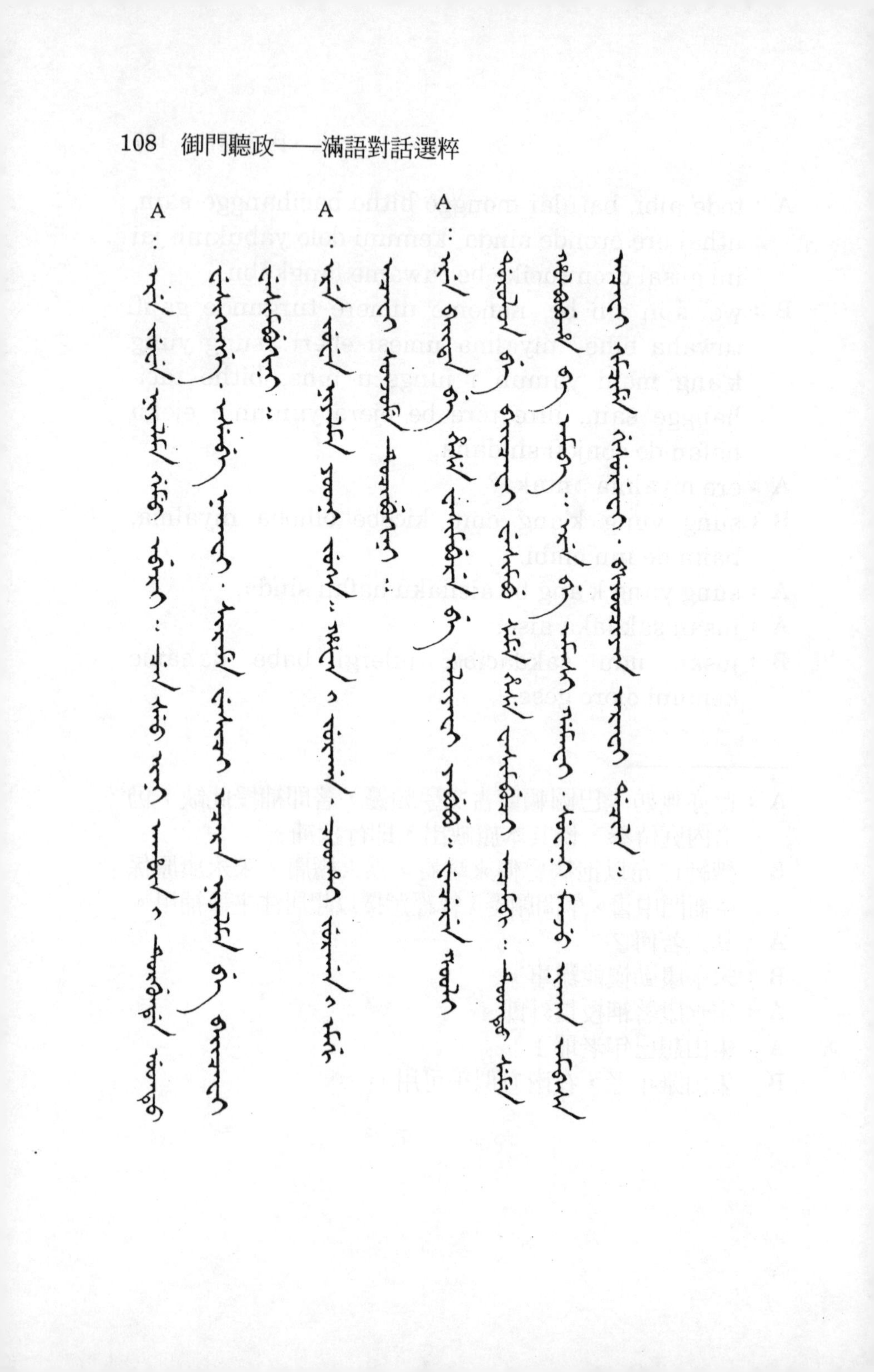

A：[illegible]

A：[illegible]

A：[illegible]

A：ere juwe niyalma gemu eberi. cen šeo ini ahūn i turgunde uttu wesikengge, esebe nakafi, sirame wesici acara niyalma be baicafi wesimbukini.

B：ere juwe niyalma yooni juken. hafan i jurgan, coohai jurgan i emgi acafi sonjome tucibukini.

A：ere baita be hese wasimbure be aliyafi yabubu. wecere kooli dorolon be baicafi wesimbu seme hese wasimbuci acambi. tuttu seme holbobuha ba amba. ere be amasi gamafi, suweni manju nikan ambasa acafi kimcime gisurefi, piyoociyan arafi dacila.

A：此二人俱屬庸常。陳壽以其兄之故遷擢至此。伊等且置之，著將以次應陞之人查奏。

A：此二人俱平常。著吏部會同兵部選擇具奏。

A：此事著候旨行。其合行典禮，令查明具奏。然事關重大，此本著發回，爾滿漢大學士等公同詳議，擬票具奏。

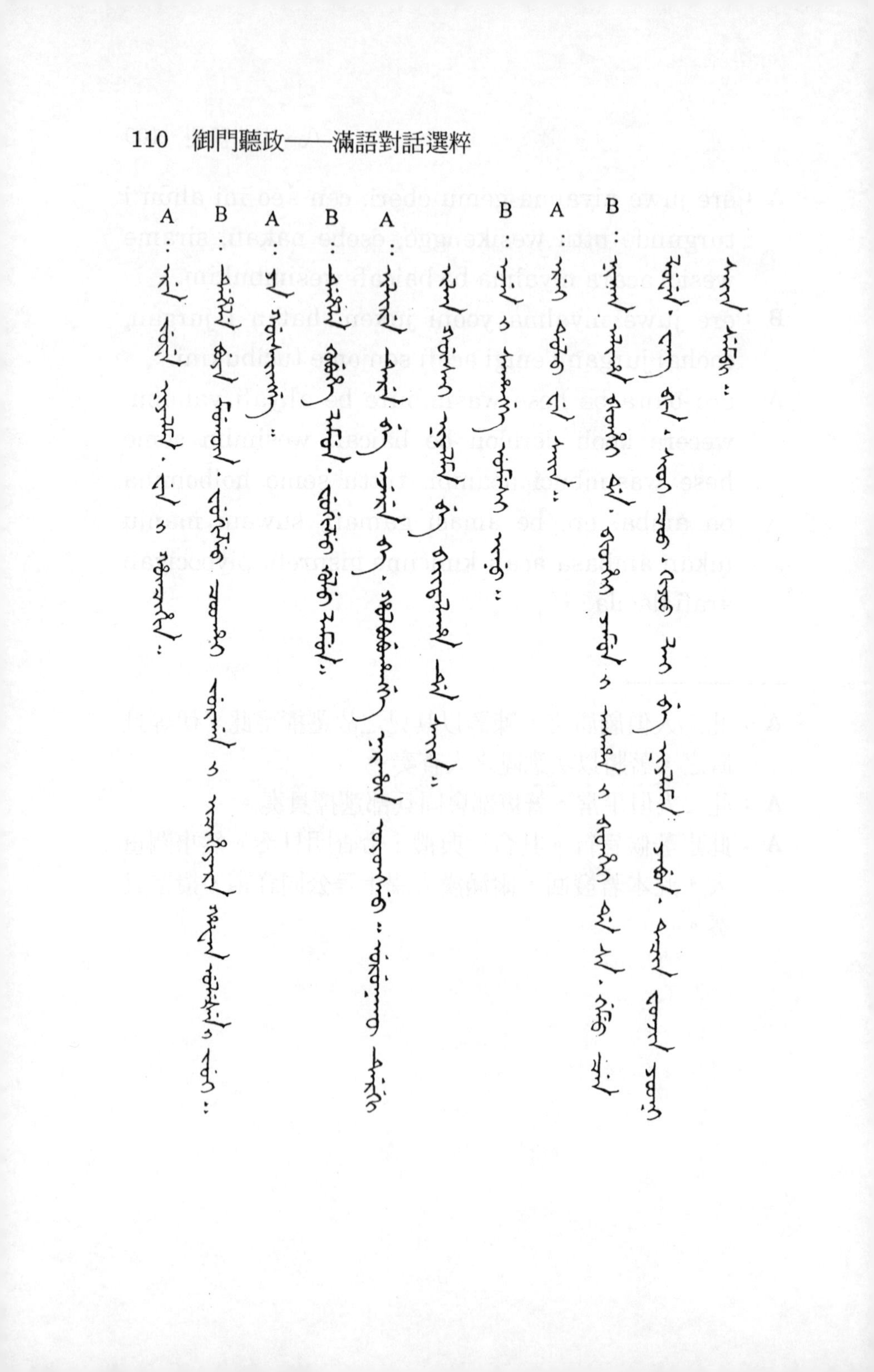

[illegible]

B: [illegible]

A: [illegible]

B: [illegible]

A: [illegible]

B: [illegible]

A: [illegible]

B: [illegible]

A: [illegible]

A：ere juwe niyalma, we i hūncihin?

B：dehele buya mukūn, fugidzu coohai jurgan i icihiyara hafan ulešen i jui.

A：ya gūsaingge?

B：dehele kubuhe lamun, fugidzu gulu lamun.

A：ilire tere be ejere ba, holbobuhangge narhūn oyonggo. urunakū dergi ilan gūsai niyalma be baitalaha de sain.

B：ejen i sahangge umesi inu.

A：erei dolo we sain?

B：nikan aliha bithei da, bithei yamun i ashan i bithei da sa, gemu cen luwen, wang bin, sioi coo, kiyoo lai be niyalma yabun, tacin fonjin yooni sain sembi.

A：此二人何族？

B：德格勒出自單微，傅繼祖乃兵部郎中吳勤申之子。

A：是何旗分？

B：德格勒鑲藍旗人，傅繼祖正藍旗人。

A：記注起居關繫機要，必用上三旗人方可。

B：皇上所見極是。

A：此內孰為最優？

B：據漢大學士、翰林院學士俱言陳論、汪霦、徐潮、喬萊人品學問俱優。

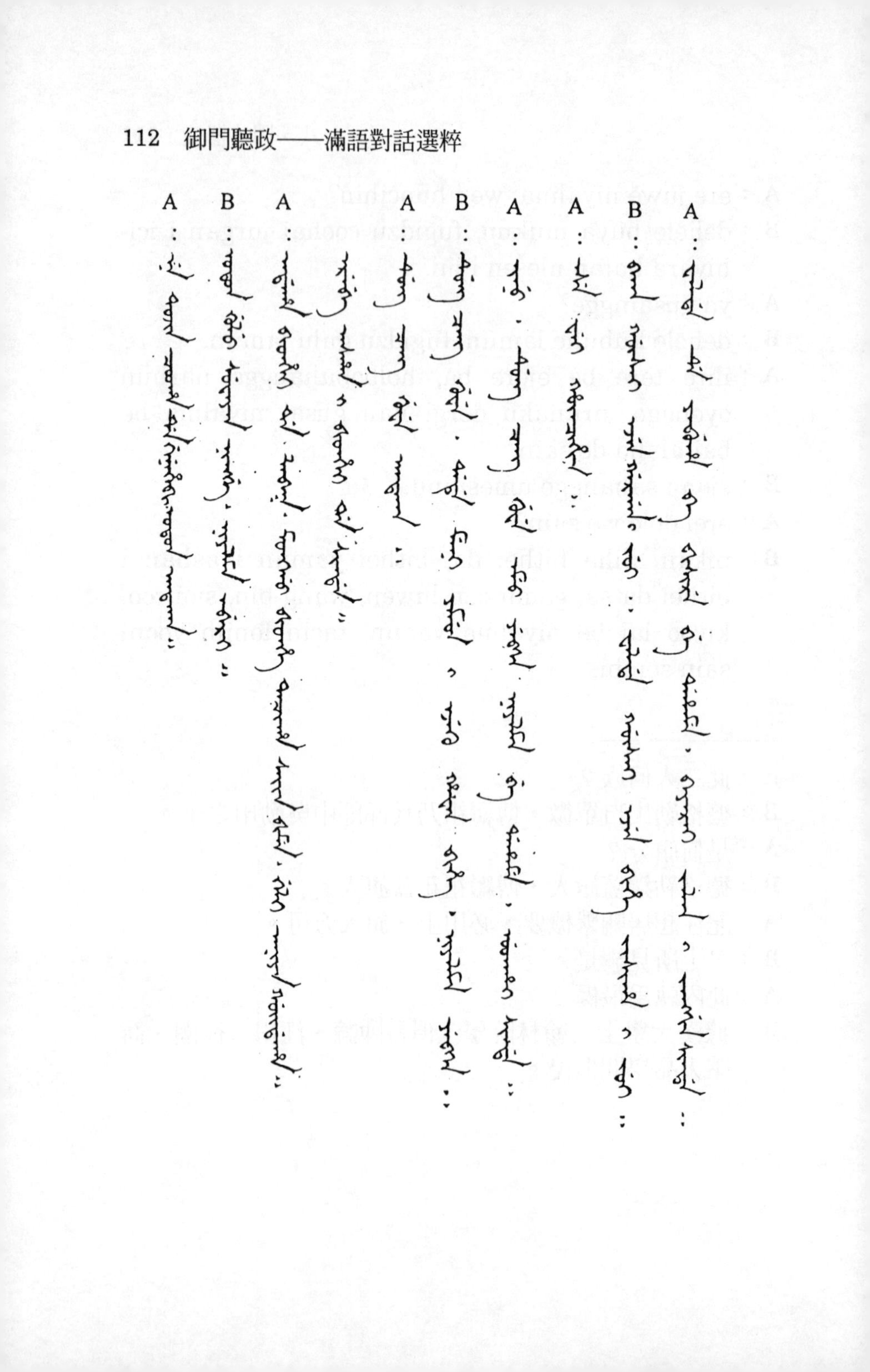

A：[illegible]

B：[illegible]

A：[illegible]

A：[illegible]

B：[illegible]

A：[illegible]

A：[illegible]

B：[illegible]

A：[illegible]

A：ne tojin cooha de genehebi, oton antaka?
B：oton gulu suwayan ningge, niyalma eberi.
A：adaha bithei da labak, monggo bithe taciha sain bime, geli aniya goidaha. erebe ashan i bithei da sinda.
A：dung cang guwe antaka?
B：dung cang guwe, dade meni yamun i ejeku hafan bihe, niyalma yebken.
A：inu, dung cang guwe emu yebken niyalma be dahame, uthai sinda.
A：ese wei hūncihin?
B：baka gūsai ejen gargan i jui, walda gūsai ejen bihe jisiha i jui.
A：walda de yabuha ba bisire be dahame, bayarai jalan i janggin sinda.

A：陶晉現經出征，俄屯何如？
B：俄屯係正黃旗人，人亦庸常。
A：侍讀學士喇巴克優通蒙古文義，又且年久，著補學士。
A：董昌國何如？
B：董昌國原係臣衙門侍讀，爲人頗優。
A：然，董昌國爲人既優，這員缺著即補授。
A：二人出自何族？
B：巴喀乃都統噶爾漢之子，瓦爾達乃原任都統濟錫哈之子。
A：瓦爾達既在行間効力，著補護軍參領。

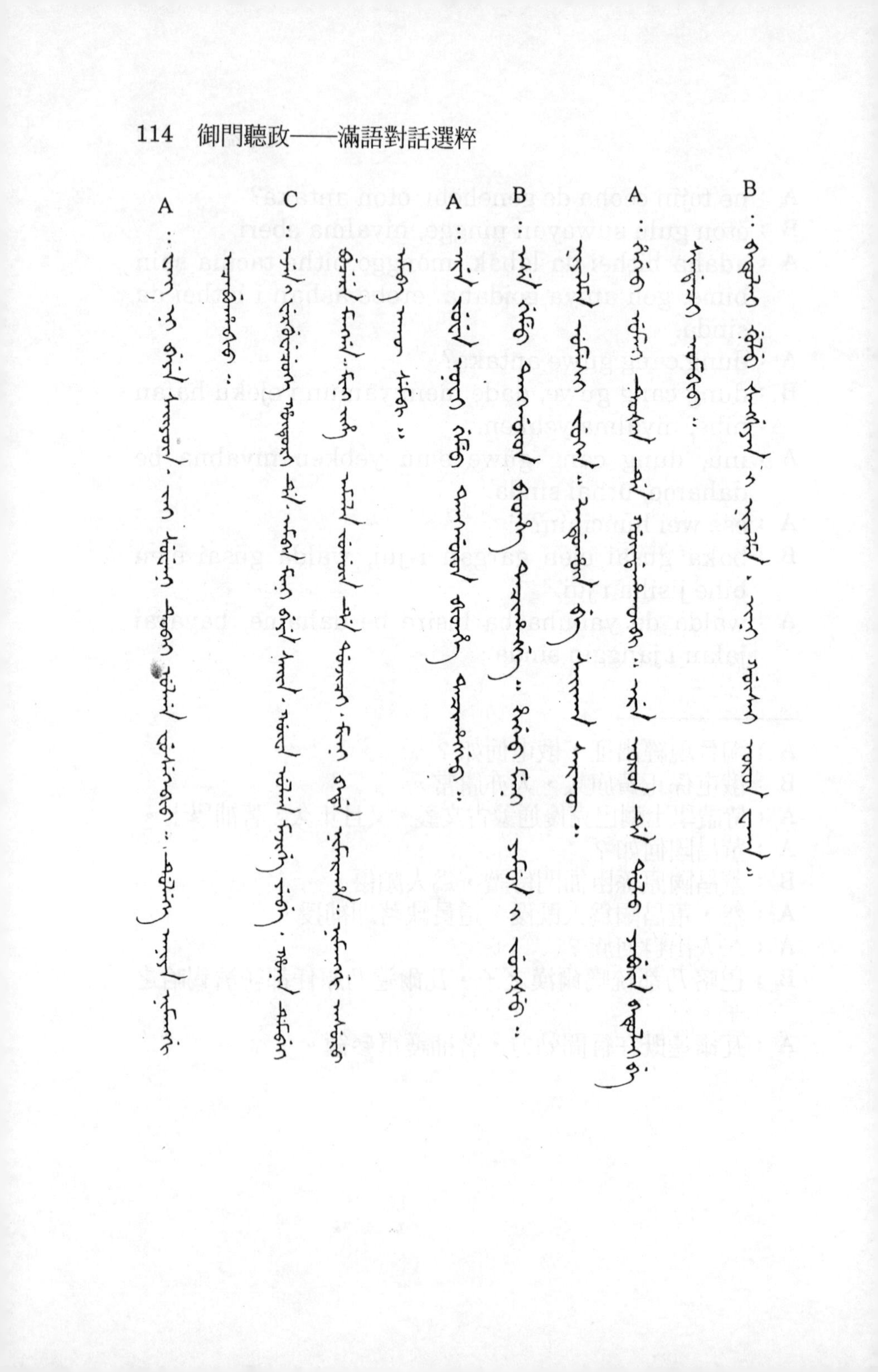

B：[illegible]

A：[illegible]

B：[illegible]

A：[illegible]

C：[illegible]

A：[illegible]

A：wang ni beye saiyūn? jai suweni tubai ulga fusekebio? duleke aniya nimanggi acabuhabio?

C：ejen i ferguwecuke hūturi de, amban mini beye sain, guwe ulga majige yebe, honin dembei bucere mangga. mini jihe amala jurgūn de donjici, mini bade nimaraha. nimanggi asuru amba akū sembi.

A：ere juwe nofi gemu tanggūt bithe tacihanggeo?

B：ese gemu tanggūt bithe tacihangge. hegeo meni yamun i jungšu. niyalma umesi juken. laduhūn be saikan sarkū.

A：hegeo umai tušan de goidahakūbi. ere oron de dolo yabure batulai be sindaci ombio?

B：batulai gulu šanggiyan i niyalma, ini gūsai oron waka.

A：王安否？地方牲畜蕃育否？去歲雨雪及時否？

C：仰賴皇上福庇，臣身幸得無恙，牲畜頗善，惟羊隻易於倒斃。臣來後，在途中聞臣地方有雪，但不甚大耳。

A：此二人俱學唐古特字否？

B：伊等俱學唐古特字。赫構係臣衙門中書，人甚平常，喇都渾知之未悉。

A：赫構歷任未久，此員缺將內庭侍奉巴圖賴補受可乎？

B：巴圖賴係正白旗人，非伊本旗之員缺。

B: [illegible]

A: [illegible]

B: [illegible]

A: [illegible]

B: [illegible]

A: [illegible]

B: [illegible]

B：amban bi coro orin jakūn de jurafi tušan de genembi. ejen i tacibure hese be baimbi.

A：sinde aika wesimbure gisun bio?

B：amban minde wesimbure gisun akū, ejen i tacibure hese be baimbi.

A：si nikan bithe sambio?

B：amban bi baitalabure onggolo, nikan bithe hūlaha bihie, emu udu hergen takambi, baita be tuwame muterakū.

A：si jurgan de baitalabuha manggi, tacihakūn? baitalabufi udu aniya oho, te udu se?

B：baitalabuha manggi, taciha ba akū, amban bi aisilakū hafan de juwan aniya, icihiyara hafan de juwan juwe aniya bihe. te gūsin jakūn se.

B：臣於二十八日前往赴任，恭請皇上諭旨。

A：爾有所陳奏否？

B：臣無所陳奏，恭請皇上天語訓誨。

A：爾通漢文否？

B：臣未仕之先，曾讀漢書，止略識數字，不能閱看案牘。

A：爾任部員後可曾學習否？爾居官幾年？今幾歲矣？

B：臣出仕後未學。在員外郎十年，郎中十二年。今三十八歲矣。

阿山名爲禁革浮費獨不自禁及其所屬實恐
臣等內員一遇事件即行入
告故於臣未到任之前先爲之計其十三款內尚
有一二件應留以恤地方貧苦者俟部議下再
當
奏陳以仰答
皇上恤商愛民之至意謹具摺恭請
聖訓伏乞
睿鑒施行

生一事不如省一事只管爲目前
之計恐後尾大難收遠累後人
亦非久遠可行再留心細議

康熙皇帝漢文硃批

九、正己率屬

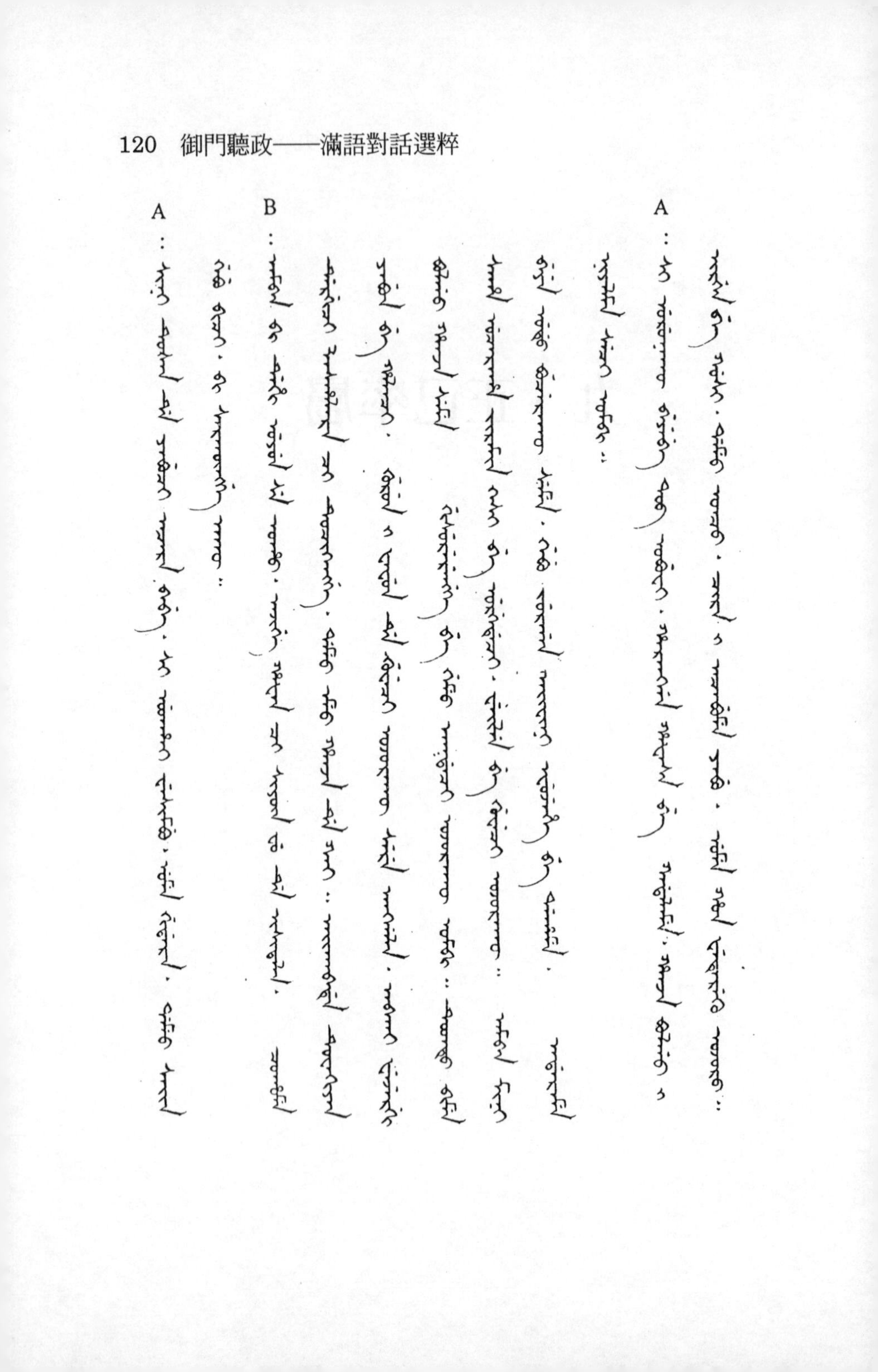

A [illegible]

B [illegible]

A [illegible]

A：sini tušan de yabuci acara babe, si uthai wesimbu, ume gidara, damu sain gebu bici, bi sarkūngge akū.

B：amban bi dehi uyun se oho, ajige hafan ci siyūn fu de isitala, cohome dergici lashalara ci tucikengge, damu emu hanja de kai. aikabade tuwakiyan yabun be halaci, gurun i fafun de guweci ojorakū sere anggala, abkai fejergi bolgo hanja seme gisurerengge be gemu akdaci ojorakū ombi. tuttu bime saha ucaraha jiramin kesi be urgedeci, weile be guewci ojorakū. amban mini beye udu buceraku seme, gebu jurgan aifini efujehe be dahame, adarame niyalma seci ombi.

A：si urunakū beyebe tob obufi, harangga hafasa be kadalame, hanja bolgo i irgen be gosi, damu onco, cira i acabume yabu, ume hon fetereku ojoro.

A：職所當為，爾即奏毋隱，但有好名，朕無不知。

B：臣年已四十九歲，自小官至於巡撫，特出上裁者，惟一廉耳。若有改其操守，不但國法難容，即天下言清廉者皆不可信。況負知遇隆恩，罪莫逭矣。臣身雖不死，名節已去，何以為人？

A：爾須正己率屬，廉潔愛民，但亦宜寬以濟猛，勿過刻也。

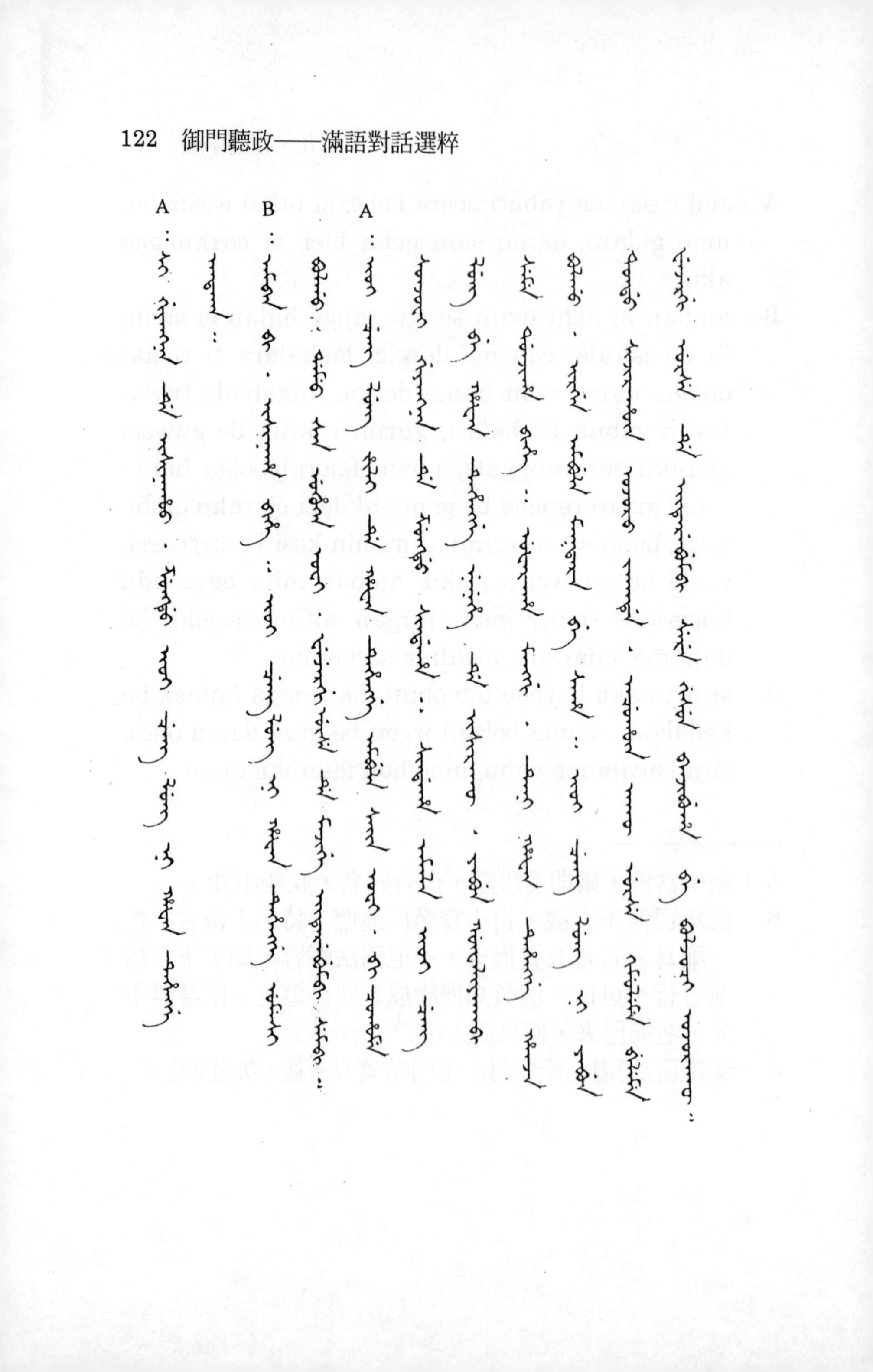

A

B

A

A：si giyangnan de isinahoo? dzungdu ioi ceng lung ni hafan tehengge antaka?

B：amban bi, isinaha bihe. ioi ceng lung ni hafan tehengge umesi bolgo, damu šan uhuken ofi, fejergi urse de majige eiterebumbi sembi.

A：ioi ceng lung jyli de hafan tehengge ambula sain ofi, bi cohome sonjofi giyangnan de dzungdu sindaha. sindaha amala ioi ceng lung be hafan tehengge nenehe de isirakū, yabun gūwaliyakabi seme donjiha bihe. ufaraha manggi, teni hafan tehengge hanja bolgo, irgen ambula maktara be saha. ioi ceng lung ni yabun tondo sijirhūn ojoro jakade, acuhūn akū urse, kimuleme beleme fejergi urse de eiterebumbi sere gisun banjibuha be boljoci ojorakū.

A：爾到江南否？總督于成龍居官何如？

B：臣到江南，于成龍居官甚清，但因輕信，少被屬員欺罔。

A：于成龍因在直隸居官甚善，朕特簡任江南總督。聞補授後，成龍居官不及前任，變更素行。至病故後，始知居官廉潔，甚爲百姓所稱。或成龍素行梗直，與之不合者挾仇讒害，造作屬下欺罔等語亦未可定。

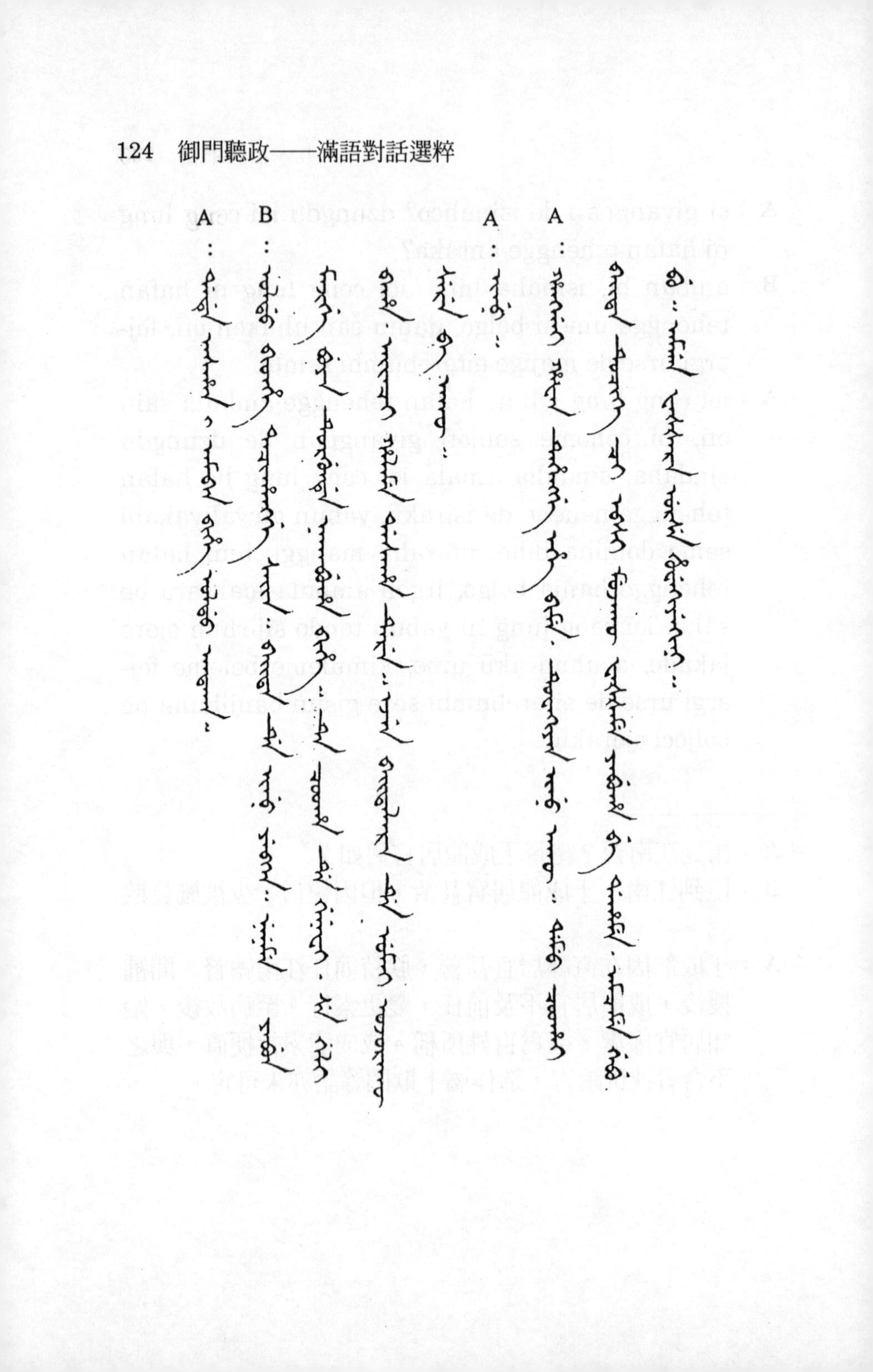

A: [illegible]

B: [illegible]

A: [illegible]

A: [illegible]

A：dade ashan i amban bihe oldo antaka?

B：oldo bithe tacihangge sain, baita de inu yebken, neneme yabun majige buya turgunde nakabuha bihe, te cooha de genefi, se geli baha, ainci halame dasaha dere, ejen baitalara de umai ojorakū sere ba akū.

A：inu.

A：hanggai hafan tehengge ehe bime, tuwakiyan inu akū, damu coohai baita tucike ci ebsi mujakū faššame yabuha be dahame, amcame gebu bu, amaga faššara urse huwekiyekini.

A：原任侍郎鄂爾多何如？

B：鄂爾多學問頗優，辦事亦佳。向因行事微覺瑣屑，是以罷斥。今涉歷行間，年齒老成，似已悛改。皇上用之並無不可。

A：然。

A：杭愛居官素劣，亦無操守，但自兵興以來甚有勞績，姑著與謚，以爲將來効力者勸。

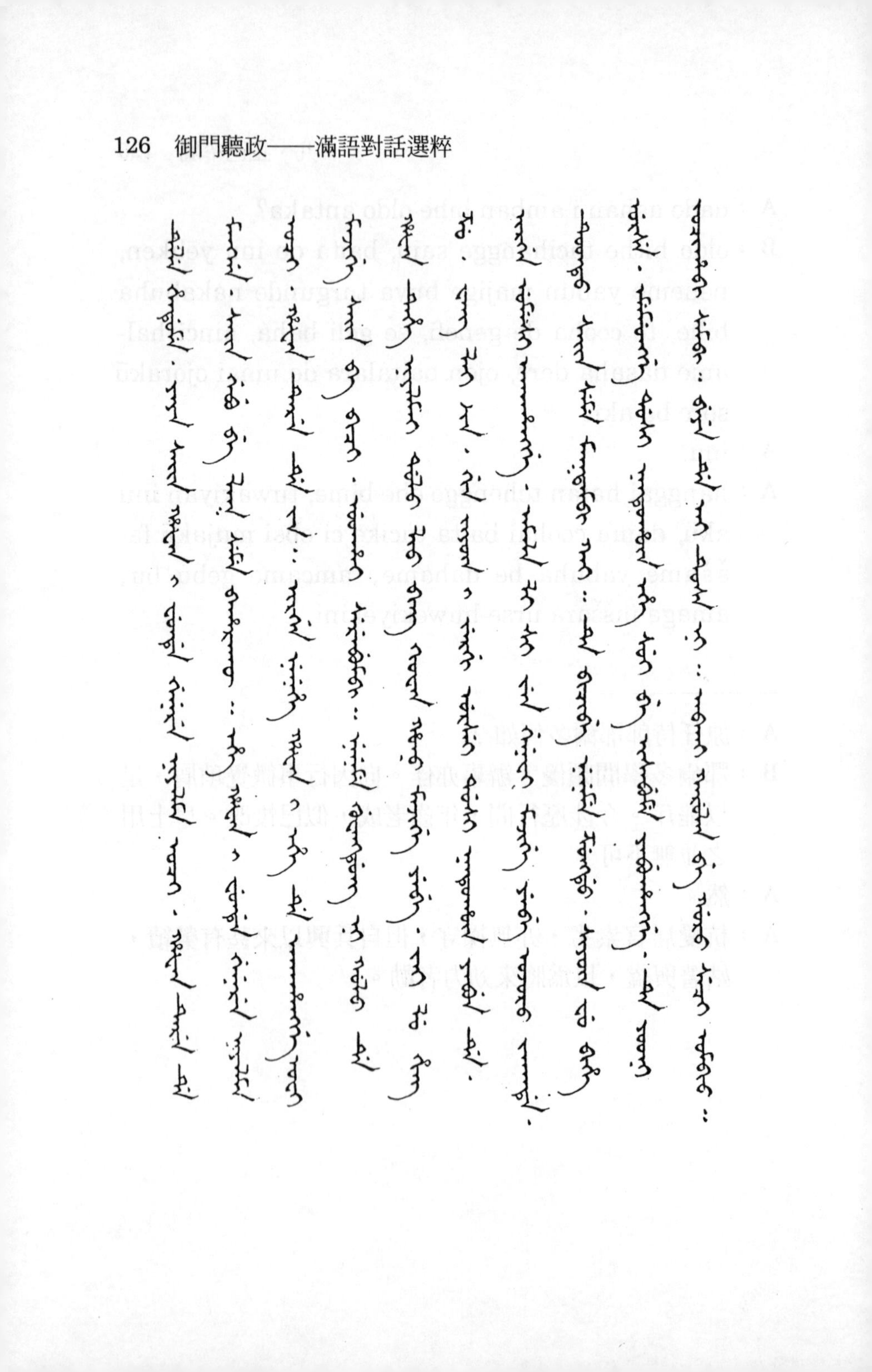

dele hendume, yaya sain hafan i funde genere niyalma oci, hafan tere de mangga, sain gebu be lak seme baharakū. ehe hafan i funde genere niyalma oci, hafan tere de ja. irgen nenehe hafan i ehe de akahangge ofi majige sain ba bici, uthai serebumbi. neneme guwangdung ni golo de hafan tehe niyalmai dolo lio bing kiowan hono majige yebe, jai lu hing dzu, wang lai zin, gin jiyūn i jergi ursei dosi nantuhūn yabun de, irgen umesi akahangge, amala li ši jen genefi majige yebe ojoro jakade, tuttu sain seme maktambi kai. te bicibe neneme dzungdu, siyūn fu bihe urse, ememungge dosi nantuhūn ehe sui be isabume yabuhangge, te yooni jocihabi sembi. beye de ai tusa ni, abkai karulan be goro seci ombio?

上曰：凡居好官之後者最難勝任，善名亦未即得；居不肖官之後者最易勝任，百姓因苦于前任不肖官員，所以稍有好處即易顯出。前廣東官員內劉秉權居官稍優，至盧興祖、王來任、金備等品行貪劣，人民甚爲受累。後李士禎到時稍優，所以稱善。即今原任總督、巡撫等或有多行貪婪積惡者，今皆覆敗，于己何益，謂天道遠可乎？

康熙皇帝讀書像

十、為國求賢

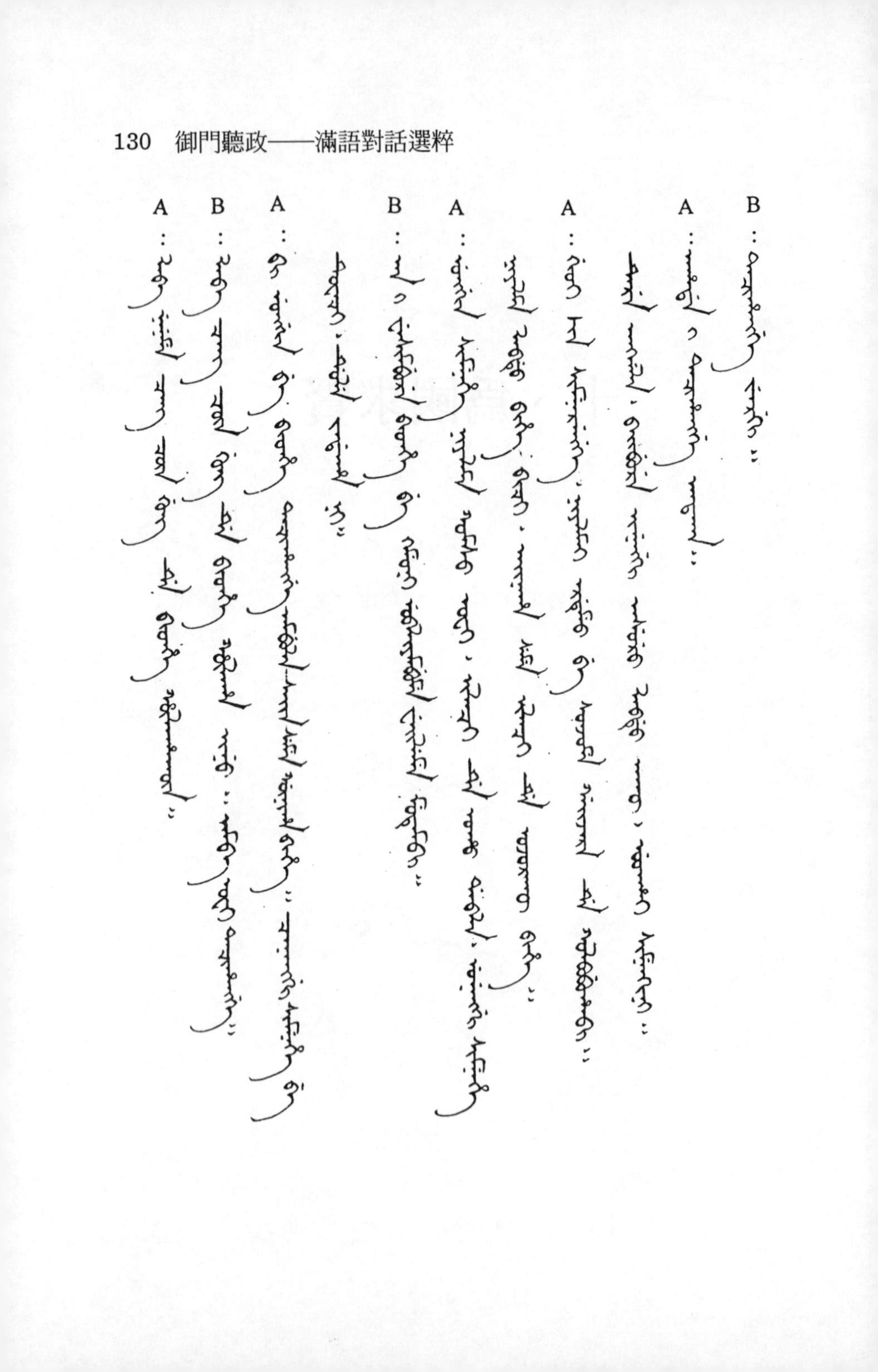

A : [illegible]

B : [illegible]

A : [illegible]

B : [illegible]

A : [illegible]

A : [illegible]

A : [illegible]

B : [illegible]

A：laba neneme cang cūn gung de bithe hūlahakūn?
B：laba cang cūn gung de bithe hūlaha inu. amba ofi tacihangge.
A：bi unggin be bithe tacihangge ambula sain seme gūniha bihe. cananggi simnehe be tuwaci, dule jadaha ni.
B：an i wesimbure bithe be kemuni ubaliyambume weileme mutembi.
A：unggin simnehe niyalma komso ofi, ilaci de oho dabala, unenggi simnehe niyalma labdu bihe bici, ainaha seme ilaci de ojorakū bihe.
A：gioi zin simnerengge, niyalmai erdemu be sonjome gaijara de kolbobuhabi（holbobuhabi）. tere anggala, baibure inenggi asuru labdu akū, uthai simnekini.
A：ahada i tacihangge antaka?
B：tacihangge jergi.

A：喇巴先曾在長春宮讀書否？
B：喇巴亦曾在長春宮讀書，但既長始就學耳。
A：朕以翁英學問優長，昨閱所試之文，殊覺疏淺。
B：尋常本章，亦能繙譯。
A：考試人少，翁英始置第三，若所試人多，豈得以第三置之。
A：鄉試關係選取人才，且需用時日無多，著即行鄉試。
A：阿喻達所學何如？
B：學問平常。

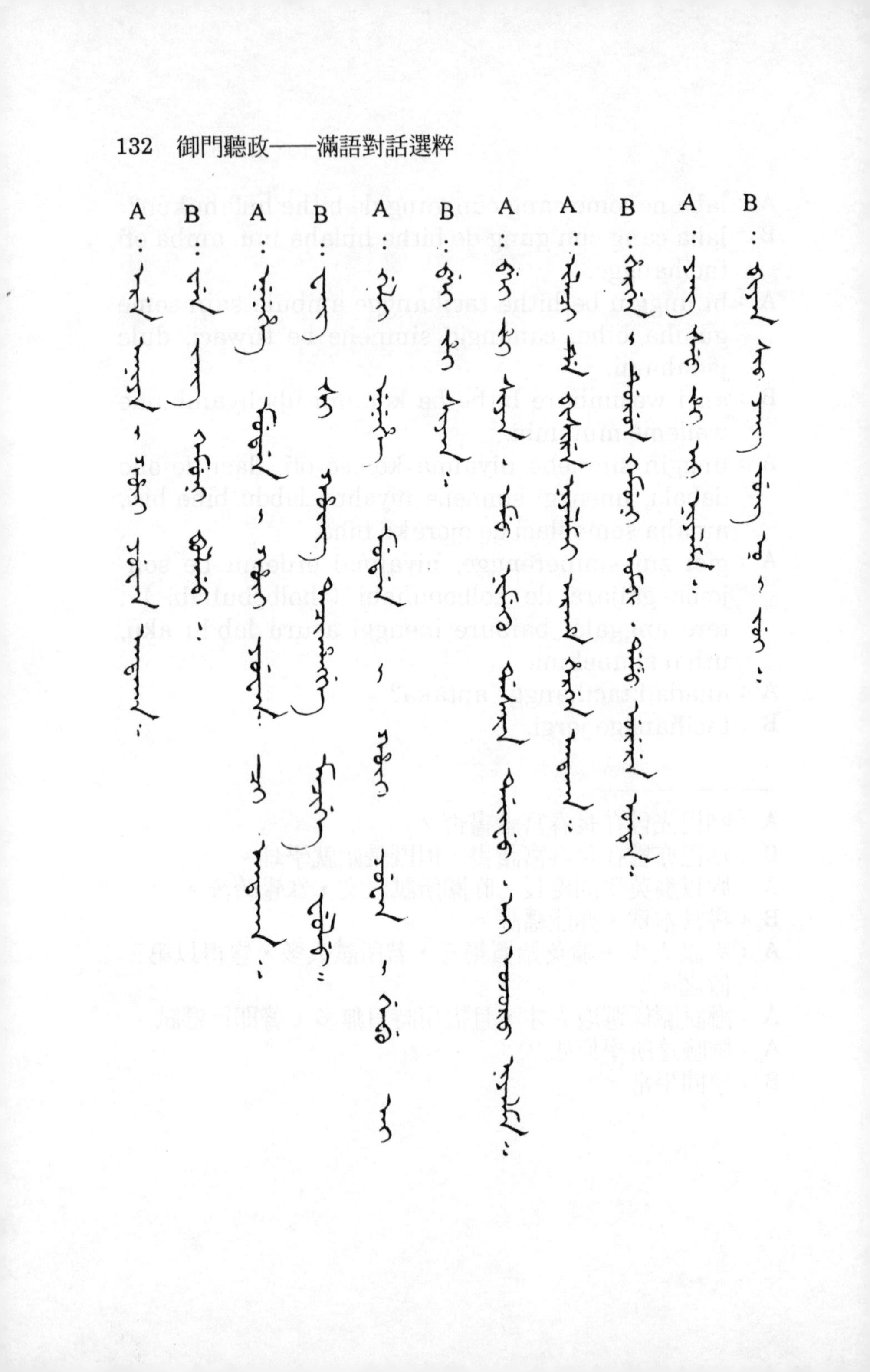

A:

B:

A:

B:

A:

B:

A:

A:

B:

A:

B:

A：ere aniya i hūi yuwan antaka?
B：wen jang kemuni bolgo.
A：nenehe mudan i hūi yuwan ci antaka?
B：wang ši hūng tacihangge majige fulu.
A：geli nenehe mudan i hūi yuwan i gebu ai?
B：pei jy siyan.
A：pei jy siyan, emu nimeku dasara daifu, ai ojoro niyalma.
A：ilaci de bisire niyamai araha hergen antaka?
B：hergen i durun kemuni ombi, damu urere unde.
A：yang šeo jy ai niyalma?
B：biyan sio yang no i jui.

A：今年會元如何？
B：文頗清雅。
A：較上科會元如何？
B：汪士鋐所學頗優。
A：再上科會元何人？
B：裴之仙。
A：裴之仙原係醫流，無足取。
A：第三名之字何如？
B：筆意略好，但未成耳。
A：楊守如係何人？
B：編修楊中訥之子。

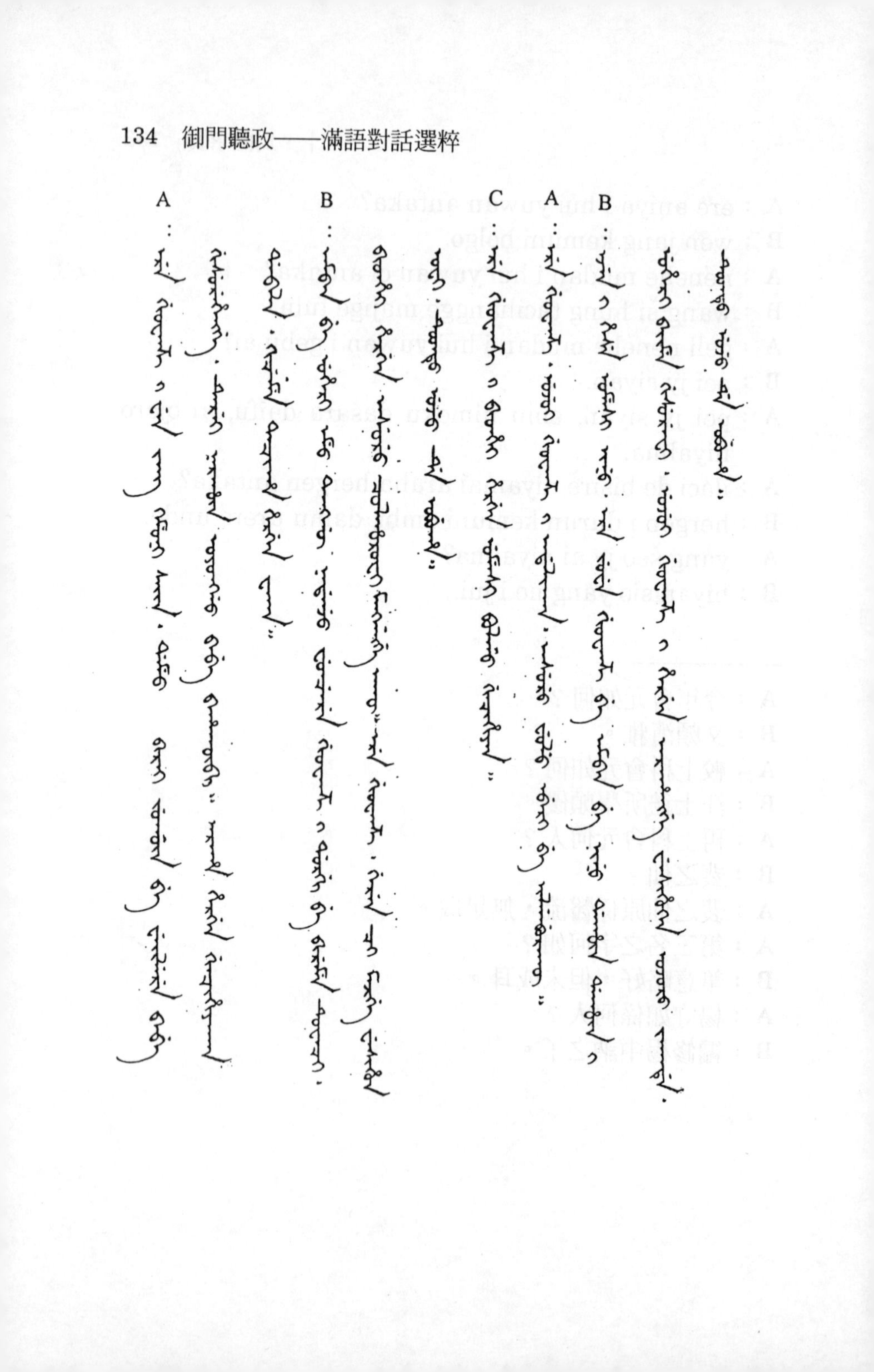

A：[illegible]

B：[illegible]

C：[illegible]

A：[illegible]

B：[illegible]

A：ere giowandz i wen jang kemuni sain, damu birai jugūn be weilere babe gisurehengge, terei narhūn oyonggo babe bahakūbi. araha hergen gincihiyakan dabala, kiceme taciha hergen waka.

B：amban be uheri emu tanggū nadanju funcere giowandz i dorgi be bireme tuwaci, bithei hergen asuru colhorofi manggangge akū. ere giowandz, geren ci majige wesihun ofi, tuttu uju de obuha.

C：ere giowandz i bithei hergen umesi bolgo gincihiyan.

A：ere giwoandz, ujui giowandz i adalikan, asuru fulu eberi be ilgaburakū.

B：ejen i hese umesi inu, ere juwe giowandz be amban be inu dahūn dahūn i uheri baime gisurefi, ujui giowandz i hergen arahangge wesihuken ojoro jakade, tuttu uju de obuha.

A：此卷文義儘優，但所論治河未能悉中肯綮。字蹟秀潤，而工力未到。

B：臣等徧閱一百七十餘卷，其中亦無甚超絕者。此卷較諸人最優，故擬第一。

C：此卷字極秀朗。

A：此卷與前卷相等，難分上下。

B：誠如聖諭，臣等亦曾將此二卷再三商酌，因前卷字蹟較勝，故置第一。

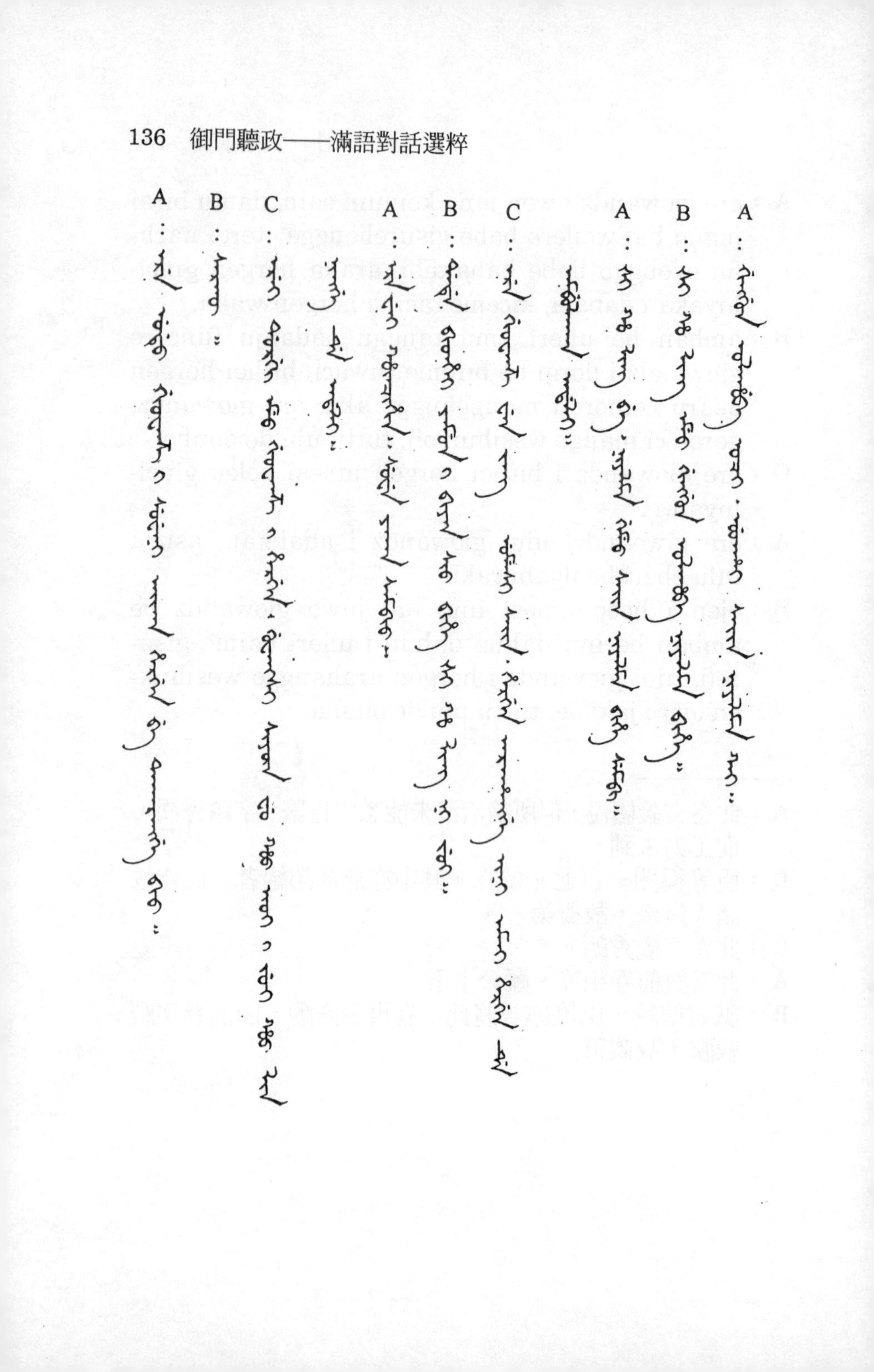

A：[illegible]

B：[illegible]

C：[illegible]

A：[illegible]

B：[illegible]

C：[illegible]

A：[illegible]

B：[illegible]

A：[illegible]

A：ere udu giowandz i suweni aika hergen be takarangge bio?

B：sarkū.

C：erei dorgi emu giowandz i hergen, guwangsi siyūn fu hoo ioi i jui hoo lin ningge de adali.

A：ere wei hūncihin? suwe yaka sambio?

B：dade bithei yamun i biyan sio bihe ši ho ling ni jui.

C：ere giowandz wen jang umesi sain, hergen arahangge ini amai hergen de ambulakan adali.

A：ši ho ling be, niyalma gemu sain niyalma bihe sembi.

B：ši ho ling emu ginggun olhoba niyalma bihe.

A：ginggun olhoba oci, uthai sain niyalma kai.

A：此數卷內，爾等亦有識其字蹟爲誰者乎？

B：不知。

C：其中一卷字蹟，類廣西巡撫郝浴之子郝林。

A：此係誰族？爾等有知之者否？

B：係原任翰林編修史鶴齡之子。

C：此卷文甚佳，書法頗似其父。

A：人皆稱史鶴齡爲人甚善。

B：史鶴齡乃一謹愼之人。

A：謹愼便是好人。

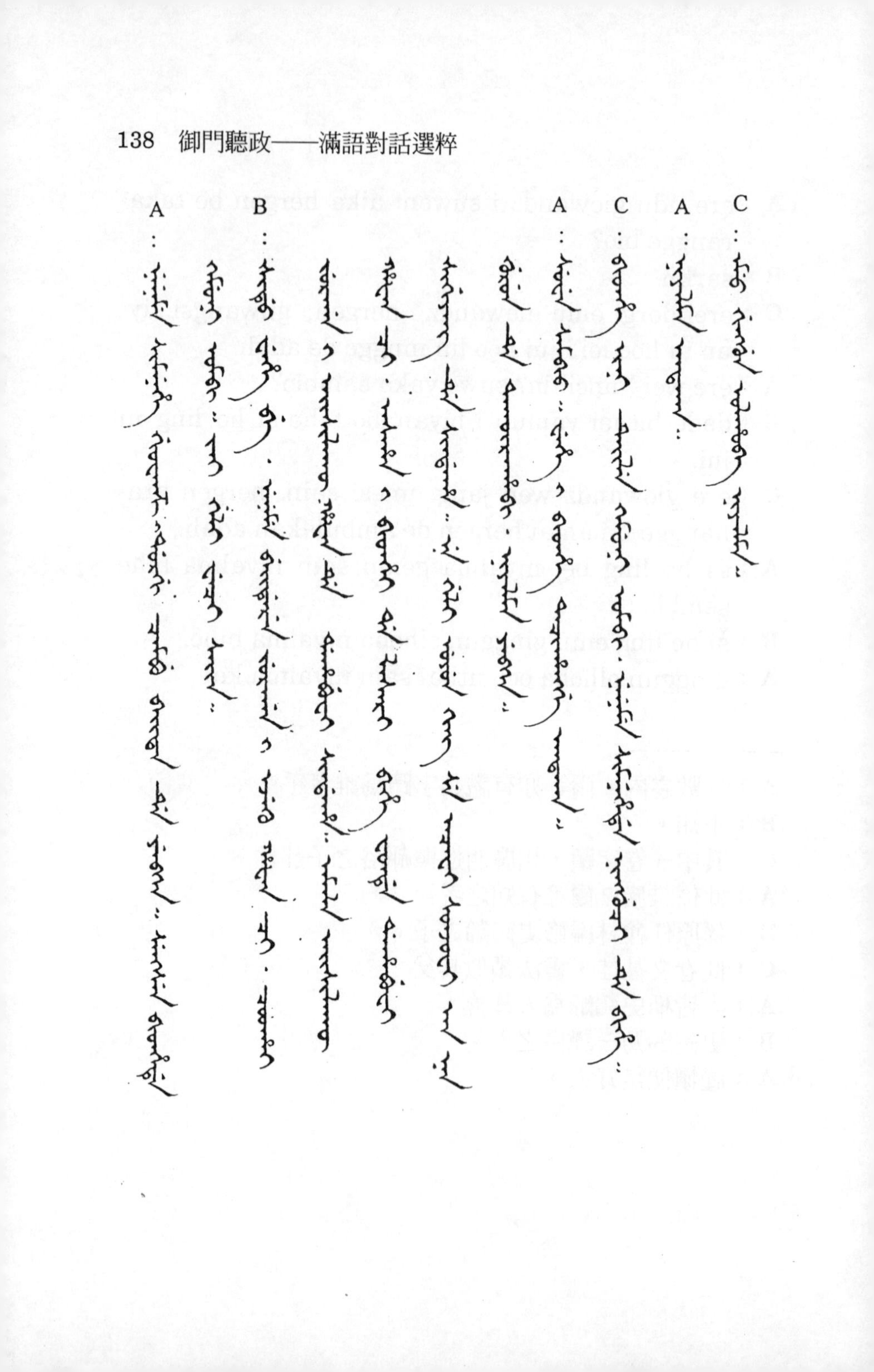

A

B

A

C

A

C

A：neneme simnehe giowandz i dorgi cambu baita de yebken. sengsen bithede kemuni ombi. jai geli weci sain.

B：šidu wehe be, neneme beidere jurgan i ejeku hafan ci coohai jurgan i aisilakū hafan de dahabufi sindaha. amala aisilakū hafan ci, ashan i bithei da lasari bihe fonde dahabufi šigiyang de sindaha. ne geli uyun king se acafi sonjofi an nan gurun de takūrahabi, niyalma yebken.

A：suwe sambio? wehe i bithe tacihangge antaka?

C：bithe ini teile kemuni ombi, neneme simnehede ningguci de bihe.

A：niyalma antaka?

C：emu ginggun olhoba niyalma.

A：前試卷內所有禪布辦事有才，僧森學問頗優，其餘有誰爲佳？

B：侍讀鄔黑前從刑部主事坐名題補兵部員外郎後，又從員外郎原任學士喇沙里在時坐名題補侍講。現經九卿會同揀選，差往安南。爲人頗優。

A：爾等知鄔黑所學如何？

C：就其所學而論可謂稍優，前考試在第六名。

A：爲人何如？

B：乃謹厚之人。

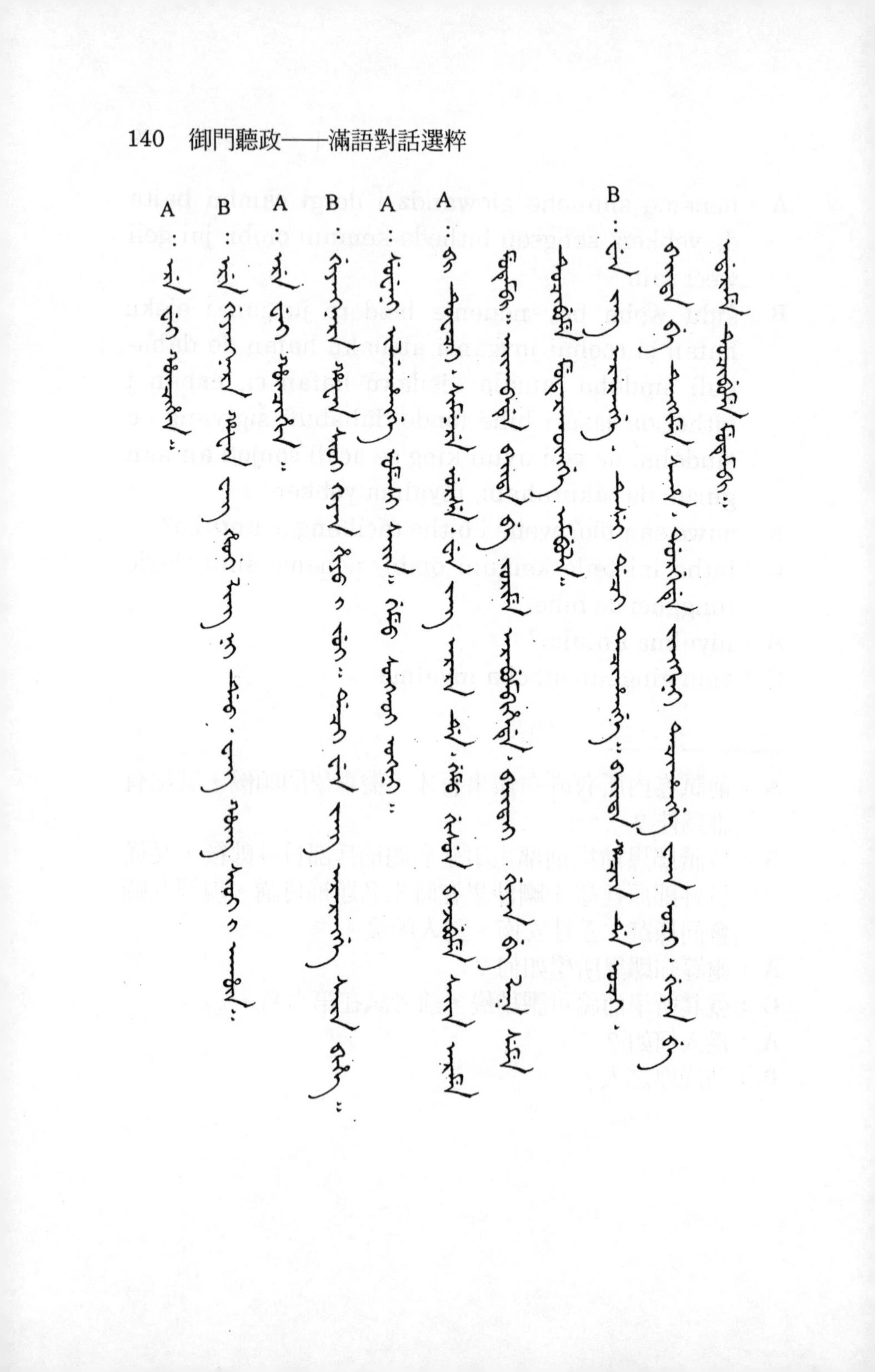

A：[illegible]

B：[illegible]

A：[illegible]

B：[illegible]

A：[illegible]

A：[illegible]

B：[illegible]

A：ere wei hūncihin?
B：ere giyangnara hafan wang hioi ling ni deo, wang hūng sioi i ahūn.
A：ere wei hūncihin?
B：giyangnara hafan sioi kiyan hiyo i jui. daci wen jang ararangge sain bihe.
A：suweni ilgahangge umesi sain, gemu songkoi okini.
A：bi tuwaci, simnere urse, wen jang arara de, gemu gisun banjibume sain arame mutembi. aikabade baita be jorime arabumbihede, baitai giyan be lak seme tucibume muterakūngge ambula.
B：wen jang ararnagge, tesei daci tacihangge. baita hacin de oci, baita be tengkime saha, dorgide jingkini tacihangge waka oci, giyan be adarame tucibume mutembi.

A：此係誰族？
B：此係講官王項齡之弟，王鴻緒之兄。
A：此係誰族？
B：係講官徐乾學之子，素稱能文。
A：爾等品第甚當，俱照所擬。
A：朕觀士子為文，皆能修琢字句，斐然可觀。若令指事切陳，多不能洞悉要領。
B：文章乃士子素習，至於時務，非見事明確，胸藏實學者，安能切中條理。

A：ᠪᡠᡨᡥᠠᡳ᠈ ᠨᡳᠶᠠᠯᠮᠠ ᠰᠠᡵᡴᡡ᠉

B：ᠶᠠᠪᠠ ᠨᡳᠶᠠᠯᠮᠠ ᡤᡡᠰᠠᡳ ᡶᠣᠨᠵᡳᠮᡝ᠉

A：ᠠᠨᠠ ᡠᡨᡠ ᠪᡳ ᠰᠠᠮᠪᡳ᠉

B：ᠠᠨᠠ ᡠᡨᡠ ᠪᡳ ᠪᡠ ᡤᡳᠰᡠᡵᡝᠮᡝ ᠰᠠᡳᠶᡡᡤᠠ ᠨᡳᠶᠠᠯᠮᠠ᠉

A：ᡳᠯᡳᡥᠠ᠈ ᠠᠨᠠ ᡠᡨᡠ ᠪᡳ ᠪᡠᡵᡝ ᡳᠰᡳᠮᠪᡳ᠈ ᠨᡳᠶᠠᠯᠮᠠ ᡳᡴᡡᠰᡳᠮᡝ ᠪᡠᡨᡥᠠ᠉
ᡳᠯᡳᡥᠠᠩᡤᠠ ᠪᡠᠮᠪᡳ ᠵᡳᡶᡳ ᠪᠠᡳᠮᡝ᠉

A：ᡳᠯᡳ ᠵᡠᡴᡩᡠᠨ ᠰᠠᡥᠠ᠉

B：ᠵᠠᠩᡤᡳᠨ ᡠᡥᡝᠨ ᠪᡳ ᠵᡳᡥᡝ᠈ ᠨᡳᡴᠠᠨ ᡥᠠᡶᠠᠨ᠈ ᠰᡝᡵᡝᠮᠪᡳ᠈ ᠪᠣᡵᡳ ᡨᡠᡴᡳ ᠠᡳᠰᡳᠮᡝ ᠵᠣᡩᠣᡵᠣᠩᡤᡳ᠈ ᡥᡝᠰᡝ ᡠᠪᠠ᠈ ᡳᠰᡳᠨᠵᡳᡥᡝ᠈ ᠵᡠᠸᡝ ᠵᡝᠮᠪᡳ ᠣᡴᠣ᠈

A：tuntai, niyalma antaka?

B：ere niyalma majige murikū.

A：jang ioi šu antaka?

B：jang ioi šu emu ginggun olhoba niyalma.

A：inu, jang ioi šu bithede sain bime, niyalma ambula yebken. erebe ashan i bithei da sinda.

A：ere juwe nofi antaka?

B：wang jiyei, ambula taciha bithe de mangga seme tucibuhengge. yang jeo i niyalma, boo yadahūn, niyalma yebken. jai lin lin cang, amban meni yamun i jungšu, niyalma inu yebken.

A：屯泰爲人何如？

B：其人少覺執拗。

A：張玉書如何？

B：張玉書是一謹愼之人。

A：是，張玉書學問極博，人亦甚優，著補學士。

A：此二人何如？

B：汪楫係薦舉博學弘詞，揚州人，家貧，人優。林麟焻係臣衙門中書，其人亦優。

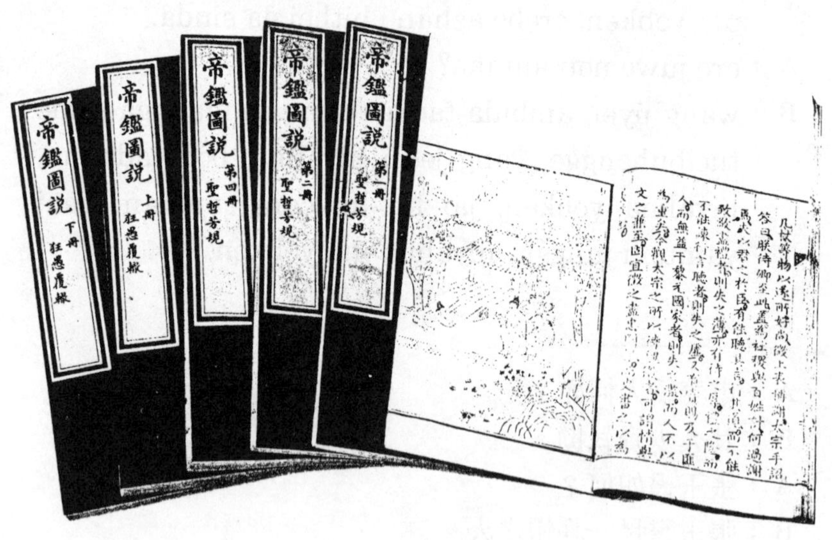
帝鑑圖說 下冊 狂愚覆轍
帝鑑圖說 上冊 狂愚覆轍
帝鑑圖說 第四冊 聖哲芳規
帝鑑圖說 第二冊 聖哲芳規
帝鑑圖說 第一冊 聖哲芳規

帝鑑圖說

十一、整治河工

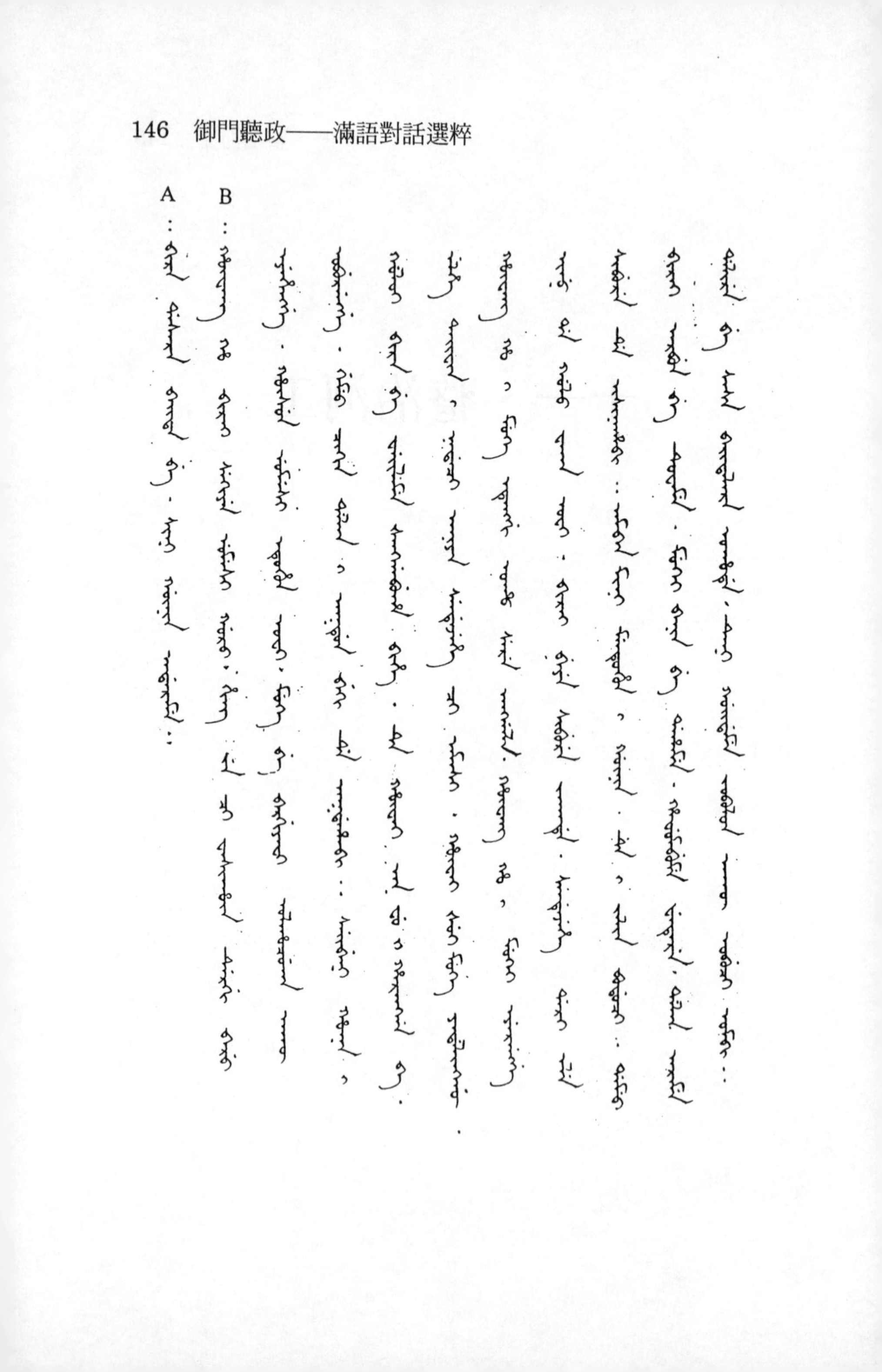

A

B

A：bira dasara baita be, sini gūnin adarame?

B：hūwang ho bairai sekiyen umesi goro, hing je ci wasihūn dergi baru eyehengge, hūsun umesi etuhun ofi, muke be bargiyafi olhocuka akū oburengge, gemu cikin dalan i akdun beki de akdahabi. seibeni honan i goloi bira be weileme šanggabuha bihe, te hūwai an fu i harangga ba, elhe taifin i nadaci aniya sendejehe ci amasi, hūwai šui muke yadalinggū, hūwang ho i muke etenggi oho sere anggala, huwang ho mukei eyerengge inu da golo waka ofi, birai beye sibure jakade, sendejehe dari ele sibure de isinahabi. amban mini mentuhun i gūnin, te i jalin bodoci, damu birai arbun be tuwame, mukei banin be dahame, hafumbume fetere, dalan arame dalire be sasa baitalara ohode, teni goidame jobolon akū obuci ombi.

A：治河事宜，爾所見如何？

B：黃河發源甚遠，由滎澤東下，勢益洶湧，全恃提岸堅固，方能束水無虞。昔於豫省治河，著有成效，今淮屬自康熙七年沖決之後，不惟淮弱黃強，且黃流不循故道，以致沙積，河身壅塞，每遇衝潰，愈加淤墊。臣愚爲今之計，惟有相度河勢，順水之性，挑濬疏通，築堤捍禦，二者並舉，庶可經久無患。

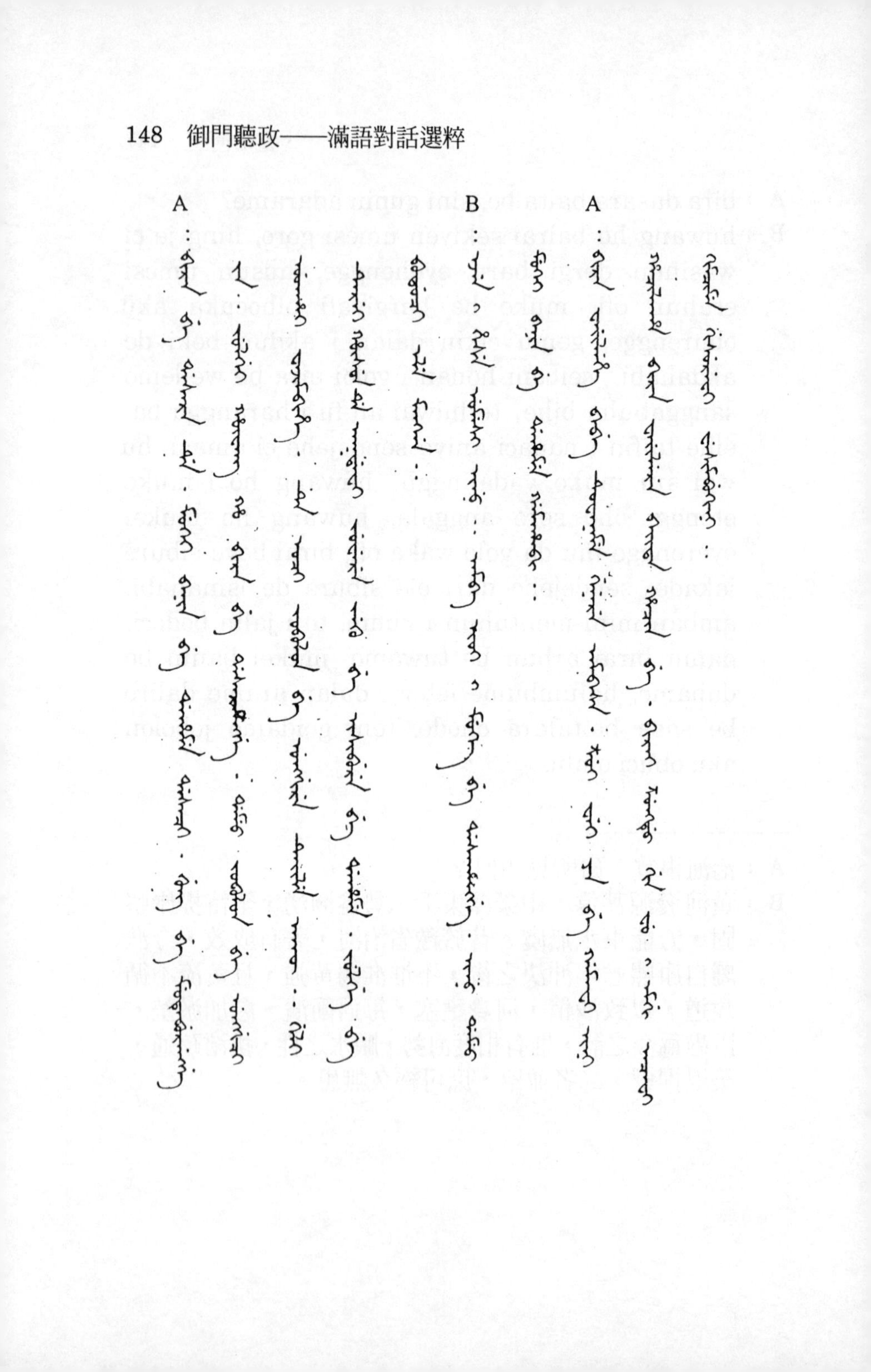

A

B

A

A：bira be dasara de, mukei banin be dahame dasaci, gung be muteburengge ja. julgei hūwang ho bira be dasarahangge, damu jobolon be unggici uthai wajimbihe, te oci jobolon be unggire teile akū, geli terei hūsun de akdafi juwere jeku be isibure be dahame, julge be bodoci ele mangga.

B：ejen i hese umesi inu, amba ioi i kuke be dasahangge, inu damu mukei banin be dahame gamahabi.

A：bira weilehe babe tuwaname genere ambasa, ts' ui wei ya be gamafi ini hacilaha bira weilere baita hacin be, birai dzungdu gin fu i emgi acafi kimcime gisurefi wesimbukini.

A：治河之道必順水性以治之，易於成功。古之治黃河者，惟在去其害而止，今則不特去其害，並欲資其力，以輓運漕糧，較古更難。

B：聖諭誠然。大禹之治水亦惟順水之性而已。

A：著察勘河工大臣帶崔維雅前往，其條奏事宜會同總河靳輔詳議具奏。

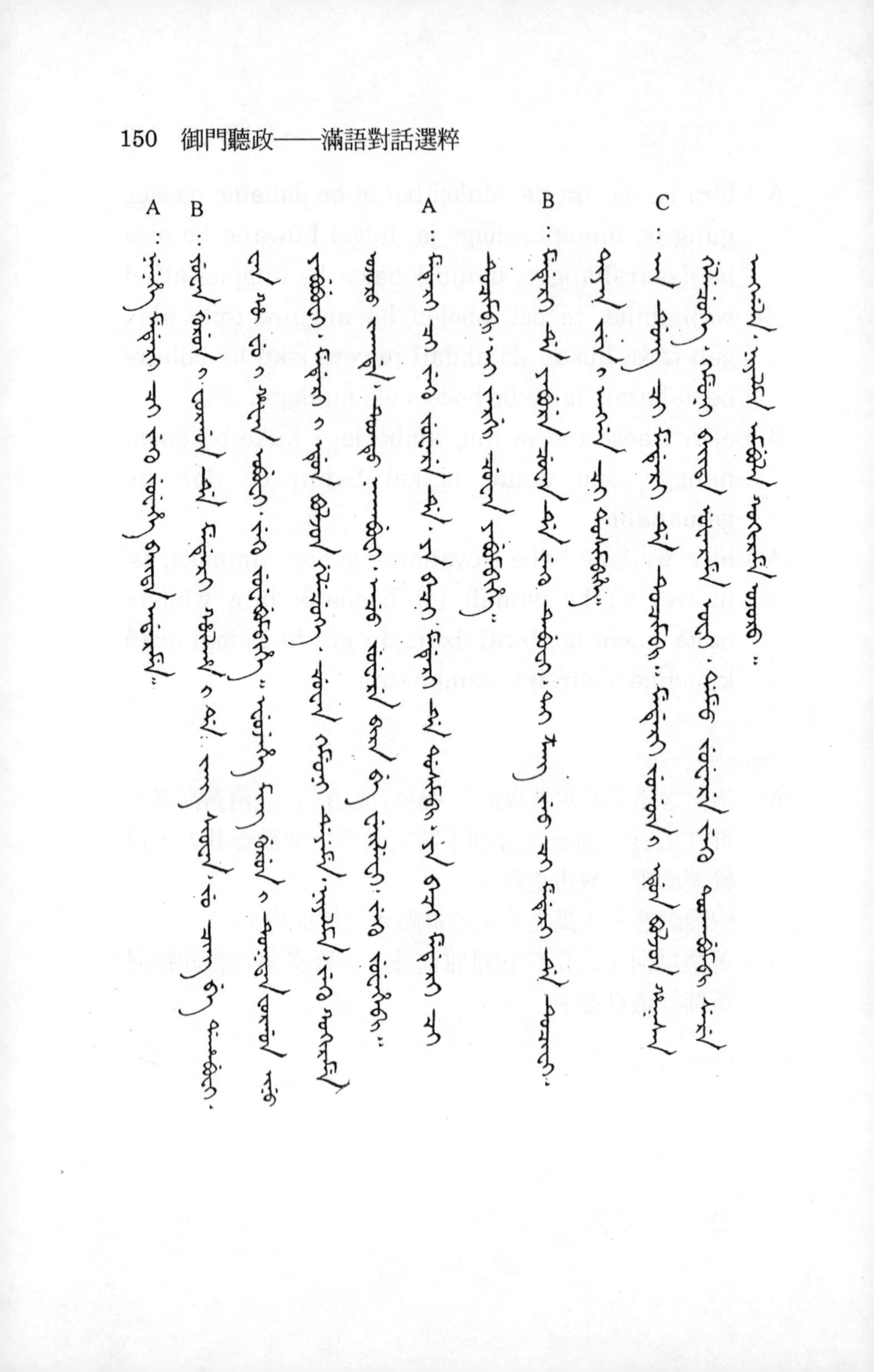

A：[illegible]

B：[illegible]

A：[illegible]

B：[illegible]

C：[illegible]

A：nenehe mederi ci jeku juwehe baita adarame?

B：yuwan gurun i forgon de mederi hūlha i da jang siowan, ju cing be dahabufi, wan hū fu i hafan obufi, jeku juwebumbihe. efujehe ming gurun i tuktan forgon inu yabubufi, mederi i edun boljon gelecuke, cuwan kemuni deyeme, niyalma, jeku kokirame ojoro jakade, tuttu nakabufi, encu juwere bira be weilefi, jeku juwehebi.

A：mederi ci jeku juwere de, ya baci mederi de dosimbi, ya baci mederi ci tucimbi, ai jergi cuwan yabumbihe.

B：mederi de yabure cuwan de jeku tebufi, tai ta'sng jeo ci mederi de tucifi, tiyan jin i angga ci dosimbihe.

C：an dung ci mederi de tucimbi, mederi jugūn i edun boljon haksan gelecuke, kemuni baita ufarame ofi, damu juwere jeku tookabumbi sere anggala, niyalma ambula kokirame ojoro.

A：從前海運之事若何？

B：元時招撫海上盜魁張瑄、朱清為萬戶府，令其轉運，故明初亦曾行之。因海洋風濤險惡，運艘每至漂沒，人米俱失，故爾停止，別開運河，以通轉輸。

A：海運從何處出洋？從何處入口？用何樣船隻輸運？

B：用海船裝載，從太倉出洋，至天津入口。

C：由安東出洋，海道風濤險惡，往往失事，不獨漕糧有誤，且傷人甚多。

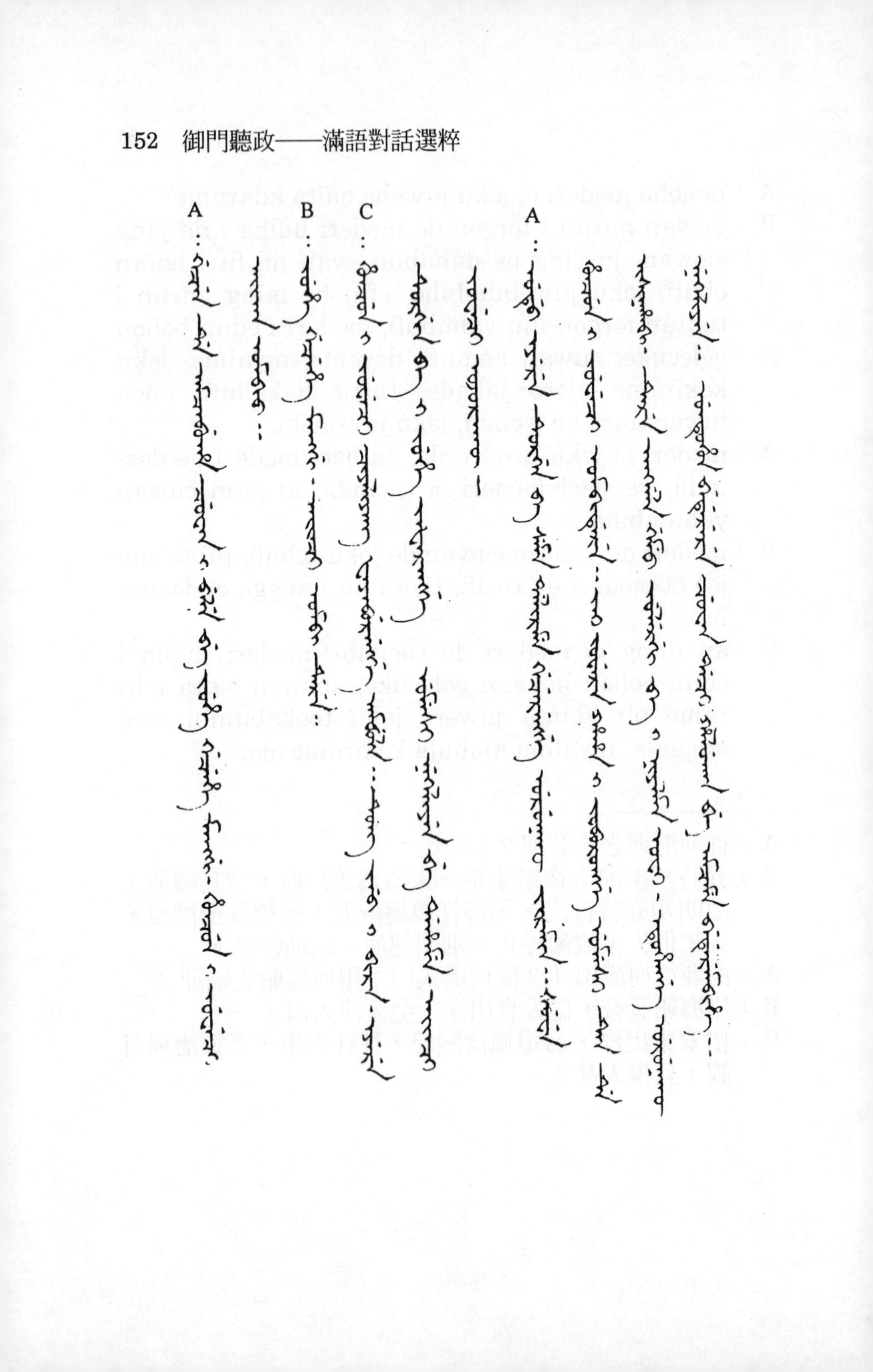

A

B

C

A

A：gecen de amcabuha cuwan i bele be juhe gecehe manggi, huncun i juweci aika ombio?

B：juhe gecehe manggi, ainci ombi dere.

C：huncun i juweci ciyanliyang fayaburengge ambula. tung jeo i bira, eyere turgen ba i juhe jafarangge umesi nekeliyen be dahame, ainci juweci ojorakū.

A：udu eyere turgen ba seme dalirame gecerengge urunakū jiramin, šuwe huncun i juweci ombidere. jai juwere haha i joborongge umesi ten de isinahabi, tere anggala gemu julergi ba i niyalma ofi, etuhengge urunakū nekeliyen. untuhun bederere cuwan daci halukan be amcame bederembihe.

A：其凍阻漕船之米，冰堅之後，用拖床運送可乎？

B：冰堅之後，似或可行。

C：拖床運送所費錢糧甚多，通河流急之處，冰凍甚薄，似難運送。

A：水流雖急，沿岸冰凍必厚，似可直用拖床運送。惟運丁困苦已極，且係南方之人，衣必單薄。其回空船隻，向來趁暖歸去。

應
殿試舉人臣杜本崇年貳拾捌歲湖南長沙府善化縣人由拔貢生應
光緒拾壹年鄉試中式由舉人應光緒拾伍年會試中式今應
殿試謹將三代腳色開具於後
一 三代
曾祖家璧 祖啓雄 父錫元

臣對臣聞紹天出治王者有遠大之規模履德調元人主
有中和之運量是以垂裳端冕衞室自孫其神明飭紀整
綱廟堂早殷其經理自古聖君廑年六合綏輯羣生奏安
內靖外之功垂耀日照天之烈以重生計則萬姓咸安也
以制國用則九府咸登也以慎邊防則八荒咸服也以阜
民財則四境咸勸也槩乎隆隆各得其所用整齊異俗以
經畫殊風合宇宙以歸仁撫圖矩而式化雖一日萬幾不
堪枚舉而即此數大端之美善以成盛治爲無難矣欽惟
皇帝陛下治昭象緯道邁鴻軒握金鏡而照洪輝正玉衡而流
繁祉凡大小臣工已無不各獻訏謨以共求上理矣猶復
聖懷沖挹俯切咨詢思長治而久安益持盈而保泰進臣等於
廷而策以救荒之要富國之方與夫除害興利之政如臣愚
爲未必盡然匿災傷者罪其不以入告聞草根樹皮之食
而爲之輟餐聞待哺望澤之情而爲之忘寢或諭以先賑
而後奏聞勿虞國用之不足或詔以往賑如救水火勿得
濡緩於行程蓋不患無餘財而患無實心運以實心而不
徒循故事斯有災不害民困易蘇爲有濟於元元之衆也
皇上篤省內帑賑濟東省雖彼災黎早已沾實惠而[illegible]矣

殿試試卷內頁

十二、臺灣棄留

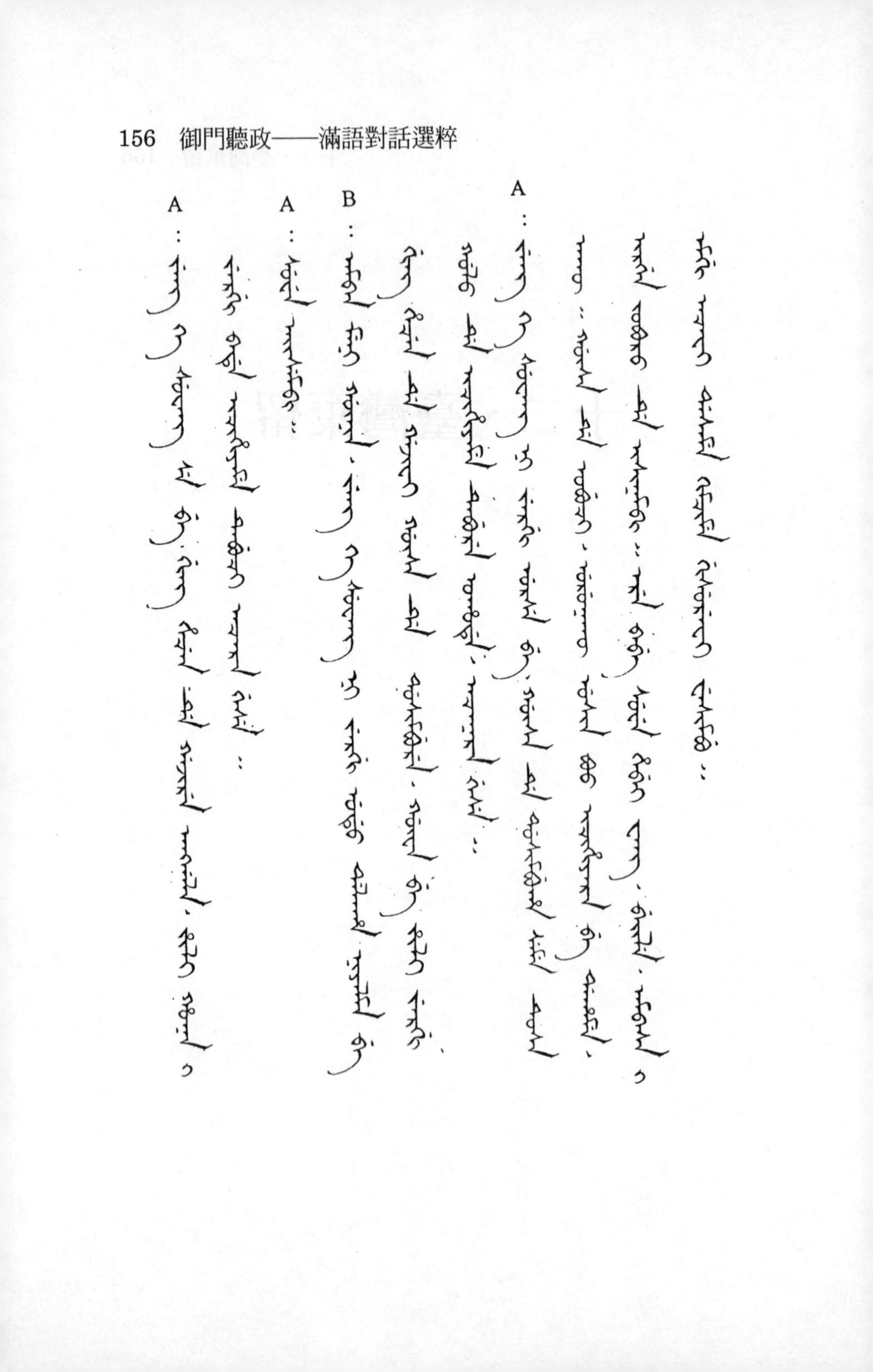

A: [illegible]

A: [illegible]

B: [illegible]

A: [illegible]

A：jeng ke suwang se be ging hecen de gajire anggala, jyli honan i jergi bade icihiyame tebuci acara gese.

A：suwe aisembi?

B：amban meni gūnin, jeng ke suwang ni jergi udu dalaha niyalma be ging hecen de gajifi gūsa de dosimbure, gūwa be jyli jergi golo de icihiyame tebure ohode, acanara gese.

A：jeng ke suwang ni jergi urse be, gūsa de dosimbuha seme tusa akū. gūsa de obuci, urunakū usin boo icihiyara be dahame, irgen joboro de isinambi. ere babe suwe hebei wang, beile, ambasa i emgi acafi dasame kimcime gisurefi wesimbu.

A：鄭克塽等不必令其來京，似應安插直隸、河南等處。

A：爾等云何？

B：臣等以爲鄭克塽等頭目數人似應遣之至京，編入旗下。其餘安插直隸、河南等處可也。

A：鄭克塽等入旗無益，若入旗則須料理田產房屋，必致累民。此事爾等可會同議政王、貝勒、大臣再行詳議具奏。

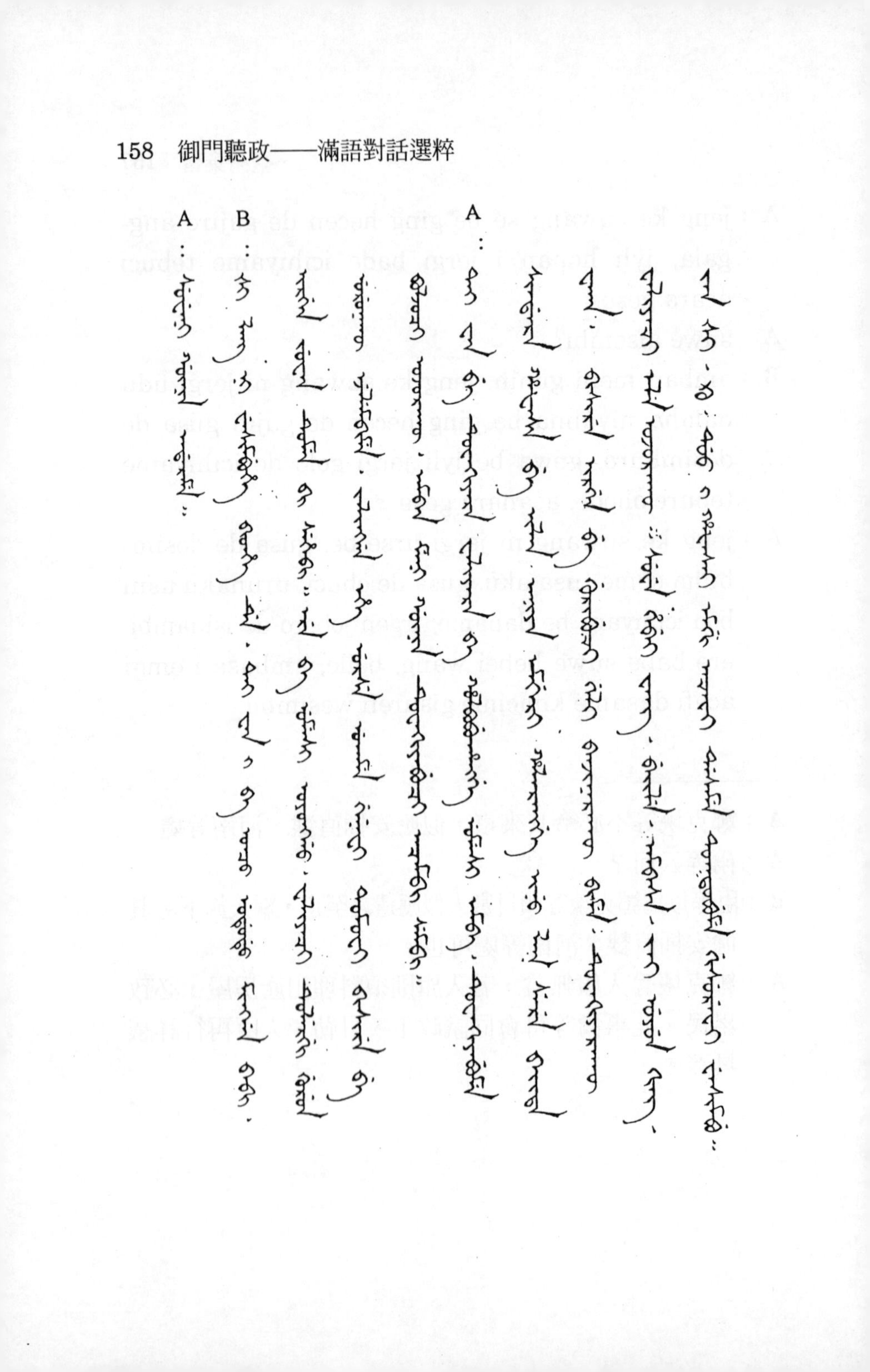

A：[illegible]

B：[illegible]

A：[illegible]

A：suweni gūnin adarame?

B：ši lang ni wesimbuhe bithe de, tai wan i ba onco ududu minggan babi, irgen juwan tumen bi sehebi. ere ba umesi oyonggo waliyaci tulergi gurun urunakū ejelembime, jalingga ehe urse ukame genefi tomofi bisire be boljoci ojorakū, amban meni gūnin tuwakiyabuci acambi sembi.

A：tai wan be tuwakiyara waliyara ba holbobuhangge umesi amba, tuwakiyabume sindara hafasa be ilan aniya emgeri halarangge inu lak sere baita waka, bisire irgen be guribuci geli banjinarakū bime, tuwakiyarakū aliyaci ele ojorakū. suwe hebei wnag, beile, ambasa, jai uyun king, jan ši, k'o, doo i hafasai emgi acafi dasame toktobume gisurefi wesimbu.

A：爾等之意若何？

B：據施琅奏內稱，臺灣有地數千里，人民十萬，則其地甚要，棄之必爲外國所踞，姦宄之徒竄匿其中，亦未可料，臣等以爲守之便。

A：臺灣棄取所關甚大，鎭守之官三年一易，亦非至當之策，若徙其人民，又恐致失所，棄而不守，尤爲不可。爾等可會同議政王、貝勒、大臣、九卿、詹事、科、道再行確議具奏。

朕因三月十八恩詔星夜回鑾即地方官亦不能隄侍多有悮者朕一槩未究爾等老在籍之員緣實無罪情本當道了其所奏之事皆忠君之誠出自肺腑朕甚嘉焉故手書以示

康熙皇帝漢文硃筆特諭

十三、見賢思齊

A: ᠨᡳᠩᡤᡠᠨ ᠪᡳᠶᠠ ᠴᡳ ᡝᠪᠰᡳ ᡤᡝᠮᡠ᠈ ᡨᡠᠸᠠᠴᡳ ᠪᡝ ᠠᠯᡳᠪᡠᡥᠠᡴᡡ ᠪᡳᡥᡝ᠈ ᡝᡵᡝ ᡥᡡᡩᡠᠨ ᠰᡝᠮᡝ ᡨᡠᠸᠠᡵᠠᡴᡡ ᠪᡳᡥᡝ ᠪᡝ᠈ ᡨᡠᠸᠠᠴᡳ ᠪᡝ ᠰᠠᡥᠠ᠈ ᠵᡠᡵᡤᠠᠨ ᡥᠠᠨᡳ ᠵᡠᡵᡤᠠᠨ ᡝᡵᡝ ᠪᡳᡥᡝᡳ ᠣᠩᡤᠣᠯᠣ ᠪᡳᡥᡝ᠉

B: ᠵᡠᡵᡤᠠᠨ ᠪᡝ ᠰᡝᠮᡝ ᡥᡡᡩᡠᠨ ᡝᡵᡝ᠈ ᠮᡠᠰᡝ ᡤᡝᠮᡠ ᡝᡵᡝ ᠪᡝ ᡨᡠᠸᠠᠴᡳ ᡥᡡᡩᡠᠨ ᡥᠠᠨᡳ ᠨᠠᠰᠠᠮᡝ ᡨᡠᠸᠠᡵᠠᠩᡤᡝ᠉ ᡩᠣᡵᡤᡳ ᡳᠴᡳ᠈ ᡩᡠᡵᡤᡳᠶᠠᠨ᠈ ᠮᡝᡵᡤᡝᠨ᠈ ᡩᠣᠰᠣᠮᠪᡠᡥᡝ᠈ ᠮᡠᠰᡝᡳ ᡤᡝᠮᡠ ᠵᡠᠸᡝ ᠠᡵᡤᠠ ᠪᡝ ᡥᡡᡩᡠᠨ ᡳᠯᡳᠪᡠᡥᠠ ᠰᡝᠮᡝ᠈ ᠵᡠᡵᡤᠠᠨ ᡳ ᡨᡠᡨᠠᡥᠠ ᡨᡠᠸᠠᠴᡳ ᠪᡝ ᡥᡡᡩᡠᠨ ᠠᡵᡤᠠ ᠪᡝ᠉

A: ᠵᡠᠸᡝ᠈ ᠵᡠᡵᡤᠠᠨ ᡨᡠᠸᠠᡵᠠᡴᡡ ᠪᡝ᠈ ᠰᡝᠮᡝ ᠪᡳᠴᡳ ᠰᡝᡵᡝ ᠪᡝ᠈ ᡨᡠᠸᠠᡵᠠᡴᡡ ᠪᡝ᠈ ᡝᠰᡝ ᡤᡝᠮᡠ᠈ ᡥᠠᡵᠠᠩᡤᠠ ᠪᡝ ᠠᡵᡤᠠ ᠰᡝᠮᡝ᠉ ᡨᡠᠸᠠᡵᠠᡴᡡ ᠪᡝ ᠵᡳᡴᡝ ᠪᡝ ᡤᡝᠮᡠ ᠪᡝ᠉

A：niyalmai banin i sain ningge, mergen mentuhun be ilgarakū bicibe, yoo, šūn i umesi enduringge de, haminame muterengge komso bime, niyalma tome oci ombi seme gisurerengge adarame?

B：niyalma i banin gemu sain ofi, tuttu gemu yoo, šūn oci ombi sehengge, šar seme gosire, girure ubiyarangge, uthai gosin jurgan i deribun inu, damu kimcime safi badarambume jalgiyahade, terei banin be akūmbuci ojoro be dahame, udu yoo, šūn be seme amcarangge mangga akū ombi.

A：inu, damu hūsutuleme yaburede bi, dung jung šu i henduhe gisun, baita hūsutulere de wajiha bi.

A：人性之善，固無分賢愚。以堯舜至聖，鮮有能幾及者，何以言人人可爲？

B：惟人性皆善，所以皆可以爲堯舜。如惻隱羞惡是仁義之端，只在察識擴充，能盡其性，雖堯舜不難至也。

A：然，只在勉強行之。董仲舒有言，事在強勉而已矣。

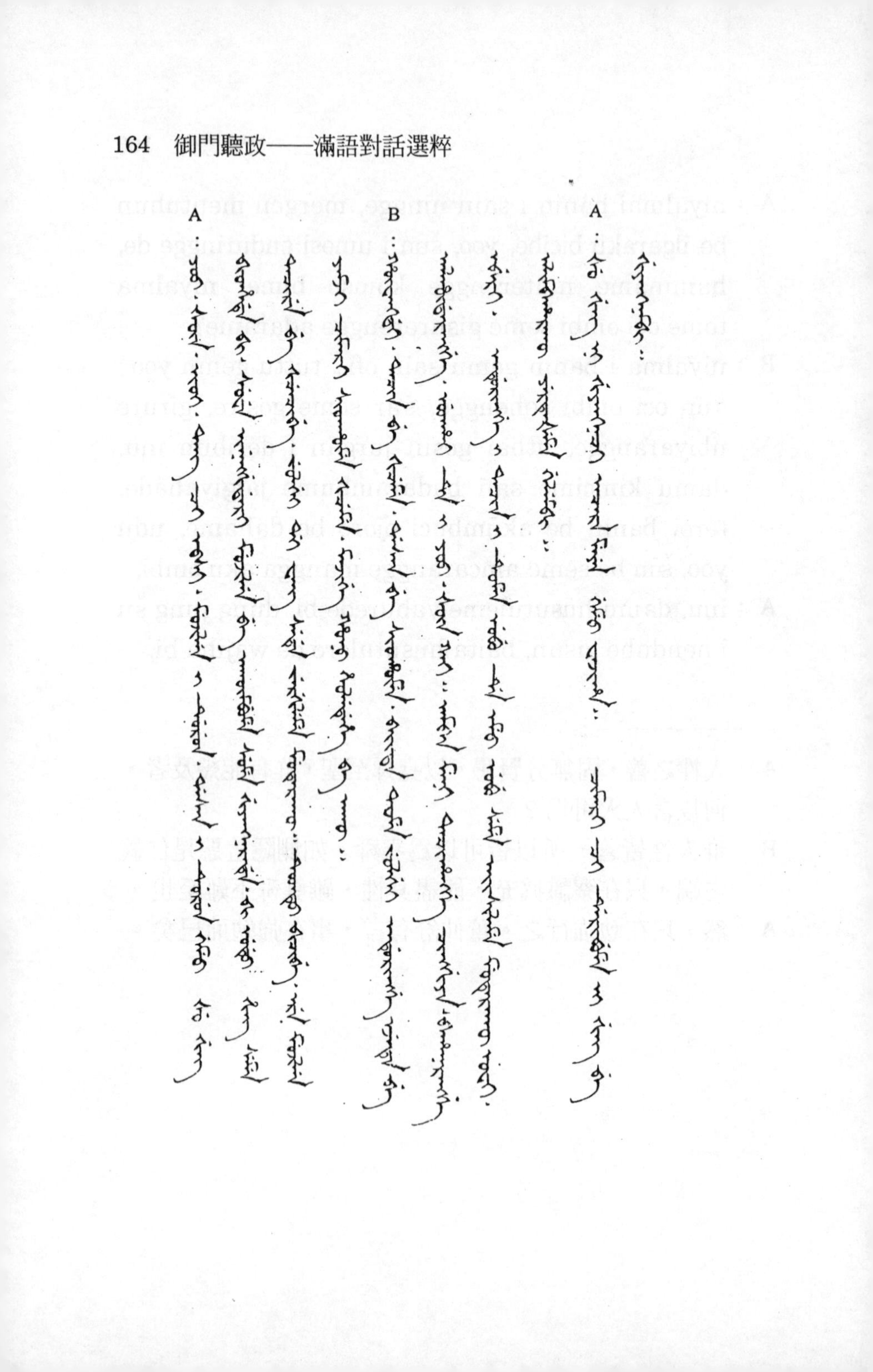

A

B

A

A：yoo, šūn, ioi, tang ci ebsi, mujilen i durun dasan i durun gemu šu ging bithede bi, suwe inenggidari mujilen be akūmbume sume giyangnarade, bi udu hing seme tacire be kicecibe, julgei di wang sede jergileme muterakū. tuttu bicibe, ere mujilen yamji cimari sithūme kiceme, majige hono heoledehe ba aku.

B：hūwangdi, tacin be kiceme, dasan be sithūme, baita tome julgei enduringge ejete be alhūdarangge, uthai te i yoo, šūn kai. amban meni tacihangge cinggiya, bahanarangge eberi, enduringge i tacin tumen ubu de emu ubu seme aisilame muterakū ofi, alimbaharakū yertešeme gelembi.

A：šu ging ni giyangnaci acara meyen gemu wajiha. cimari ci deribume i ging be giyangnambi.

A：堯、舜、禹、湯以來，心法、治法具在《尚書》。爾等每日，悉心講解，朕雖孜孜典學，不能仰媲古帝王，而此心朝夕懋勉，未嘗少懈。

B：皇上典學勤政，事事以古聖王爲法，即是今之堯、舜。臣等學識淺陋，不克仰助聖學之萬一，不勝愧悚之至。

A：《書經》應講者已畢，自明日始，當以《易經》進講。

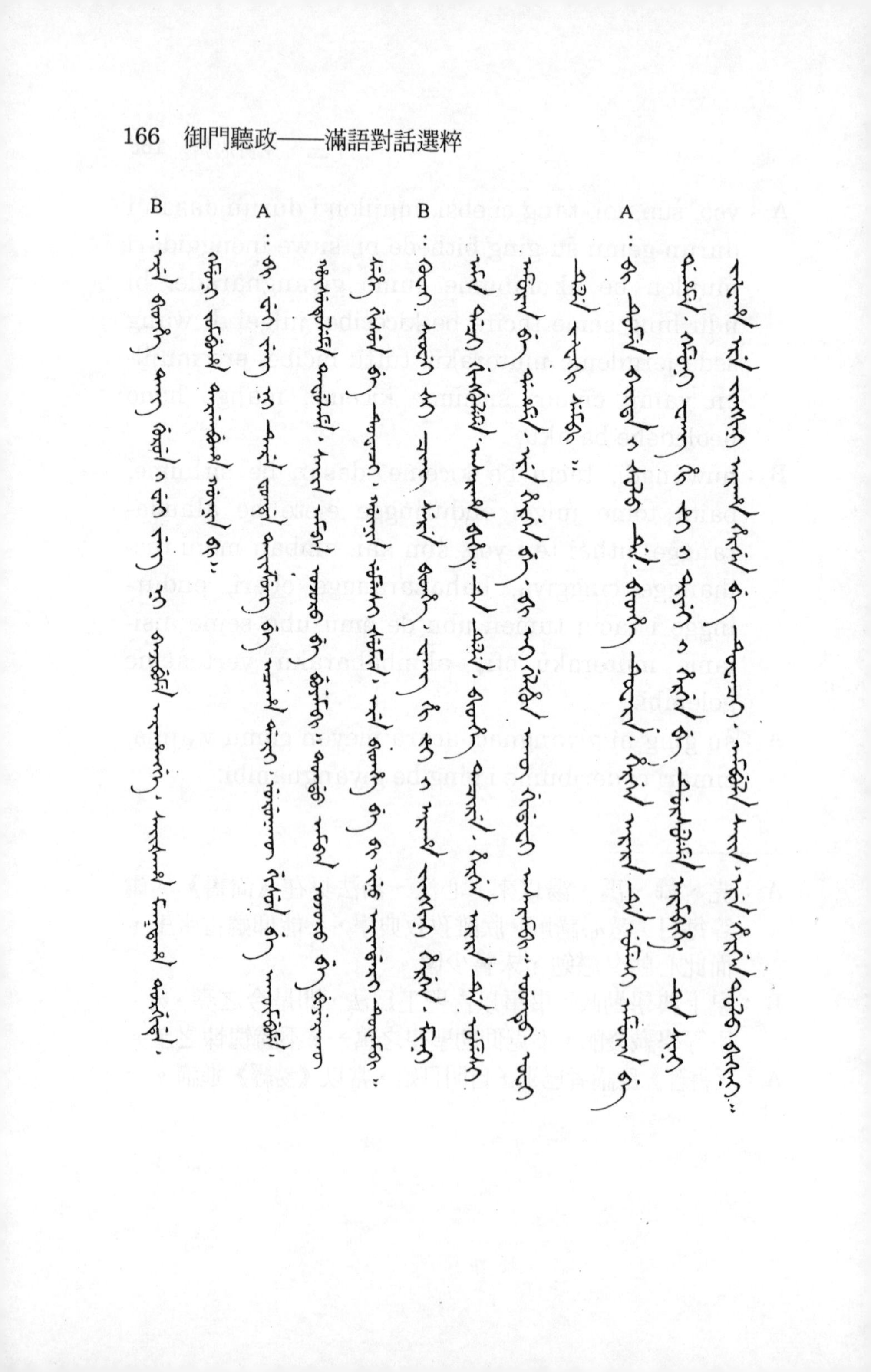

B

A

B

A

B：ere bithe, tang gurun i wei jeng ni banjibume arahangge, saišaha maktaha dorgide, kemuni jombuha targabuha gūnin bi.

A：bi, wei jeng ni tere fonde taidzung be acaha dari, urunakū gisun be akūmbume hūsutuleme tafulame, sain amban ojoro be buyembi. tondo amban ojoro be byerakū sehe gisun be tuwaci, gū nin umesi šumin, ere bithe be bi inu erindari tuwambi.

B：kuwai siowei ši cing sere bithe, wang hi jy i araha jingkini hergen, mini ama daci gingguleme asaraha bihe, te dele, bithe tacire, hergen arara de umesi amuran be dahame, ere hergen be, bi ai gelhun akū gidafi asaramib. uttu ofi dele jafaki sembi.

A：bi tumen baita i šolo de, bithe tuwara, hergen arara de umesi amuran be dahame, kemuni wang hi jy i tiyei i hergen be dursuleme arambihe, te sini jafaha ere jingkini araha hergen be tuwaci, ambula sain, ere hergen dolo bikini.

B：此銘乃唐魏徵所撰，頌美之中仍寓規諷。

A：朕觀魏徵，當日每見太宗，必盡言極諫。如願為良臣，不願為忠臣之語，甚有意味。此書朕亦時時覽之。

B：快雪時晴帖乃王羲之所書眞蹟，臣父素所珍藏。今皇上留心翰墨，臣不敢收藏此帖，願進御覽。

A：朕萬幾之暇，篤好讀書臨帖，常臨王羲之字，今睹所獻眞蹟更佳，將此帖留覽。

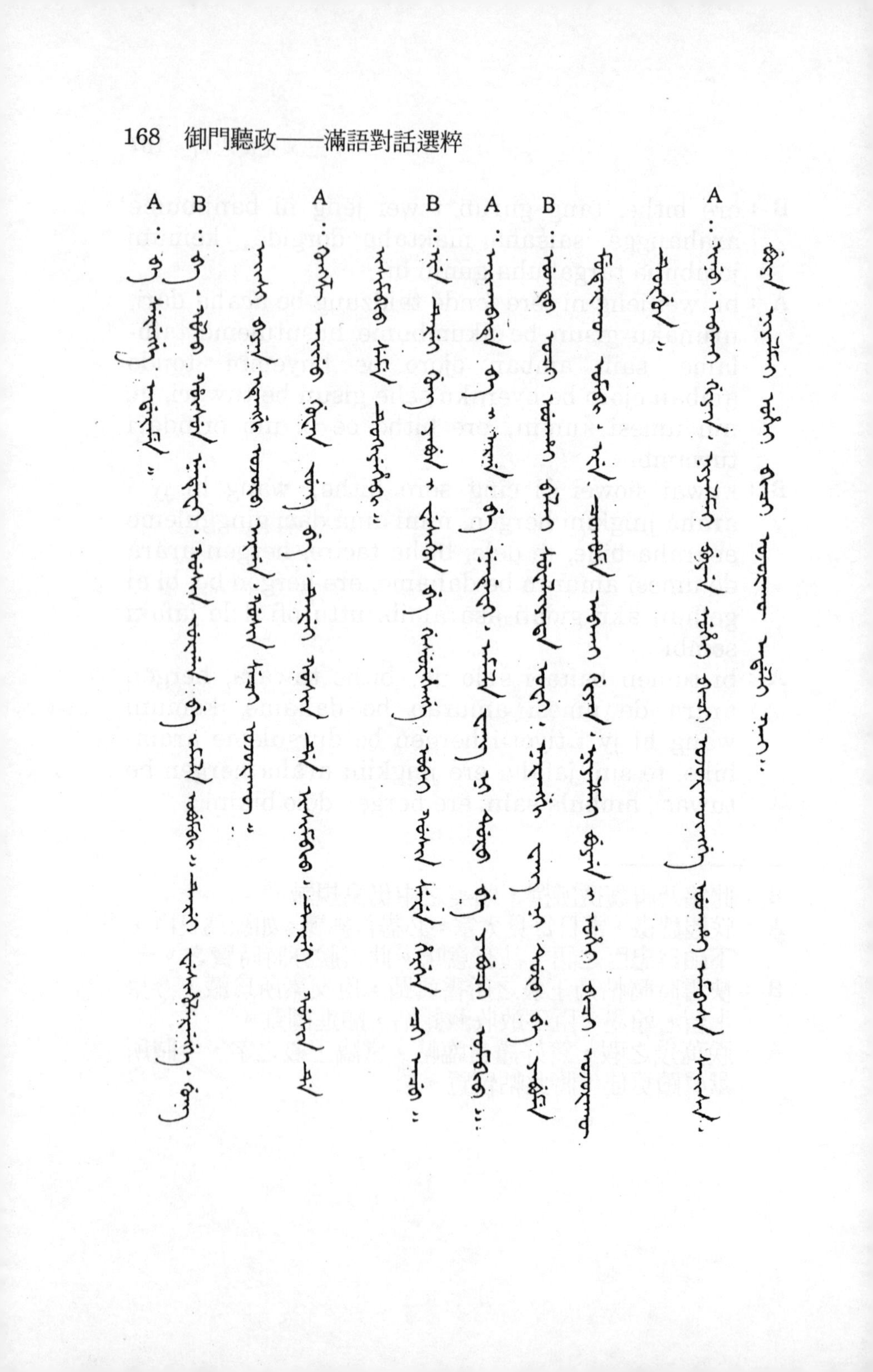

A:

B:

A:

B:

A:

B:

A:

A：ba serengge adarame?

B：ba, holo hūsun nendefi, gosin jurgan be amala obumbi. terei wesihulerengge, gung aisi bayan etenggi ojoro arga, gosin seci ojorakū.

A：kungdz ainu guwan jung be, terei gosin de isimbio? terei gosin de isimbio seme tukiyehebi.

B：ere terei gung yabun i wesihun be gisruehengge, ubai gosin sere hergen ci encu.

A：aikabade ba i arga be nendefi, amala wang ni doro be yabuci ombio?

B：uttu oci uthai balai suwaliyata ofi, naranggi wang ni doro be yabume muterakū ombi, ere cohome abkai giyan,. niyalmai buyen i uhei bici ojorakū turgun.

A：inu, abkai giyan, niyalmai byen uhei bici ojorakū ngge uthai ambasa saisa, buya niyalmai uhei bici ojorakū adali kai.

A：何以謂之霸？

B：霸者先詐力而後仁義，所尙者功利富強之術，不可謂之仁。

A：孔子何以稱管仲如其仁，如其仁？

B：此乃言其功業之盛也，與此仁字不同？

A：或先霸術而後行王道，可乎？

B：如此便駁雜了，究竟不能行王道。蓋天理人欲不並立也。

A：然，天理人欲之不可並立，猶君子小人之不可並立也。

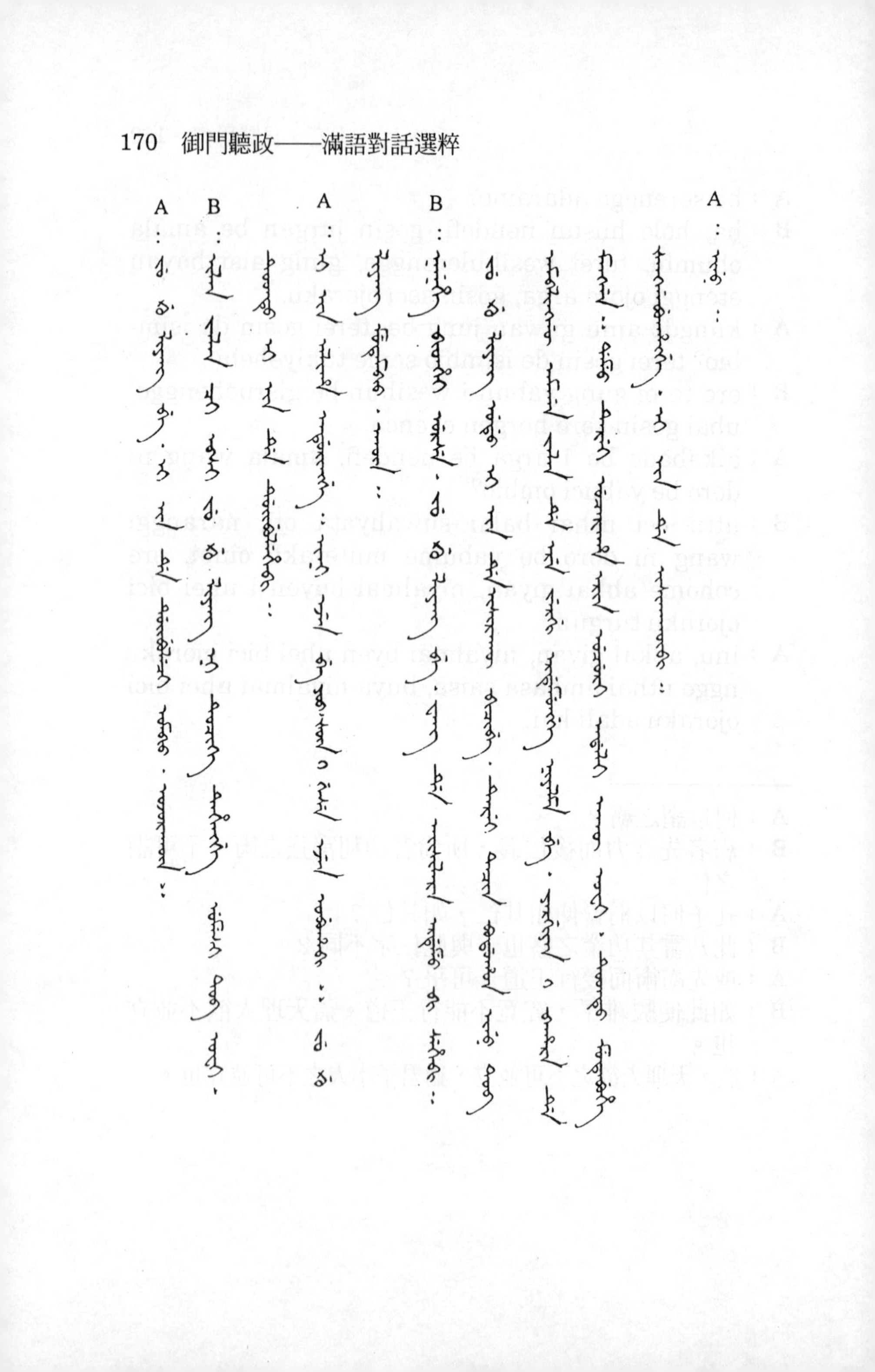

A：[illegible]

B：[illegible]

A：[illegible]

B：[illegible]

A：[illegible]

A：ju g'o liyang be, i in de duibuleci ombio? ojorakūn?

B：ilan jalan ci ebsi ju g'o liyang ni tucike tehengge umesi tob ofi, tuttu i in de duibulehebi.

A：i in aliha enduringge, ini ejen be yoo, šūn i gese ejen obuhabi. ju g'o liyang mutembio? akūn?

B：nenehe bithei urse, ju g'o liyang be, wang de aisilara erdemu bi sehebi. ju g'o liyang udu i in de isirakū bicibe, terei tacin bodohon inu tob ambalinggū amaga jalan de ere jergi erdemungge niyalma be, yargiyan i bahara de mangga. damu terei ucaraha erin ucuri adali akū ofi, tuttu mutebuhe šanggabuhangge, i in de isikakūbi.

A：inu.

A：諸葛亮可比伊尹否？

B：三代以下，諸葛亮之出處最正，所以比之伊尹。

A：伊尹聖之任者也，以其君爲堯舜之君，諸葛亮能之否？

B：先儒謂亮有王佐之才，諸葛亮雖不及伊尹，然其學術亦自正大。後世如此等人才誠不易得。但其所遇之時勢不同，所以成就不及伊尹。

A：然。

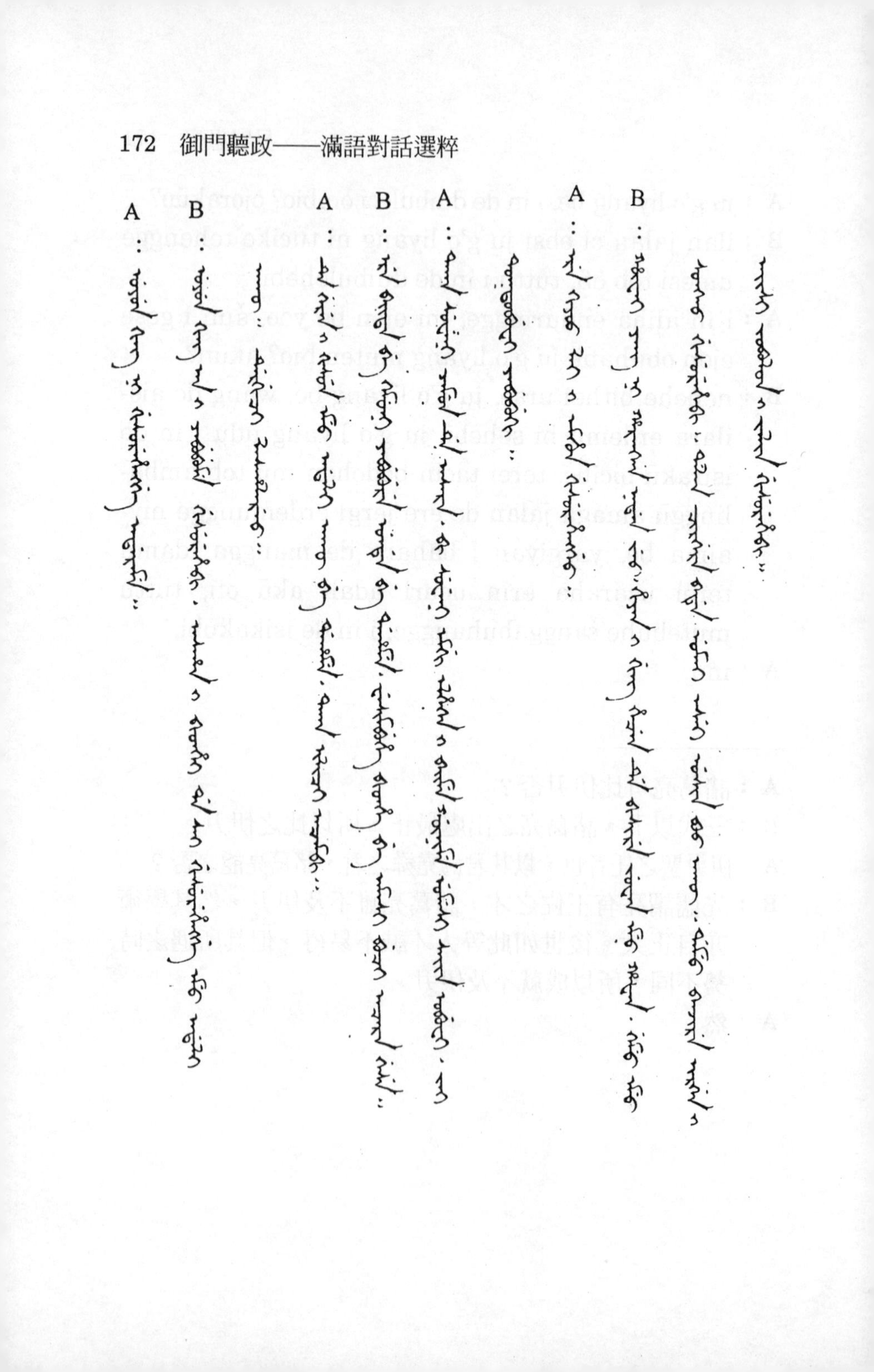

B: [illegible]

A: [illegible]

B: [illegible]

A: [illegible]

B: [illegible]

A: [illegible]

B: [illegible]

A: [illegible]

A：uyun king ni gisurehengge adarame?

B：uyun king an i yabubume gisurehebi, ashan i bithei da sai gisurehengge emu adali akū, dergici lashalareo.

A：te geren i gisun emu adali akū be dahame, taka ilici acambi.

B：ere baita be kemuni yabubure unde be dahame, wesimbuhe bithe be amasi buci acara gese.

A：taka suweni yamun de asara, bi suweni emgi elheken i baime gūnime umesi sain obufi, jai toktobufi yabubuki.

A：ere kiyoo lai i emhun gisurehenggeo?

B：hūwai yang ni harangga nadan jeo, hiyan i ging hecen de bisire juwan emu hafan, gemu emu songko gisurehebi. dalan cirgere bade umai esei usin boo akū. damu banjire irgen i aisi jobolon i jalin gisurehebi.

A：九卿之議若何？

B：九卿議照舊行，學士諸臣所論不一，仰候聖裁。

A：今衆論不一，應暫停。

B：此事未經准行，似應發還章奏。

A：且留爾衙門，俟朕與爾等從容討論盡善，始酌定行之。

A：此係喬萊一人之議否？

B：淮、揚所屬七州縣在京官員共十一人皆同一議。築堤之處並無伊等田畝、廬舍，但從民生利害起見耳。

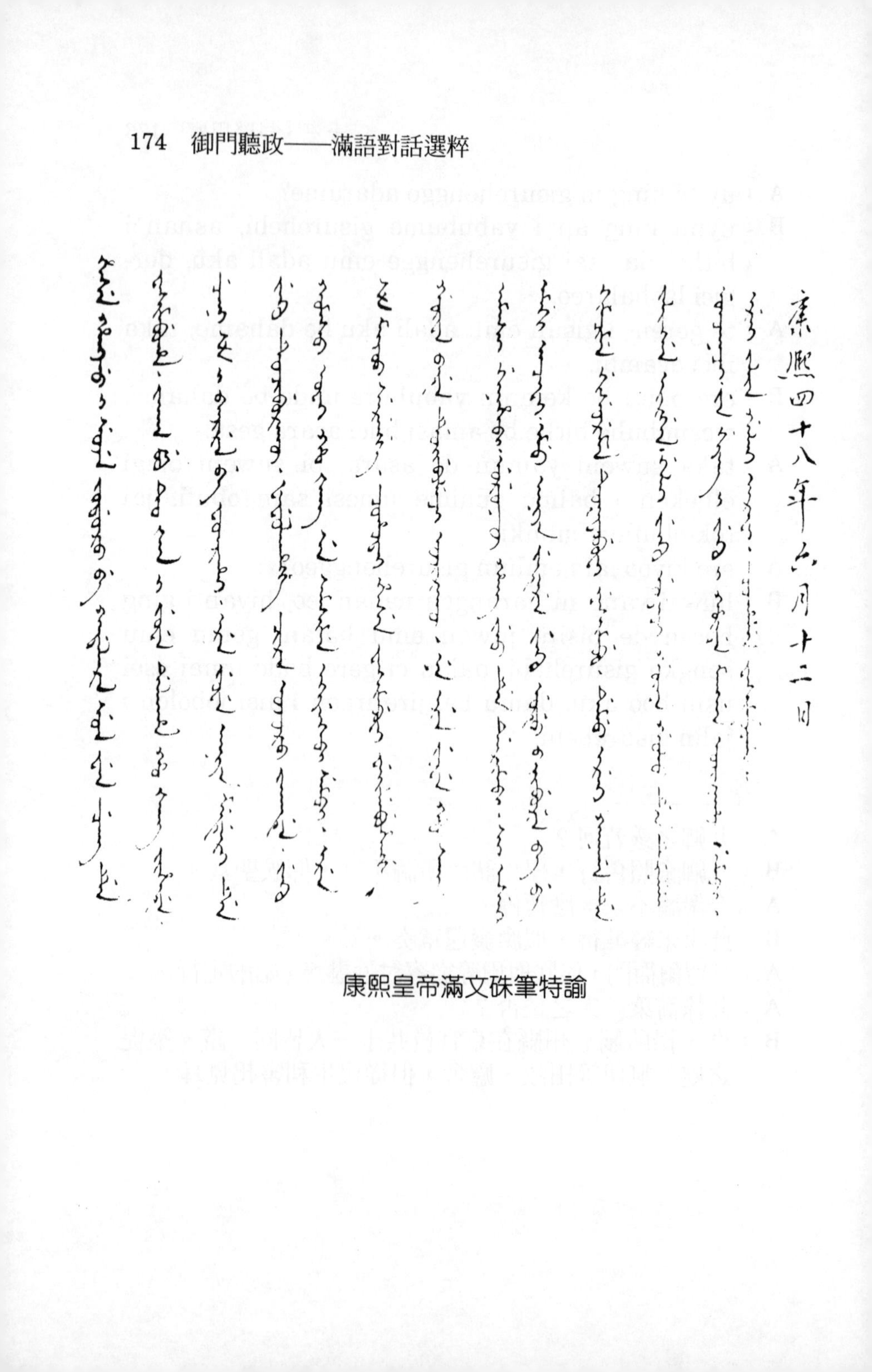

康熙四十八年六月十二日

康熙皇帝滿文硃筆特諭

十四、以友輔仁

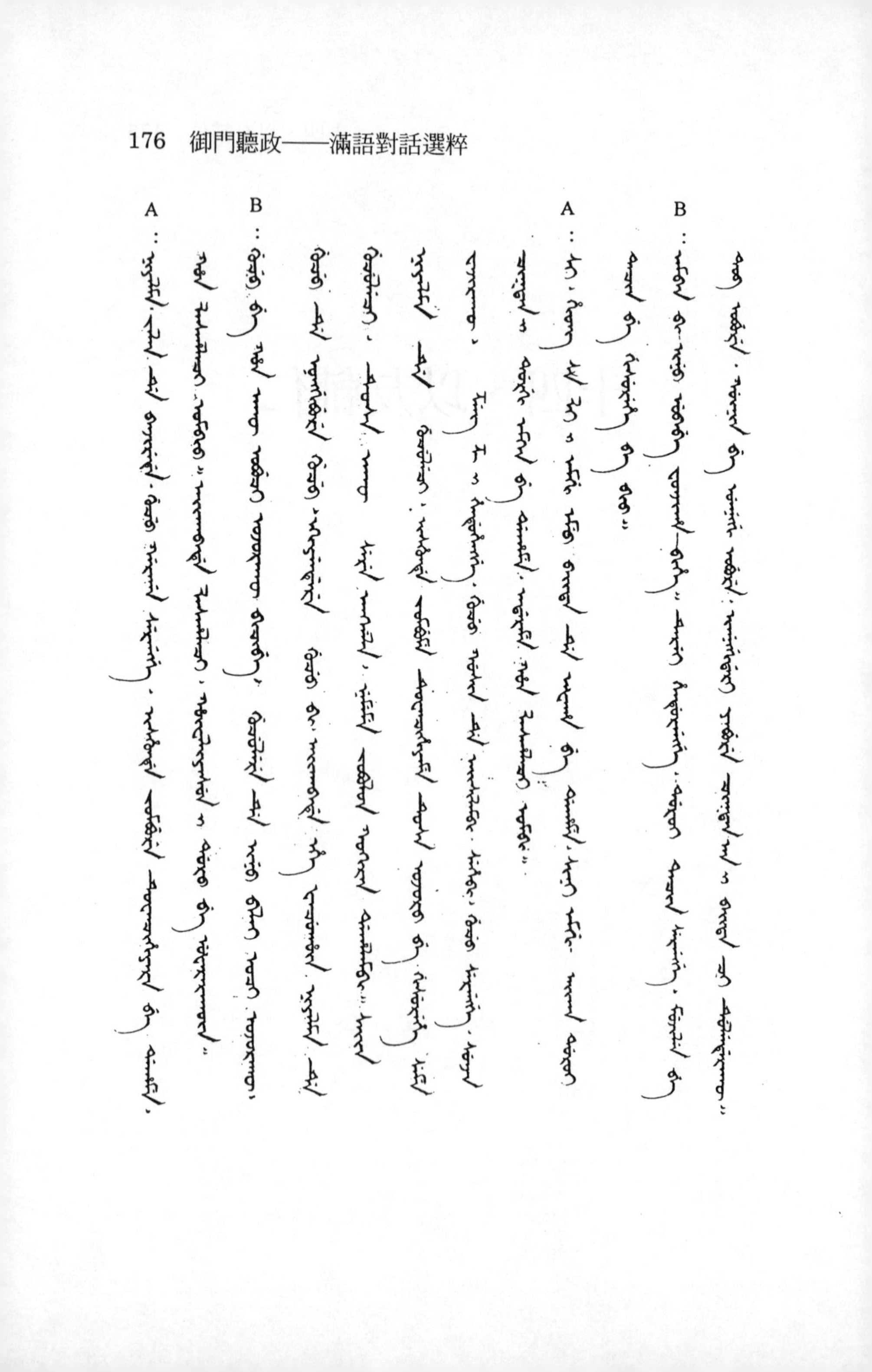

[illegible]

B：[illegible]

A：[illegible]

B：[illegible]

A：[illegible]

A：niyalma jalan de banjirede, gucu gargan serengge, ishunde jombure tuwancihiyara be dahame, hon lashalaci ombio? aikabade lashalaci, hū waliyasun i doro be ufararakūn.

B：gucu be hon akū obuci ojorokū bicibe, guculere de inu balai oci ojorakū, gucu de nonggibure gucu, ekiyendere gucu bi, aikabade ehe facuhūn niyalma de guculeci, tusa akū sere anggala, nememe jobolon kokiran dahalambi. sain niyalma de guculeci, ishunde jombume tuwancihiyame tusa ojoro be gisurehe seme wajirakū, dzeng dz i henduhengge, gucu gosin de aisilambi sehebi, gucu serengge, sunja ciktan i dorgi emken be dahame, ladarame hon lashalaci ombi.

A：si, hiong sy li i emgi emu baita de afaha be dahame, sini emgi aika doroi tacin be gisurehe ba bio?

B：amban bi inu ubabe fonjiha bihe. terei henduhengge, doroi tacin serengge, mujilen be tob obure, gūnin be unenggi obure, inenggidari yabure ciktan an i baita ci dulenderakū.

A：人處世間，朋友所以切磋，豈可過絕，若過絕，則失和衷之道矣。

B：朋友固不可無，亦不可濫，有益友，有損友。若友邪人，不但無益，抑且禍害隨之；友善人，則共相勸導，其爲益也不可勝言。曾子日：以友輔仁。朋友乃五倫之一，不可概絕。

A：爾與熊賜履共事，他與爾講理學否？

B：臣曾向他問及，他云：理學不過正心誠意，日用倫常之事。

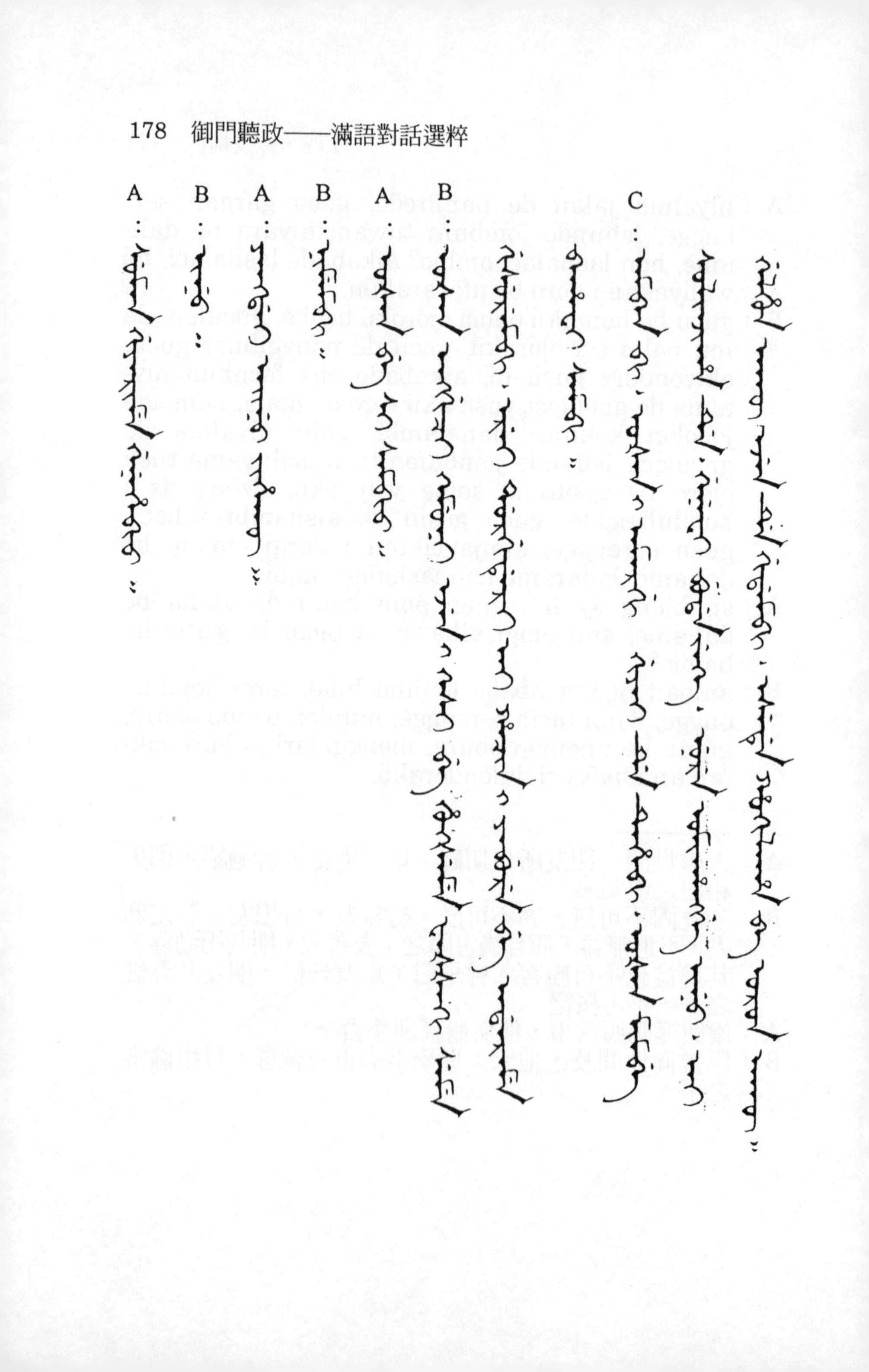

A: [illegible]

B: inu.

A: [illegible]

B: [illegible]

A: [illegible]

B: [illegible]

C: [illegible]

A：suman giyarime genehebio?
B：inu.
A：yangdai ainu jihekū?
B：nimembi.
A：ošan be si sambio?
B：ošan enggici kemuni ejen i kesi be hukšeme fašsaki seme gisurembi, erei dorgideri ai hacin i yabure be adarame bahafi sambi?
C：amban bi, ošan i amargi giyai de tehebi, ošan mimbe solinjiha de, genefi buda jeke, nure omihangge inu. ai gelhun akū ejen de gidambi, esede hokilaha ba oron akū.

A：蘇滿查邊去耶？
B：是。
A：楊代為何不來？
B：有病。
A：爾知鄂善否？
B：鄂善在背後嘗言感激皇恩，欲行效力，其黯昧所作之事，何由得知？
C：臣在鄂善後街居住，鄂善請臣到家，曾用酒飯是實，豈敢欺謾皇上，並無與伊等結黨之處。

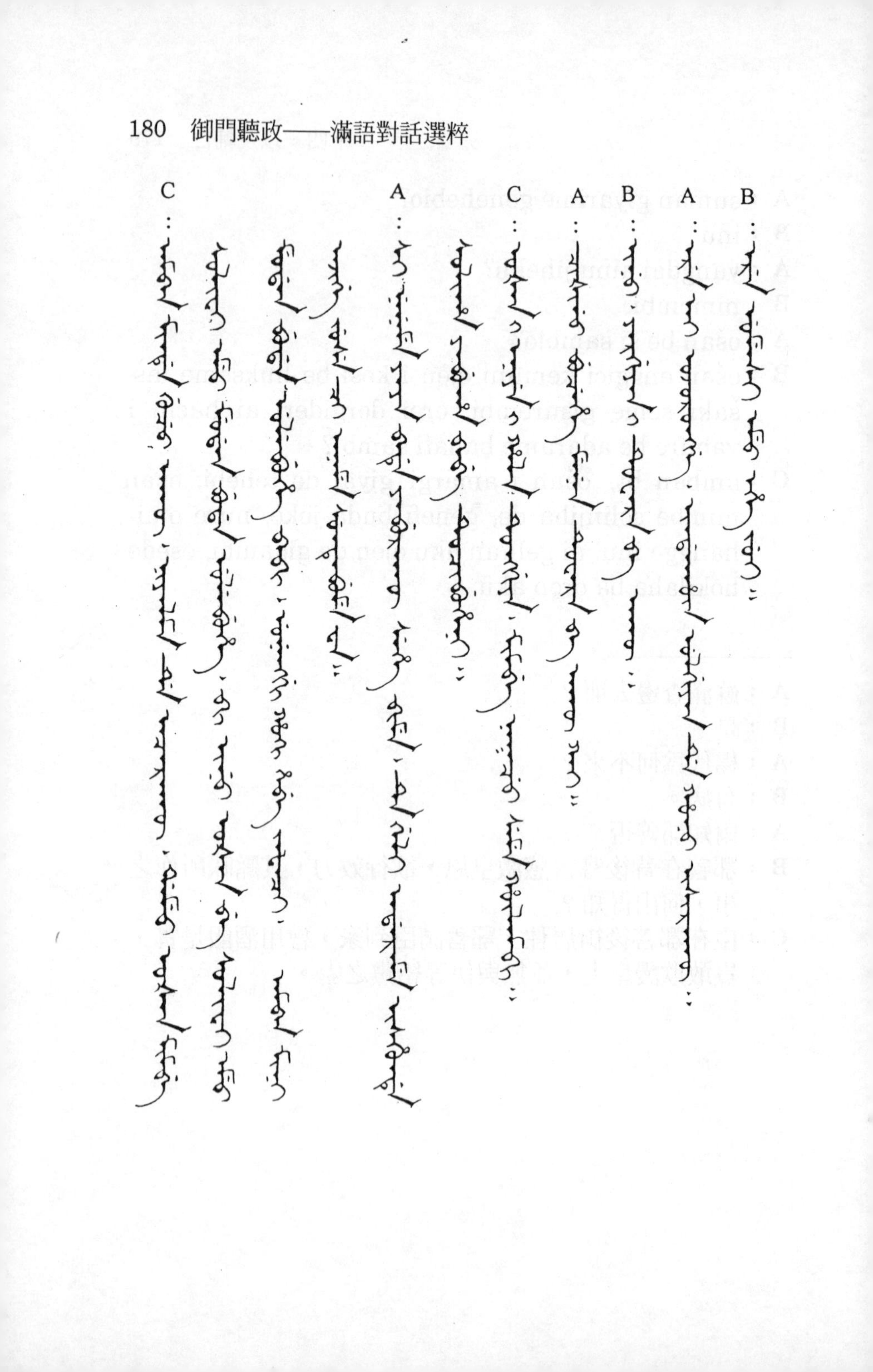

B: [illegible]

A: [illegible]

B: [illegible]

A: [illegible]

C: [illegible]

[illegible]

A: [illegible]

[illegible]

[illegible]

C: [illegible]

C：amban minde gucu akū, niyalma de acarakū, damu ošan mimbe solifi emu mudan buda ulebuhe, bi inu ošan be solifi emu mudan buda ulebuhe babi, unenggi hoki hebe jafaci, amban mini ajige juse ci aname suntebume wa.

A：si neneme yaya bade yaburakū sehe bime, te geli adarame ishunde soliha yabuha babe tucibuheni?

C：ošan i eniye i hala tunggiya, mimbe nakcu seme hūlambi.

A：cišiu bucehe menen tuwara ba akū kai.

B：inu, yargiyan i tuwara ba akū.

A：ere ai ojorongge, indahūn ulgiyan de hono isirakū

B：ere umesi emu ehe jui.

C：臣與人不合，素無朋友，惟有鄂善請臣用飯一次，臣亦請鄂善用飯一次。臣果結朋黨，下至幼子，俱當誅滅。

A：爾前云各處俱不行走，今何又供出彼此相請之事？

C：鄂善之母係佟家氏，以舅呼臣。

A：齊世武乃死獃不堪之人。

B：然，誠不堪也。

A：此最無用之人，犬豕之不如。

B：此乃一不肖之子。

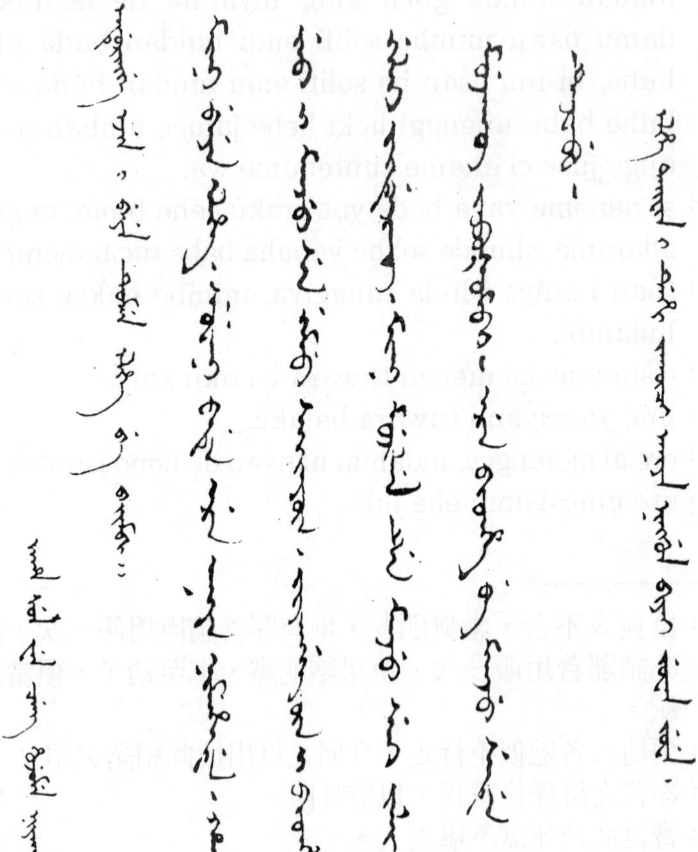

康熙皇帝滿文硃批

十五、崇儒重道

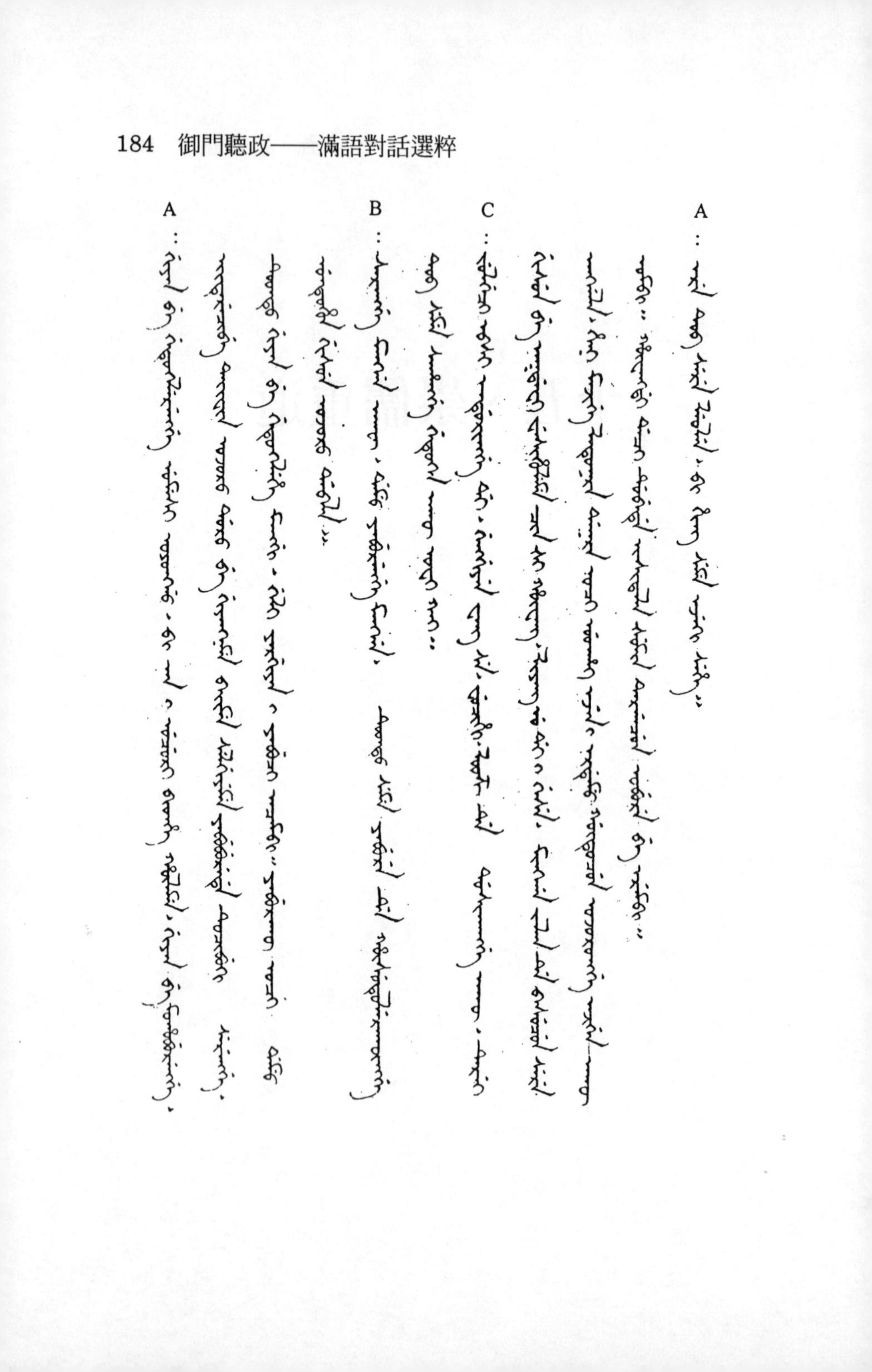

A [illegible]

B [illegible]

C [illegible]

A [illegible]

A：giyan be getukelerengge umesi oyonggo. bi an i ucuri bithe hūlame, giyan be mohoburengge, eiterecibe taifin ojoro doro be giyangname baime selgiyeme yabuburede tucibuki serengge, tuttu giyan be getukelehe manggi, geli yargiyan i yabuci acambi. yaburakū oci damu untuhun gisun ojoro dabala.

B：sarangge mangga akū, damu yaburengge mangga, tuttu seme yabure de hūsutulerakūngge tob seme sahangge getuken akū ofi kai.

C：julgeci ebsi enduringge di, genggiyen wang se, fucihi, loodz de dosikangge akū, terei gisun be akdafi wesihuleme cin ši hūwang, liyang u di i gese , minggan jalan de basucun sere anggala, heni majige latunara danara oci uthai ejen i erdemu gūtucun ojorongge ajigen akū ombi. hū wangdi daci dubede isitala šumin targacun obure be erembi.

A：ere tob sere leolen, bi hing seme ejeki sehe.

A：明理最是緊要，朕平日讀書窮理，總是講要求治道，見諸措施。故明理之後，又須實行，不行，徒空談耳！

B：非知之艱，行之唯艱。然行之不力，正由知之不眞也。

C：從古聖帝明王未有溺於佛老者。無論尊信其說，如秦皇、梁武貽笑千秋，即稍爲假借，便累君德不小，望皇上始終以爲深戒。

A：此正論也，朕當切識之。

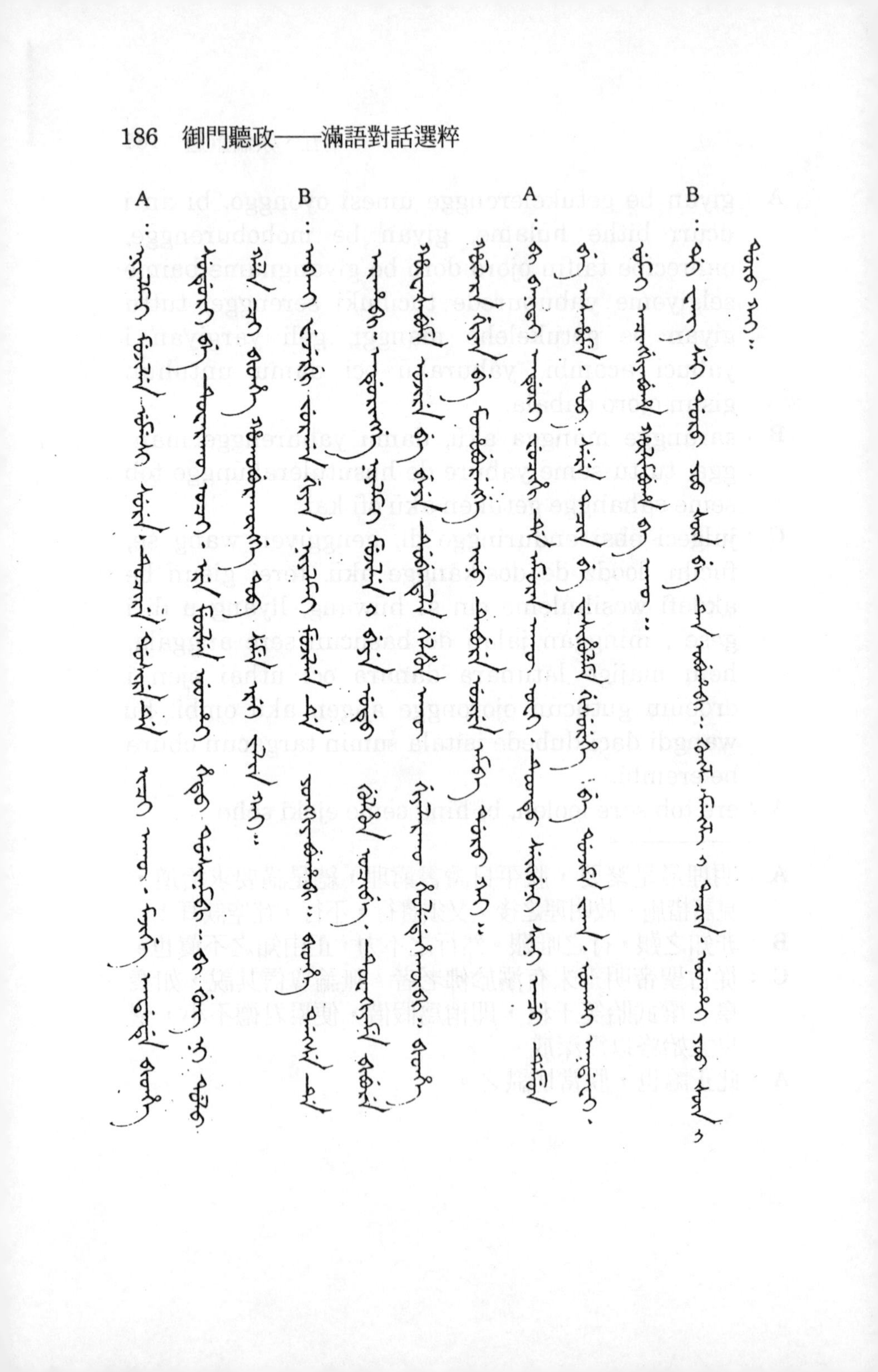

A

B

A

B

A：niyalmai mujilen umesi sure, tucire dosire de ici akū, majige andande bithe suduri be tuwarakū oci, ere mujilen uthai hetu dosinambi. bi gung ni dolo gala ci bithe hokoburakūngge tob seme erei jalin kai.

B：abkai fejergi jurgan giyan, niyalmai mujilen de yongkiyabuhabi. bithe dangse de arahabi. enduringge niyalmai mujilen i beye udu gulhun ocibe, tuwakiyame bibure hūwašabume ujire be beye dubentele gelhun akū giyalarakū heoledehekūbi. bithe hūlara giyan be mohoburengge, inu tebure ujire amba doro kai.

A：bi banitai enduri fucihi de amuran akū ofi, tuttu seibeni sini encu demun be ashūme, tob sere tacin be wesihuleme gisurehe be donjime jaka, uthai akdafi, umai acinggiyabuha hūlimbuha ba akū.

B：di wang sei doro yoo šūn be ten obuhabi. kungdz, mengdz i tacin uthai yoo šūn i doro kai.

A：人心至靈，出入無嚮，一刻不親書冊，此心未免旁騖。朕在宮中，手不釋卷，正爲此也。

B：天下義理，具於人心，載於書冊。聖人雖心體渾全，而操存涵養，終身不敢間怠。讀書窮理，亦存養之大端也。

A：朕生來不好仙佛，所以向來爾講闢異端，崇正學，朕一聞便信，更無搖惑。

B：帝王之道，以堯、舜爲極。孔孟之學，即堯、舜之道也。

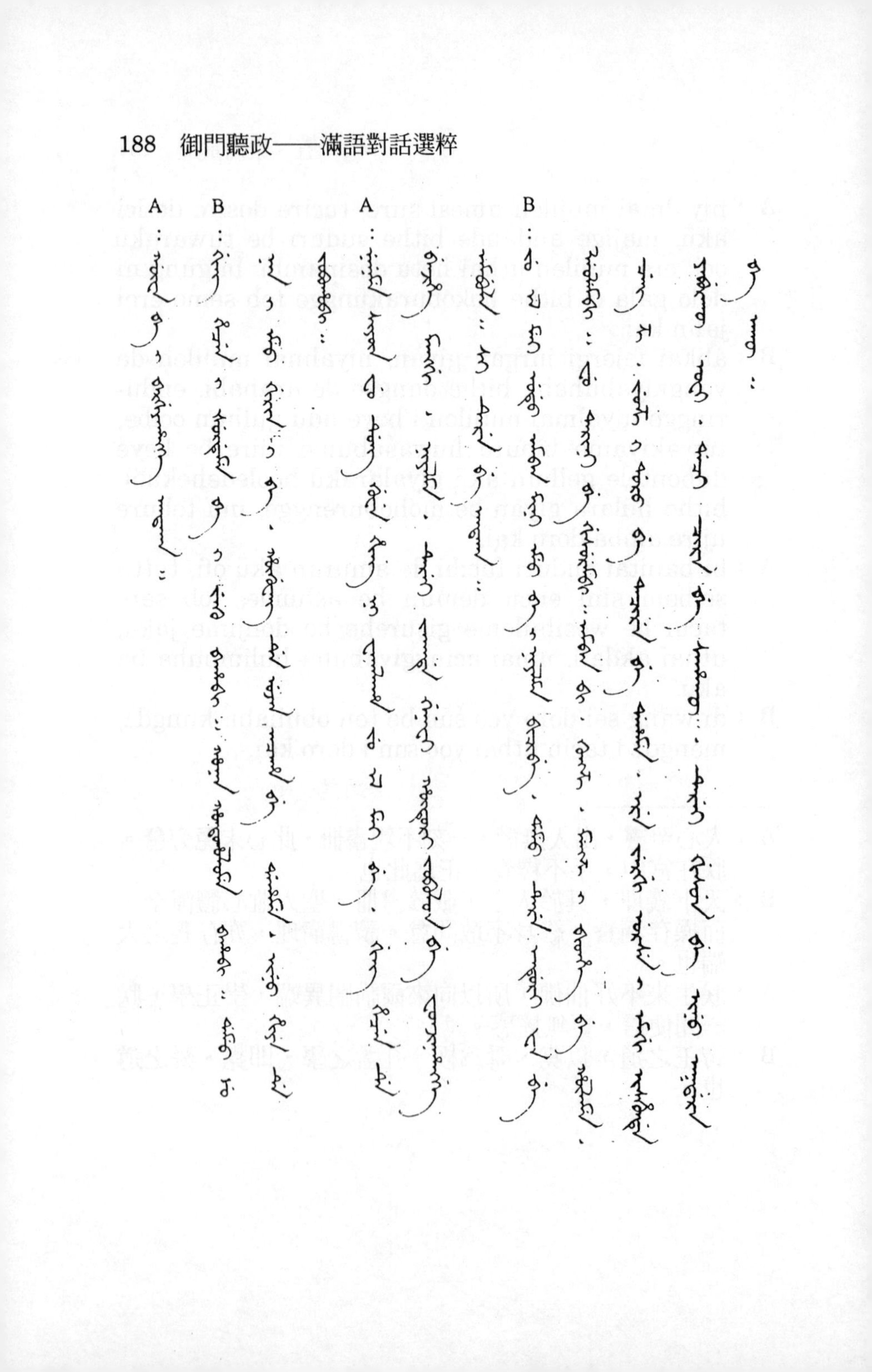

A

B

A

B

A：gūwa ba i bargiyahangge antaka?

B：ging hecen i šurdeme ba i jeku bahabi. honan hontoholome bahabi. damu zu nan i emu girin i ba, hūguwang de ujan acaha be dahame, inu hiya de jobohobi.

A：neneme siyūn fu dung guwe hing ni wakalaha ju el mei be, ging hecen de benjihe manggi, niyalma terei jakade genefi hūturi joboblon be fonjinahangge ambula. si tere be antaka?

B：ju el mei udu amban mini emu ba i niyalma bicibe, damu tere enduri fa be leolembi. fu tarini be gisurembi, amban bi, kungdz, mengdz i bithe be hūlame, ceng dz, judz i doro be tacire be dahame, ere jergi urse i emgi ishunde yaburakū ofi, daci cira be sahakū, terei gisun be inu akdara ba akū.

A：別處年歲何如？

B：畿輔秋禾大熟，河南半收，惟汝南一帶與湖廣接壤，亦苦荒旱。

A：巡撫董國興所參之朱二眉，解到京師，人多去問他休咎，爾以為何如？

B：朱二眉雖與臣同鄉，但他講仙術，用符咒。臣讀孔孟之書，學程朱之道，不與此輩交往，生平未睹其面，亦不信其說。

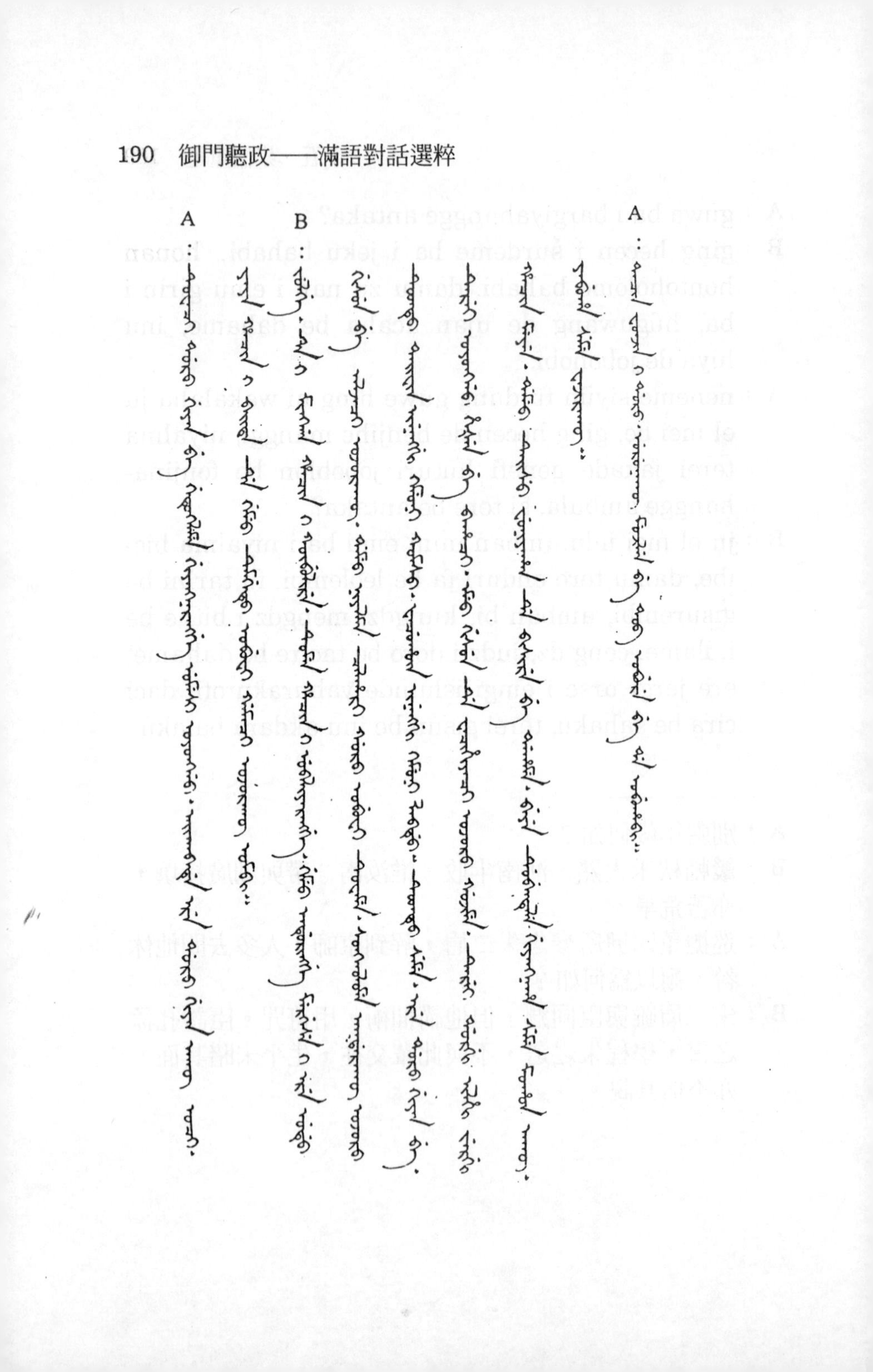

A

[illegible]

B

[illegible]

A

[illegible]

A：tuwaci doro giyan be getukeleme giyangnarangge umesi oyonggo, aikabade ere doro giyan akū oci, yaya hacin i baita de gemu temgetu obufi gamaci ojorakū ombi.

B：julge, te i minggan hacin i kūbulire, tumen hacin i ubaliyarangge, gemu enduringge mergese i ere udu gisun be aljaci ojorakū, damu niyalma calhari goro obufi tuwame, songkolome akdarakū ojoro tuttu taifin inenggi kemuni komso, facuhūn inenggi kemuni labdu. tuttu seme, ere doro giyan be, terei oyonggo hešen be bahaci, emu gisun de wacihiyaci ojoro gojime, terei dorgi ilhi jergi hacin meyen, damu teisu funiyahan de bisire be dahame, beye dubentele giyangnaha seme mohon akū, yabuha seme wajirakū.

A：tacin fonjin i doro, urunakū mujilen be tob obure be da obuhabi.

A：看來講明道理要緊，若無這道理，一切事務都無憑發落。

B：古往今來，千變萬化，都離不得聖賢這幾句話。但人以迂闊視之，不肯遵信，故治日常少，亂日常多。然這道理，其要領一言可盡，而就中次第節目、原委分量，終身講之莫窮，行之不盡。

A：學問之道，畢竟以正心爲本。

B：人主清心寡欲，如鑑空水止，聲色不亂其聰明，便佞不惑其志氣。以之讀書，則義理昭融；以之處事，則幾務明晰。

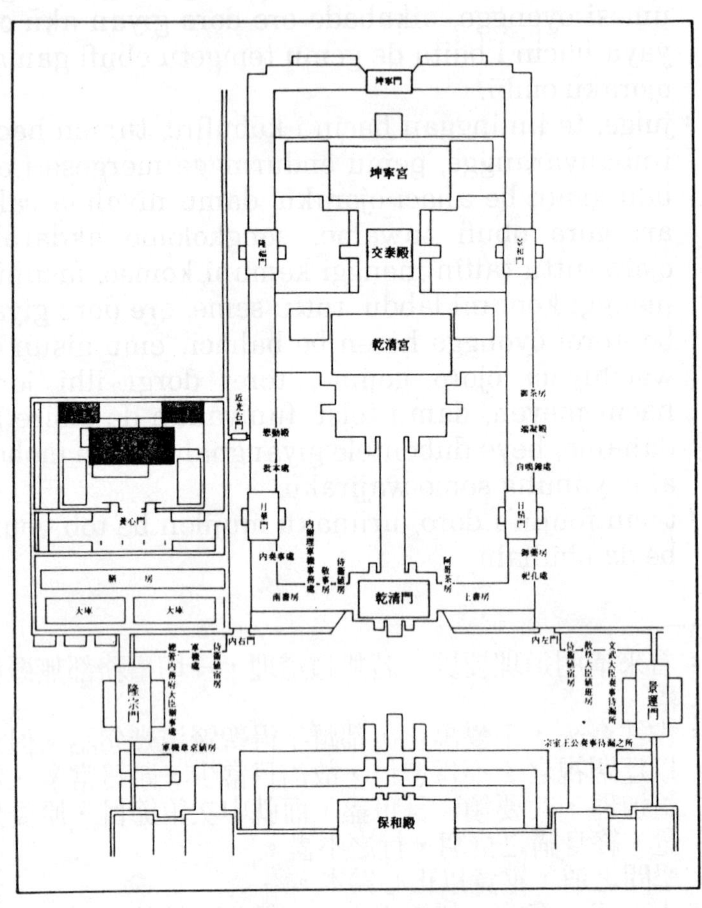
坤寧門
坤寧宮
交泰殿
乾清宮
近光右門
懋勤殿
批本處
月華門
日精門
養心門
大庫
大庫
內奏事處
南書房
乾清門
上書房
內右門
內左門
軍機處
隆宗門
景運門
文武大臣奏事待漏所
宗室王公奏事待漏之所
保和殿

紫禁城清宮示意圖

十六、勤修精進

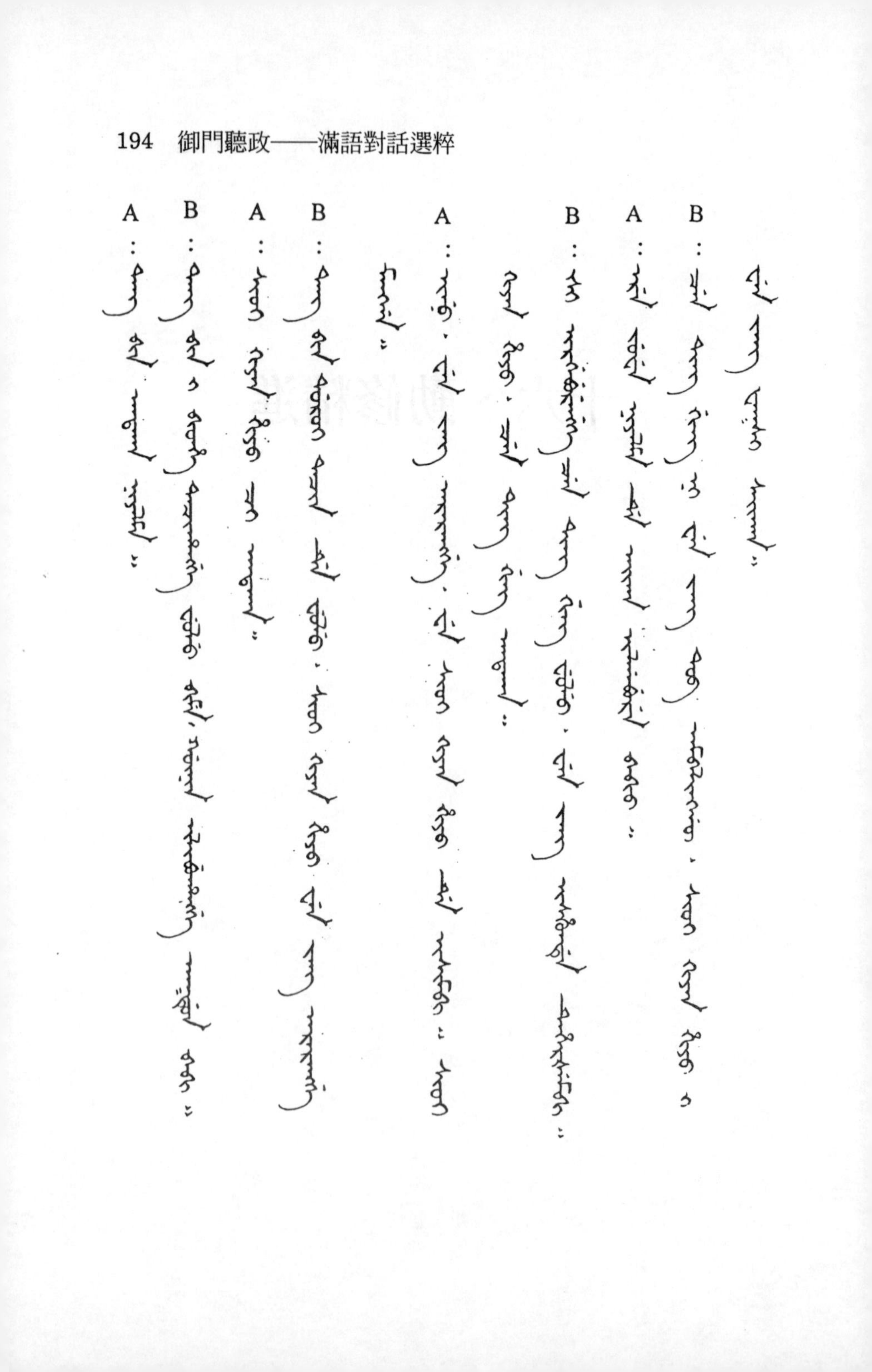

[illegible]

B：[illegible]

A：[illegible]

B：[illegible]

A：[illegible]

B：[illegible]

A：[illegible]

B：[illegible]

A：[illegible]

A：tang bin antaka niyalma?

B：tang bin i bithe tacihangge fulu bime, gūnin ilibuhangge akdun babi.

A：sioi kiyan hiyo ci antaka?

B：tang bin doroi tacin de fulu, sioi kiyan hiyo wen jang ararangge mangga.

A：inu, wen jang ararangge, we sioi kiyan hiyo de isimbi.
siοi kiyan hiyo, cen ting ging antaka?

B：ši irgeburengge cen ting ging fulu, wen jang ishunde teheršembi.

A：ere juwe niyalma de aika ilgabure babio?

B：cen ting ging ni wen jang tob ambalinggū, sioi kiyan hiyo i wen jang faksi saikan.

A：湯斌何如人？

B：湯斌才學優長，立志堅介。

A：較徐乾學何如？

B：湯斌道學優長，徐乾學文章富麗。

A：然。作文章誰及徐乾學？徐乾學視陳廷敬何如？

B：作詩陳廷敬爲優，文章大略相等。

A：此二人有分別否？

B：陳廷敬文章端重，徐乾學文章工妙。

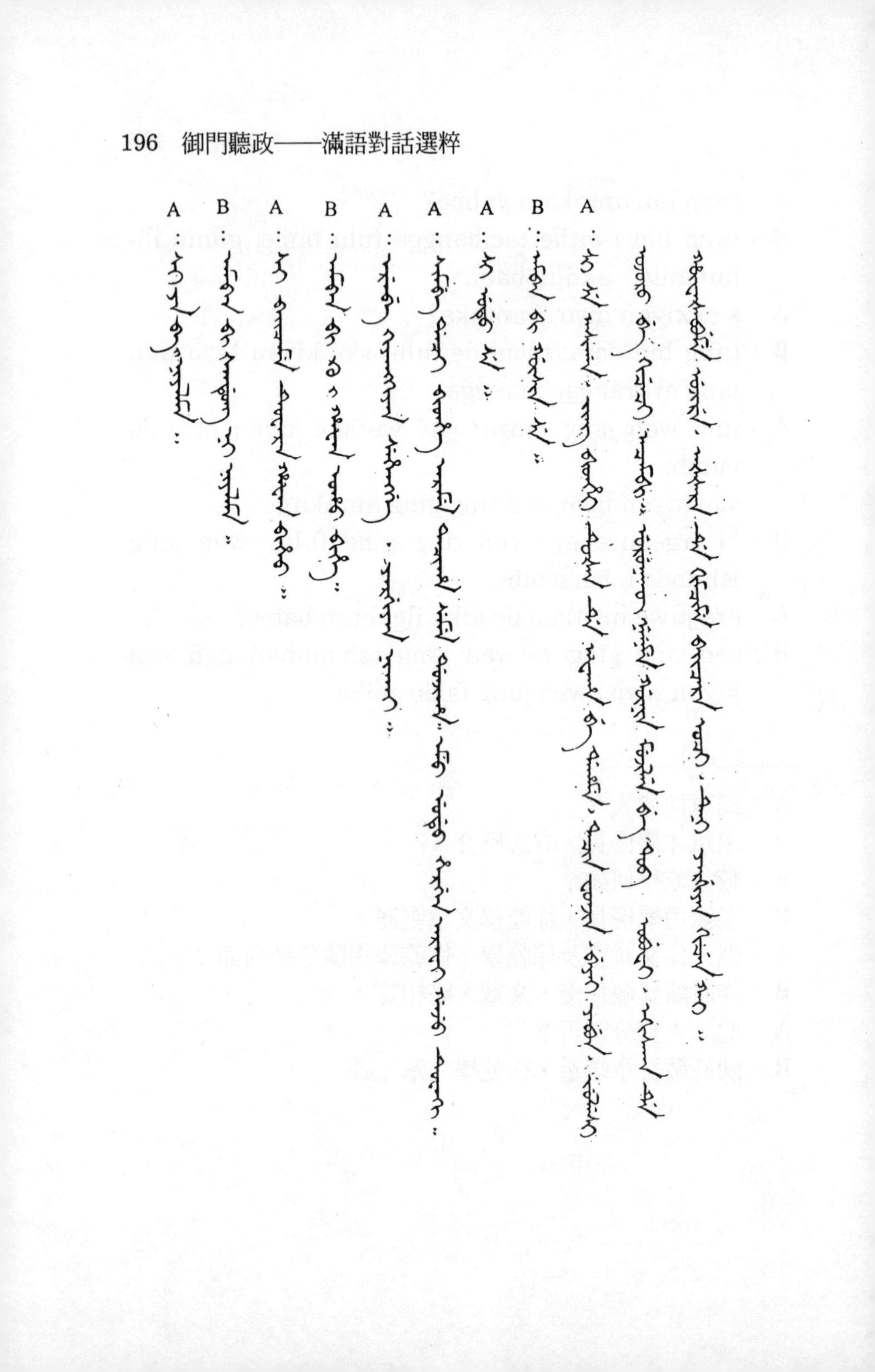

A: [illegible]

B: [illegible]

A: [illegible]

B: [illegible]

A: [illegible]

A: [illegible]

A: [illegible]

B: [illegible]

A: [illegible]

A：si ya ba i niyalma?
B：amban bi šandung ni niyalma.
A：si baicame tuwara hafan biheo?
B：amban bi k'o i hafan oho bihe.
A：erebe kiyangkiyan sehengge, yargiyan nikai.
B：simbe daci bithe arame taciha seme donjiha. emu udu hergen arafi gaju tuwaki.
A：si udu se?
B：amban bi gūsin se.
A：si se asigan, jing bithei tušan de afaha be dahame, tacin fonjin, beyei yabun, julesi ojoro be kiceci acambi. urunakū neneme gūnin mujilen be tob obufi, ekisaka de hūwašabume ujire, aššara de kimcime baicara oci, teni yargiyan kicen kai.

A：爾何方人？
B：臣山東人。
A：爾曾爲御史乎？
B：臣向承乏科員。
A：聞此人強幹，果然也。
A：聞爾素習書法，試寫幾字來看。
A：爾年幾何？
B：臣年三十歲。
A：爾少年日侍詞苑，學問人品須求上達，必先正心術，靜而存養，動而省察，方是實功。

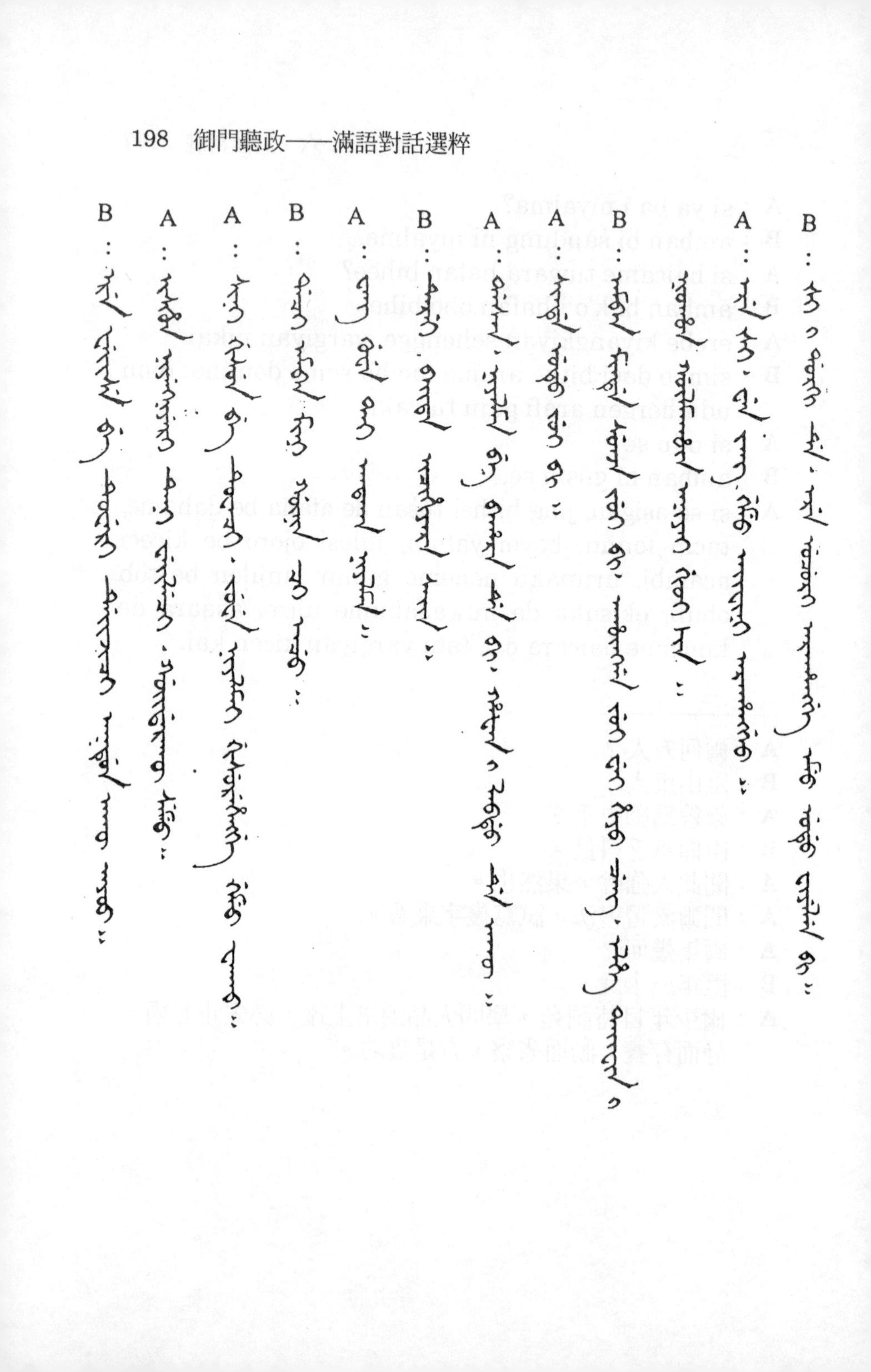

B：[illegible]

A：[illegible]

[illegible]

B：[illegible]

A：[illegible]

A：[illegible]

B：[illegible]

A：[illegible]

B：[illegible]

A：[illegible]

A：[illegible]

B：[illegible]

B：ere feise be tuweri deijici akdun akū ayoo?
A：ishun niyengniyeri teni weileci, goidarakū semeo?
A：sini gisun be tuwaci, juwe niyalmai gisurehengge gemu wakao?
B：daci amban mini gūnin ci encu.
A：wang guwe tai antaka niyalma?
B：terei baita icihiyara sain.
A：dasan, niyalma be bahara de bi, hafan i labdu de akū.
A：sinde udu jui bi?
B：amban minde sunja jui bi, ahūngga jui wei hiyo ceng, elhe taifin niohon gūlmahūn aniyai gioi zin.
A：ere ši, wen jang gemu aifini arahanggeo?
B：ši i dorgi de, ere ucuri arahangge emu udu fiyelen bi.

B：此磚若冬間燒造，恐不堅固。
A：來春方造，不已遲乎？
A：據爾言，兩人之說俱非耶？
B：原與臣意不合。
A：王國泰何如人？
B：其才足辦事。
A：政在得人，不在官多也。
A：爾有幾子？
B：臣生五子。長子學誠，中康熙乙卯科舉人。
A：詩文是舊作否？
B：詩有近作幾首。

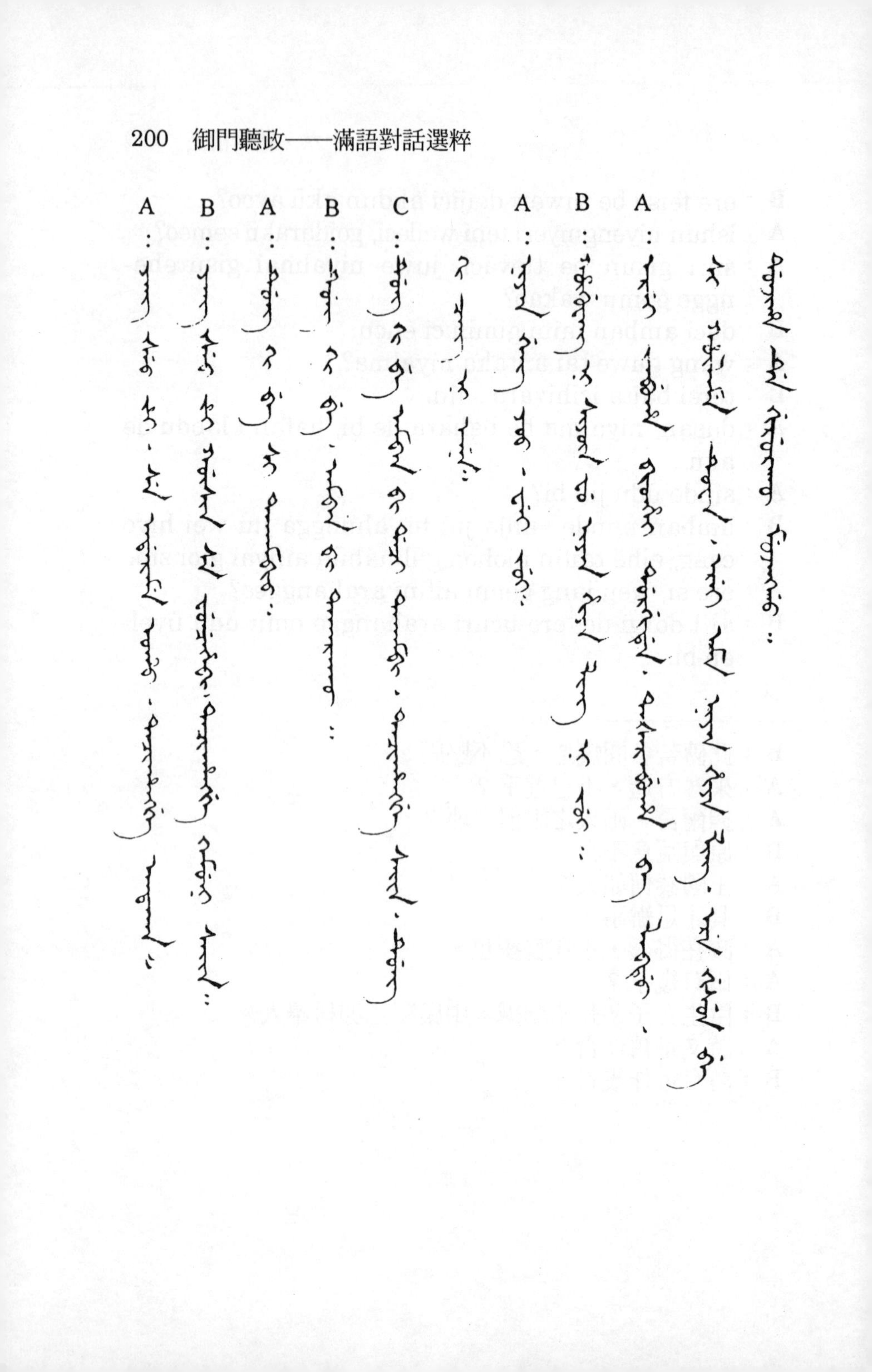

A：[illegible]

B：[illegible]

A：[illegible]

B：[illegible]

C：[illegible]

A：[illegible]

B：[illegible]

A：[illegible]

A：yang šeo jy, se adarame oho, tacihangge antaka?

B：yang šeo jy gūsin se funcehebi, tacihangge kemuni sain.

A：dung ki be si takambio?

B：dung ki be, amban bi takarakū.

C：dung ki be amban bi daci takambi, tacihangge sain, dung ki cang ni enen.

A：niyan geng yoo, wei jui?

B：hūguwang ni siyūn fu niyan hiya ling ni jui.

A：erei jabuha bithei dorgide, tašarabuha ba labdu, si hūlame tuwa, erei ama niyan hiya ling, ere gisun be donjiha de giruraku mujanggao?

A：楊守知年紀若何？所學若何？

B：楊守知年三十餘，所學亦好。

A：董麒汝知之否？

B：董麒臣不知。

C：董麒臣素知之，學問好，係董其昌後人。

A：年羹堯係何人之子？

B：係湖廣巡撫年遐齡之子。

A：彼對策內，多悖謬處，汝試讀之。伊父年遐齡聞此言，能無慚愧？

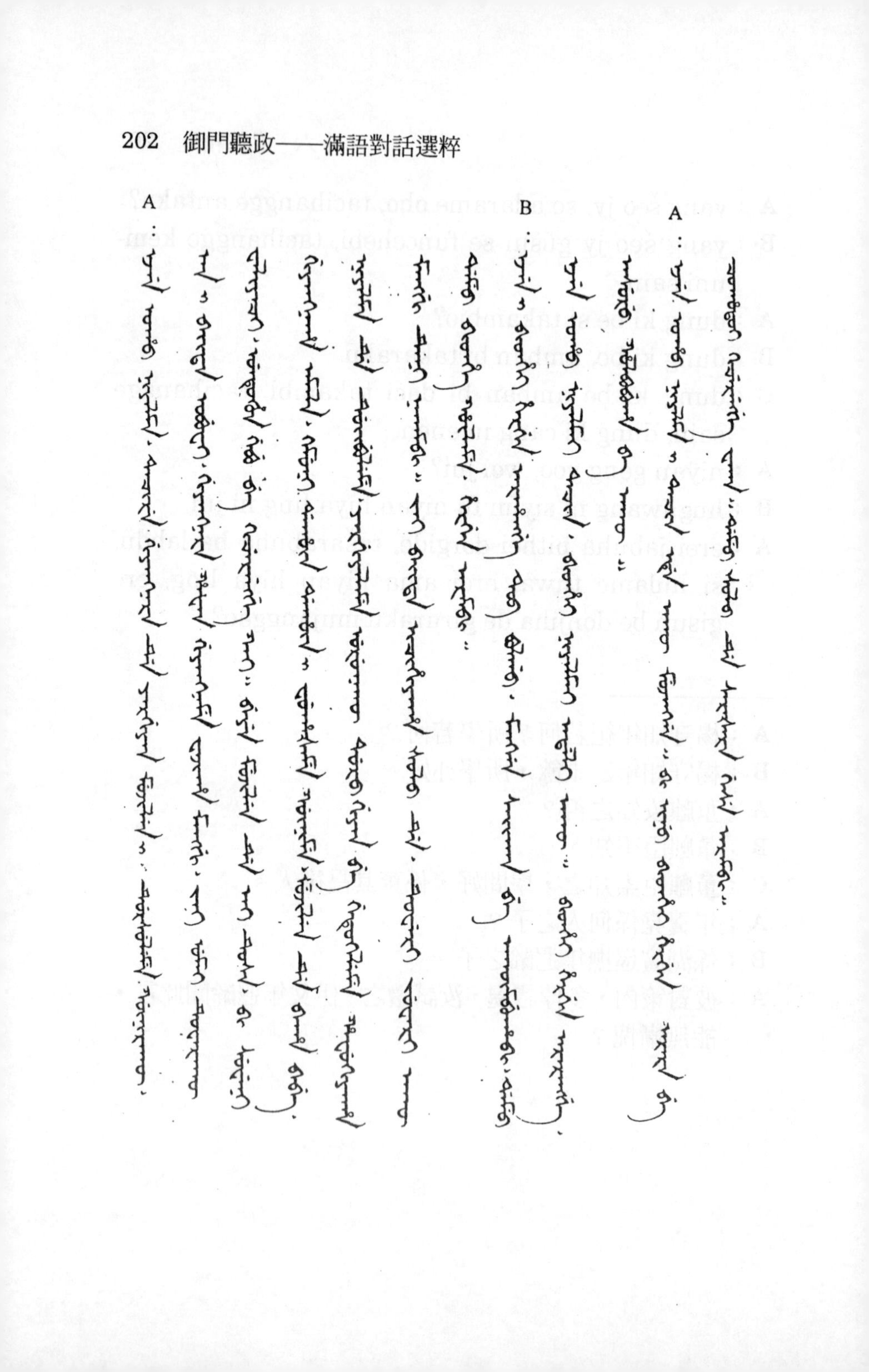

A: [illegible]

B: [illegible]

A: [illegible]

A：ejen oho niyalma, tacire giyangnara de yargiyan mujilen i dursuleme gūnirakū, an i baita obufi, giyangnara hafan giyangame wajiha manggi, jai umai tuwarakū waliyaci, untuhun gebu be kicerengge kai. beye mujilen de ai tusa, bi suweni giyangnaha amala, kemuni dahūn dahūn i fuhašame gūnime, mujilen de baha babe, niyalma de duibuleme, yargiyalame urunakū doro giyan be getukeleme hafukiyaha manggi teni nakambi. jai baita icihiyaha šolo de, tuweri juwari akū damu bithe hūlame, hergen arambi.

B：ejen i bithei hergen arahangge tob bolgo, mangga saikan be akūmbuhabi, damu ejen oho niyalmai tacin, bithei niyalmai adali akū. bithei hergen ararangge, asuru holbobuha ba akū.

A：ejen oho niyalma i tacin ede akū mujangga. bi inu bithei hergen arara be cohotoi kicerengge waka. damu šolo de sarašara gese arambi.

A：人君講究學問，若不實心體認，徒應故事，講官進講後，即置之度外，是務虛名也，于身心何益。朕於爾等進講之後，仍再三閱繹，即心有所得，猶必考正于人，務期道理明徹乃止。至於聽政之暇，無間寒暑，惟有讀書寫字而已。

B：皇上書法端楷，盡美盡善。但人君之學，與儒生不同，寫字無甚關係。

A：人君之學，誠不在此。朕亦非耑工書法，但暇時游情翰墨耳！

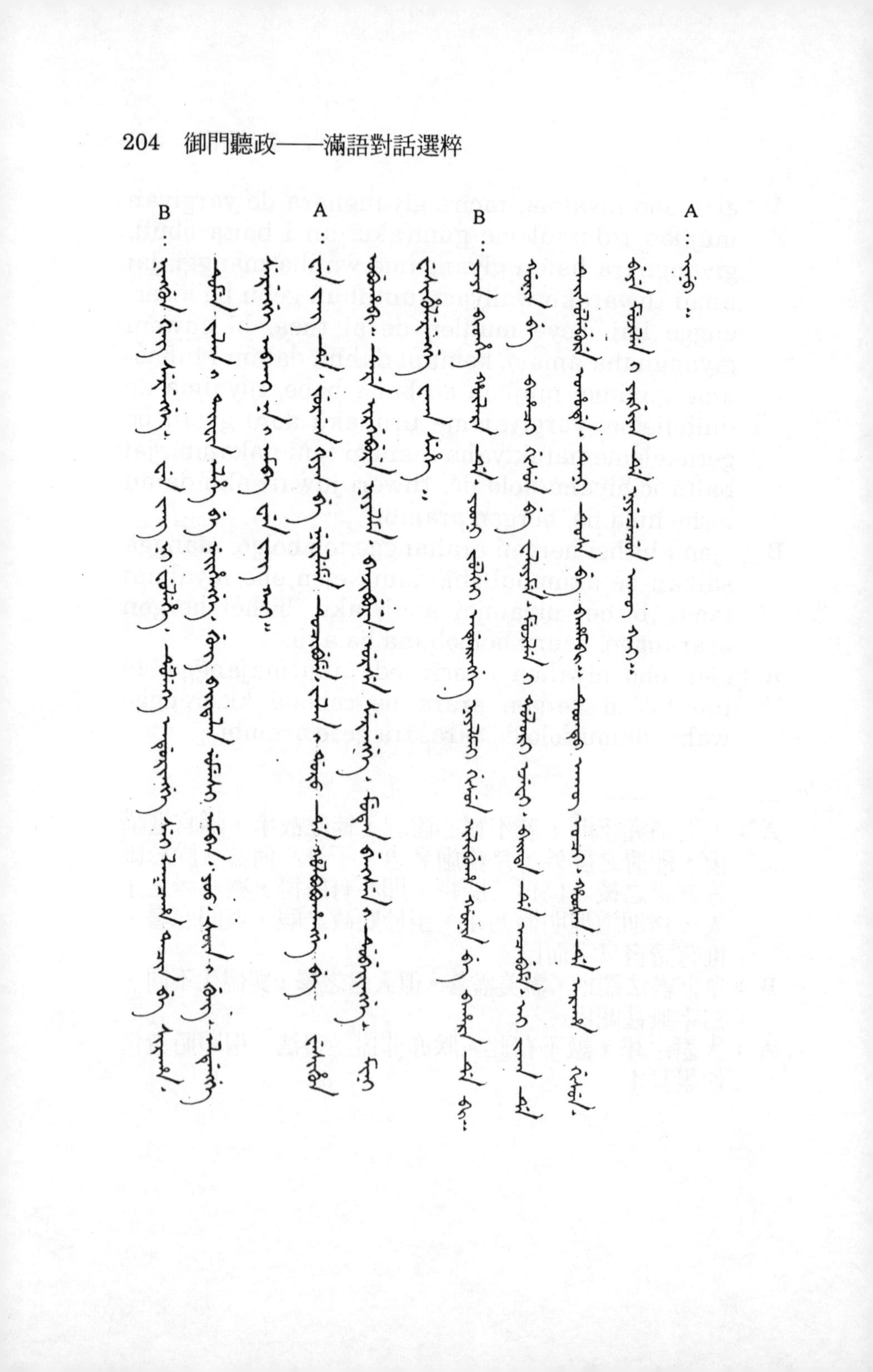

A [illegible]

B [illegible]

A [illegible]

B [illegible]

B：ninggun ging serengge, wen jang ni fulehe, dul-eke enduringge sei lakcaha tacin be siraha, tumen jalan i taifin elhe be neihengge, gung baitala umesi amban, yoo, šūn i gung, eldengge serengge abkai na i amba wen jang kai.

A：wen jang de, jurgan giyan be neileme tucibume, jalan i doro de holbobuhangge be wesihun obu-habi. tere irgebure niyalma, banjibure urse ser-engge, muten bengsen i dubeingge, mini wesihul-erengge waka sehe.

B：yaya bithe hūlara de, yooni julgei enduringge niyalmai gisun ilibuha gūnin be bahara de bi. gū-nin be bahaci gisun be waliyame, mujilen i dolori ejefi, baita de acabume, ai jaka de teisulebure ohode, teni tusa be bahambi. tuttu akū oci, hooš-an de araha gisun, beye mujilen i yargiyan de niyececun akū kai.

A：inu.

B：六經斯文之祖，爲往聖繼絕學，爲萬事開太平，功用甚大。堯、舜之勛華，宇宙之大文也。

A：文章以發揮義理、關係世道爲貴，騷人詞客，亦不過技藝之末，非朕之所貴也。

B：凡讀書全要得古聖人立言之意。得意忘言，中心默識，應事接物，方纔得力。不然，紙上陳言，無補身心之實。

A：誠然。

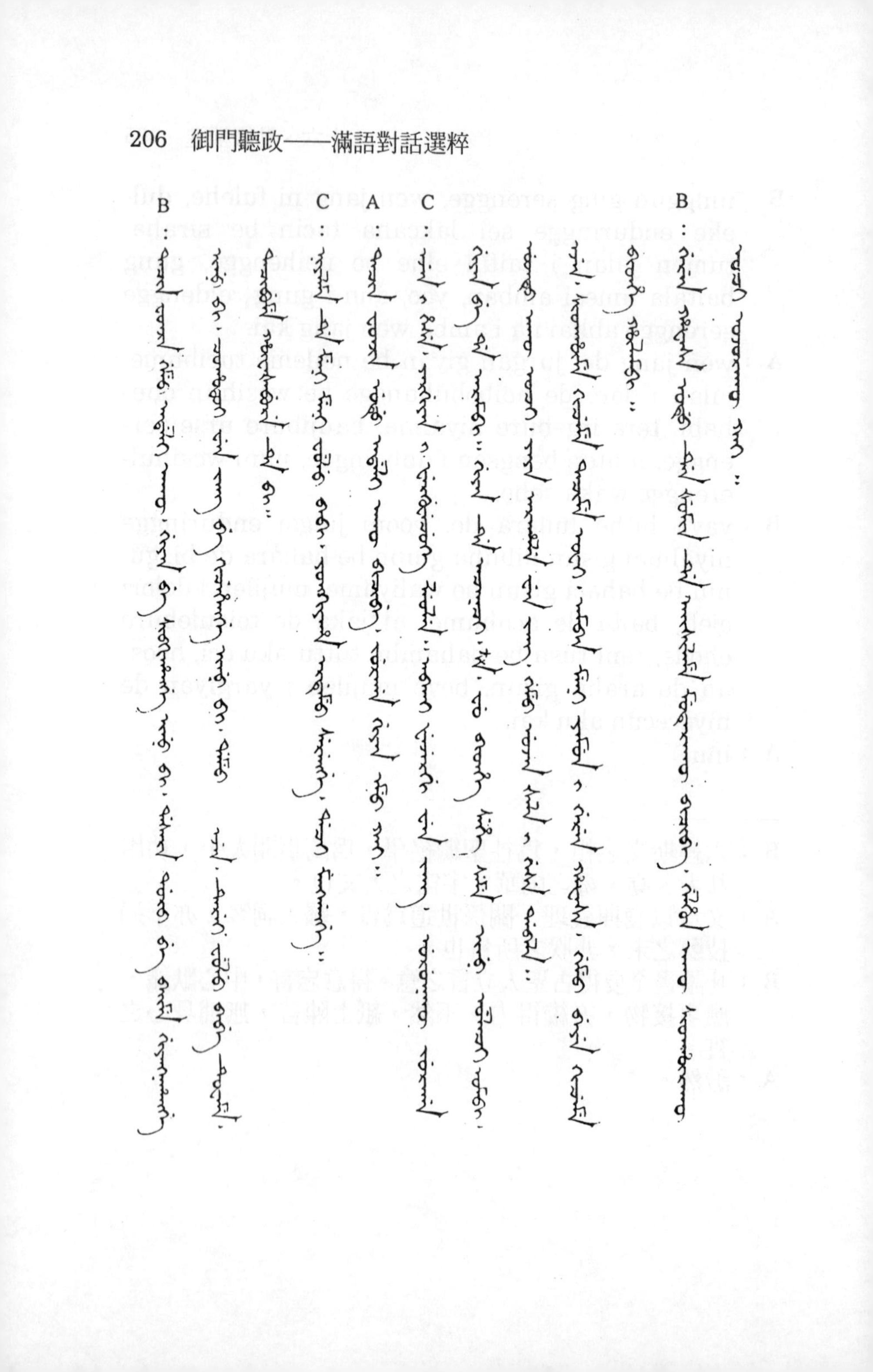

B : [illegible]

[illegible]

C [illegible]

A [illegible]

C [illegible]

[illegible]

[illegible]

[illegible]

B [illegible]

A：tacin fonjin gemu adali akū, giyan be sibkihangge inu bi, dasara doro be baime giyangnahangge inu bi, cohotoi wen jang be kicehengge inu bi, damu ejen, terei fulu babe tuwame, tacibume hūwašabure de bi.

C：niyalma de meni meni fulu babi, yongkiyaha erdemu serengge, daci manggangge.

C：tacin fonjin udu adali akū bicibe, jurgan giyan emu kai.

C：ejen i hese, yargiyan i ferguwecuke leolen. abkai fejergi wen jang, urunakū jurgan giyan be da arambi. giyan de acanaci, ts'y, fu bithe sehe seme inu ulaci ombi, uttu akū oci, yaya arahale wen jang, gemu ujan šala i gese dabala. ejen, sithūme kiceme tacime ofi, amban meni yamun i geren hafasa, gemu beye kiceme bithe hūlambi.

B：geren hafasa udu den šumin de aisilame muterakū bicibe, gelhun akū sithūrakū oci ojorakū kai.

A：學問各有不同，有究心理學者，有講求經濟者，有專攻文辭者，惟在皇上因其所長，教育成就之而已。

C：人各有所長，兼才原難。

A：學問雖各不同，而義理則一。

C：皇上所論，眞至當之論。天下文章，必本義理，能合乎義理，雖辭賦亦可傳。不然，則凡所爲文，皆枝葉而已。皇上勵精典學，臣衙門諸臣，皆知讀書自勉。

B：諸臣雖不能仰贊高深，然不敢不加刻勵也。

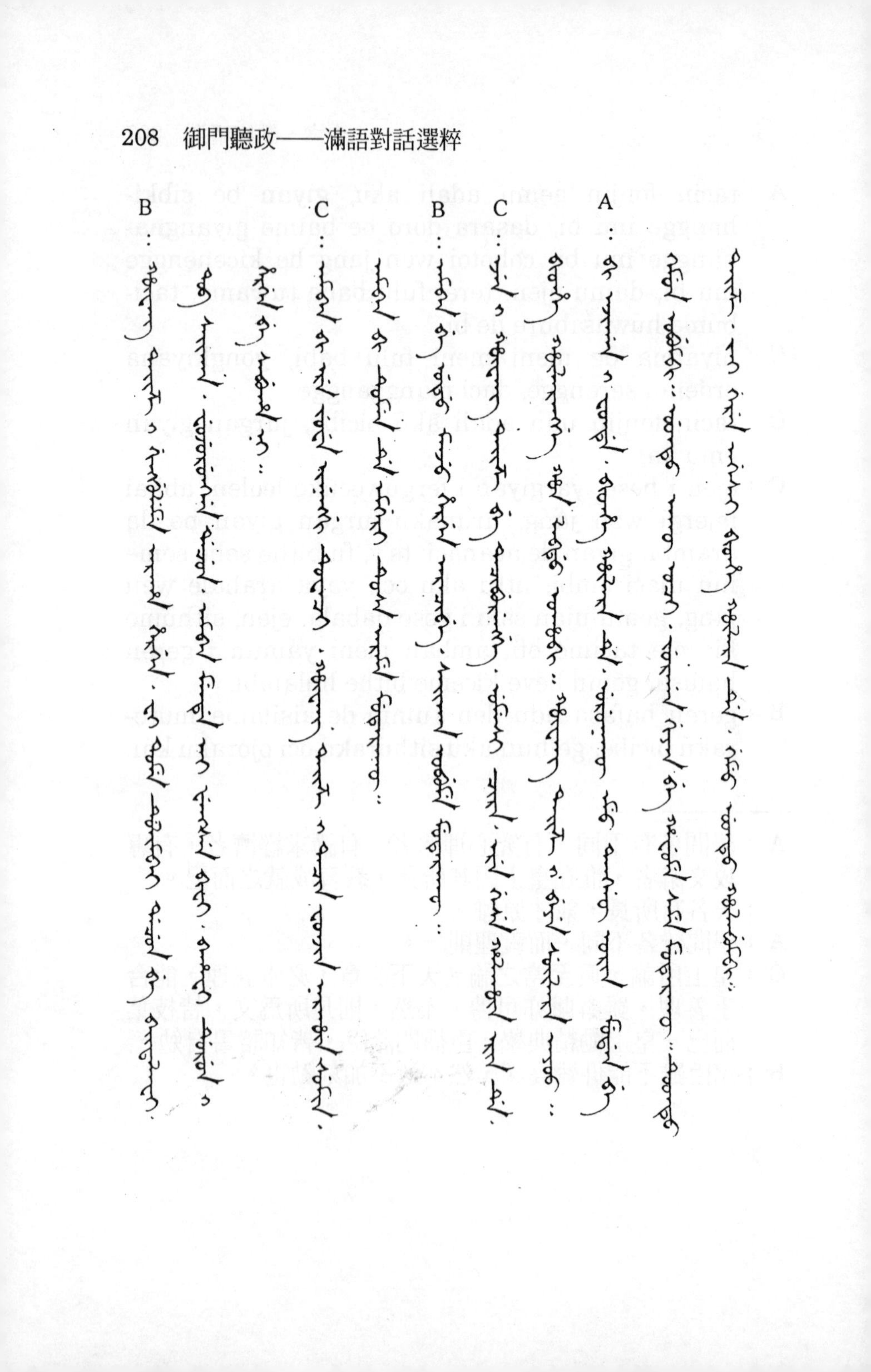

B [illegible]

C [illegible]

B [illegible]

C [illegible]

A [illegible]

B ：hūwang taidz i gingguleme araha hergen, fi tome dulimbai dacun be baitalafi, tob saikan, fujurungga dacun, amban mende ai fengsen bifi, bahafi durun i hergen be sabuha ni.

C ：amban bi ere juwe inenggi tuwaci, hūwang taidz i tacin fonjin narhūn šumin, amban bi tumen de emgeri tusa arame muterakū.

B ：amban be udu manju hergen aracibe, saikan obume muterakū.

C ：ejen i hūwang taidz be taciburengge, umesi cira, ere gese halhūn erin de, bithe hūlarangge hon labdu ohobi. hūwang taidz i beye suilara ayoo.

A ：bi ajigan i fonde, bithe, hūlara de, urunakū emu tanggū orin mudan be kemun obumbi. uttu akū oci, jurgan giyan be hafume same muterakū. tuttu taidz, jai geren agesai bithe hūlara de, gemu uttu hūlabumbi.

B ：皇太子楷字，筆筆中鋒，端妍秀勁，臣等何幸得睹法書。

C ：臣兩日來，見皇太子學問精深，臣不能仰補萬一。

B ：臣等雖習清書，未能精工。

C ：皇上教皇太子過嚴，當此暑天，功課太多，恐皇太子睿體勞苦。

A ：朕幼年讀書必以一百二十遍爲率，蓋不如此則義理不能淹貫，故教太子及諸皇子讀書皆是如此。

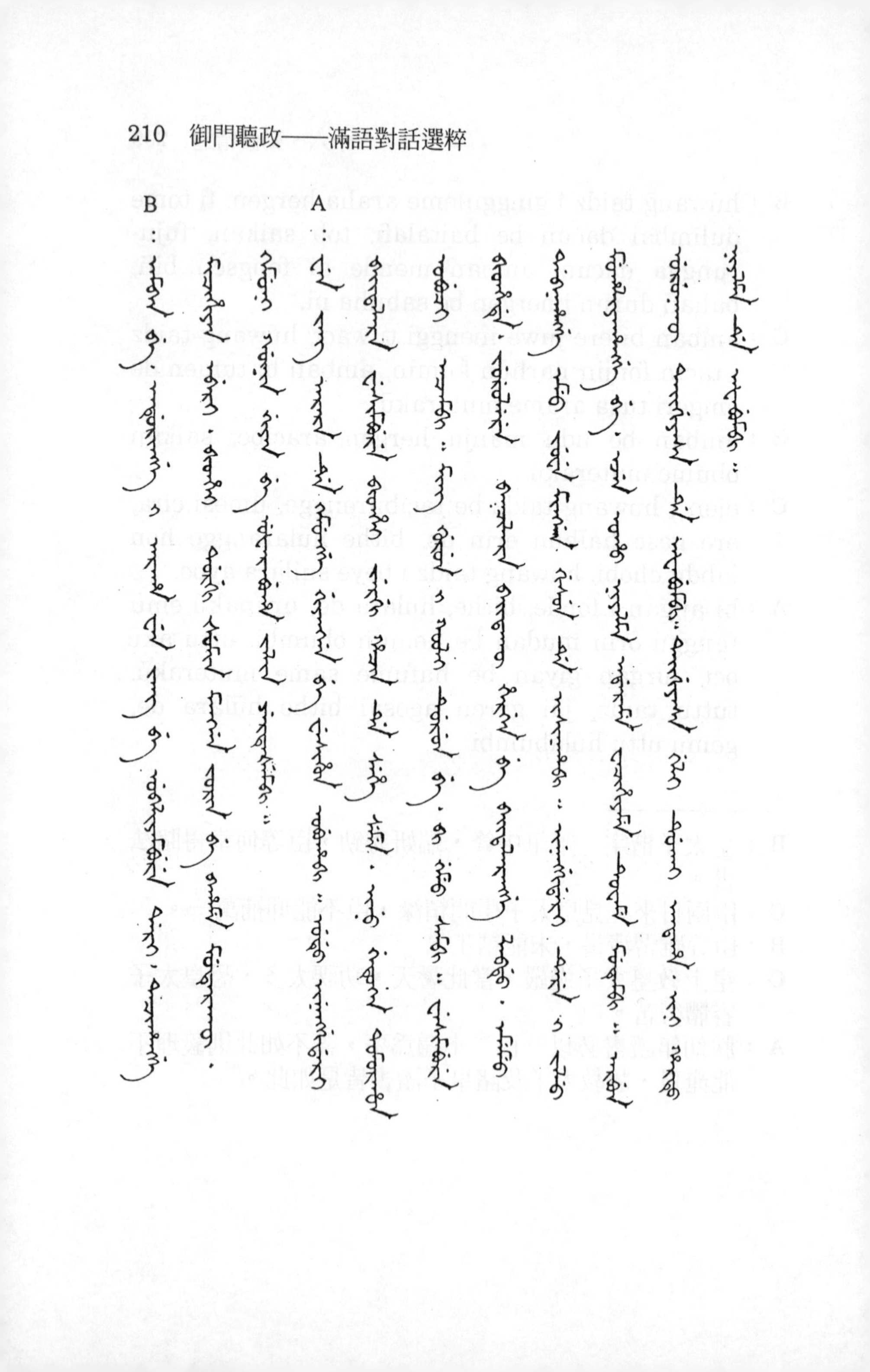

B

A

B：amban be, enduringge i araha wen jang be ubaliyambure dari, tacihangge micihiyan eberi, bithei dorgi šumin mangga jorin be bahame muterakū, kemuni gūnin giyan be ufarabuha jalin yertešembi.

A：wen jang arara de kemungge giyangga be wesihun obuhabi. udu inenggidari baitalara wesimbure bithei jergi hacin de sehe seme, inu getuken tomorhon obuci acambi. ming gurun i kooli durun be, bi gemu sambi. wesimbure bithede, jurulere bakcilara baitakū hergen be baitalarangge labdu, ememu dabanahangge emu juwe minggan gisun de isinahabi. inenggidari dere i jalu muhaliyahangge be, ejen oho niyalma adarame wacihiyame tuwame mutembi. arbun urunakū taigiyasa de afabumbi. taigiyasa geli dukai antaha, ini hartu niyalma de afabumbi.

B：臣等每翻譯聖製，深愧學問疏薄，不能仰窺訓詞深厚之指，往往有失神理。

A：文章貴於簡當，即施日用如章奏之類亦須詳要。明朝典故，朕所悉知。如奏疏多用排偶蕪詞，甚或一二千言，每日積至滿案，人主詎能盡覽，勢必委之中官，中官復委於門客及名下人。

皇帝之寶

十七、幾暇格物

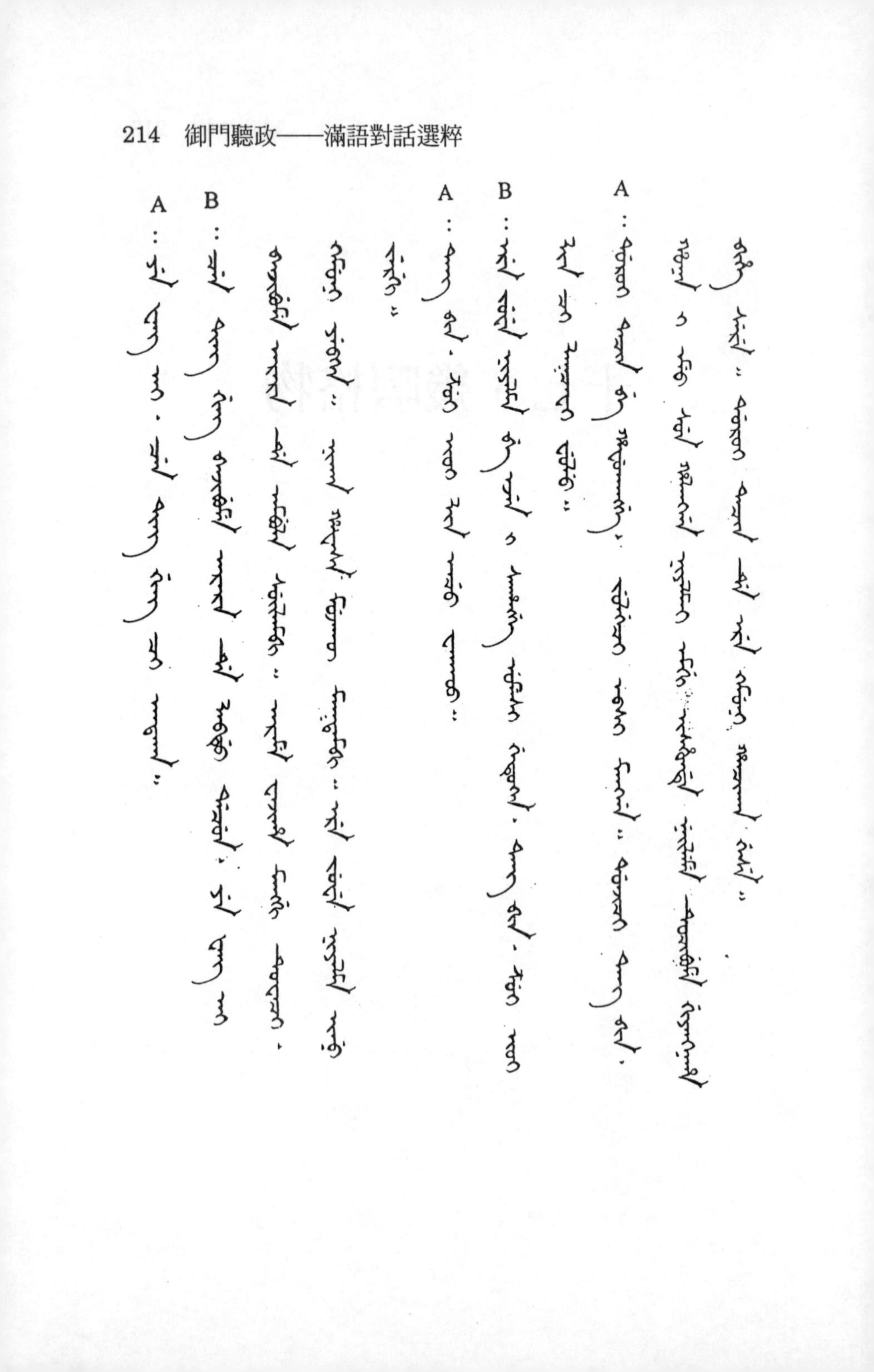

[illegible]

A：[illegible]

[illegible]

B：[illegible]

A：[illegible]

[illegible]

[illegible]

[illegible]

B：[illegible]

A：[illegible]

A：ye fang ai, cen ting ging ci antaka?

B：cen ting ging banjibume arara de labdu dacun, ye fang ai banjibume arara de ambula suilambi. arame wajiha manggi tuwaci, kemuni yebken. nikan hafasa mujakū maktambi. ere juwe niyalma inu jergi.

A：tang bin, ts'ui ioi lin encu wakaoo?

B：ere juwe niyalma be ejen i sahangge umesi getuken, tang bin, ts'ui ioi lin ci lakcafi fulu.

A：doroi tacin be hafukangge, julgeci ebsi mangga. donjici tang bin, honan i emu sun halanga niyalmai emgi ishunde neileme tucibume giyangnaha bihe sere. doroi tacin de ere kemuni hancikan gese.

A：葉方藹較陳廷敬何如？

B：陳廷敬下筆敏捷，葉方藹搆思頗艱，及成文之後閱之尙佳，漢人莫不稱許。此二人亦相等。

A：湯斌、崔蔚林相殊否？

B：此二人皇上知之甚悉，湯斌果遠勝於崔蔚林。

A：精通道學自古爲難。朕聞湯斌曾與河南姓孫之人相與講明，如此尙於道學相近。

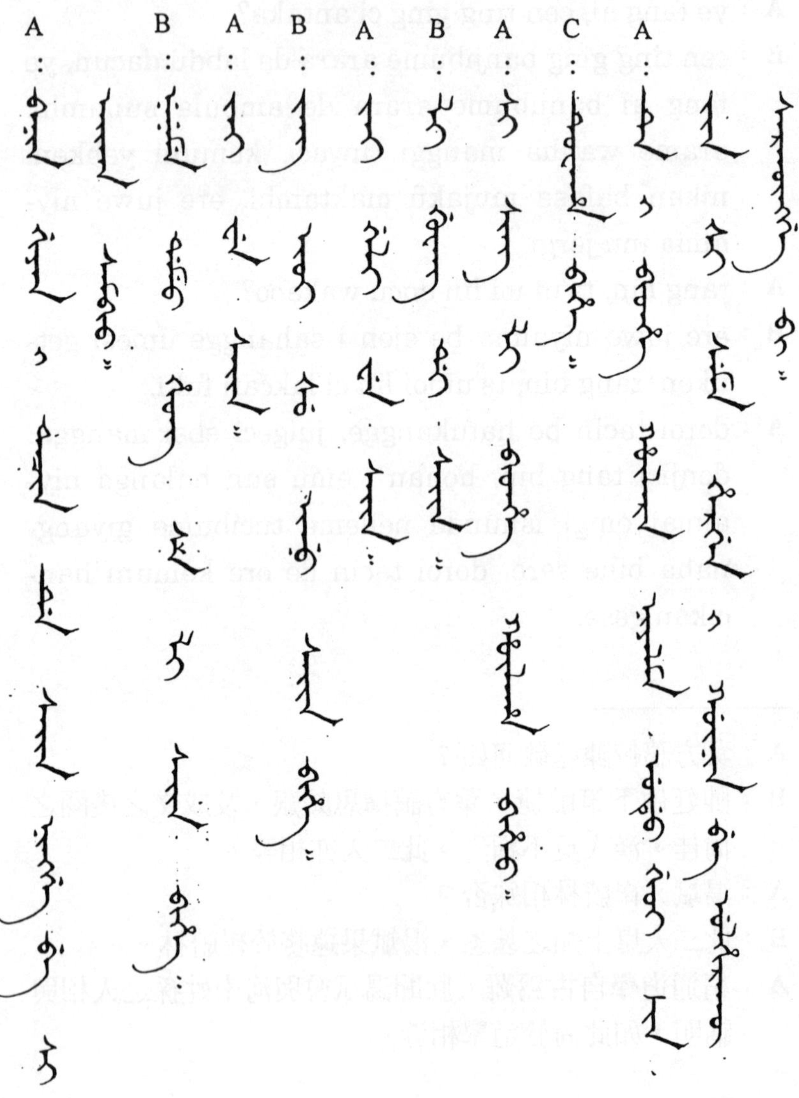
A
B
A
B
A
B
A
C
A

A：banin giyan i tacin de sain ningge be si aika sambio?

B：neneme damu hiong sy li sain bihe.

A：jai we sain?

B：jang ioi šu inu sain bihe.

A：jai geli we sain?

B：li guwang di sain.

A：si sing li bithe hūlaha biheo?

C：tuwaha bihe.

B：te i bithe hūlara niyalma, udu gioi zin, jin ši seme hergen i gūnin be ulhirakū sarkūngge bi.

A：性理之學佳者，爾知之乎？

B：先只有熊賜履佳。

A：此外有誰佳？

B：張玉書亦佳。

A：還有誰佳？

B：李光地佳。

A：爾曾讀過性理否？

C：看過。

B：今讀書人，雖科目出身，有不通曉字義者。

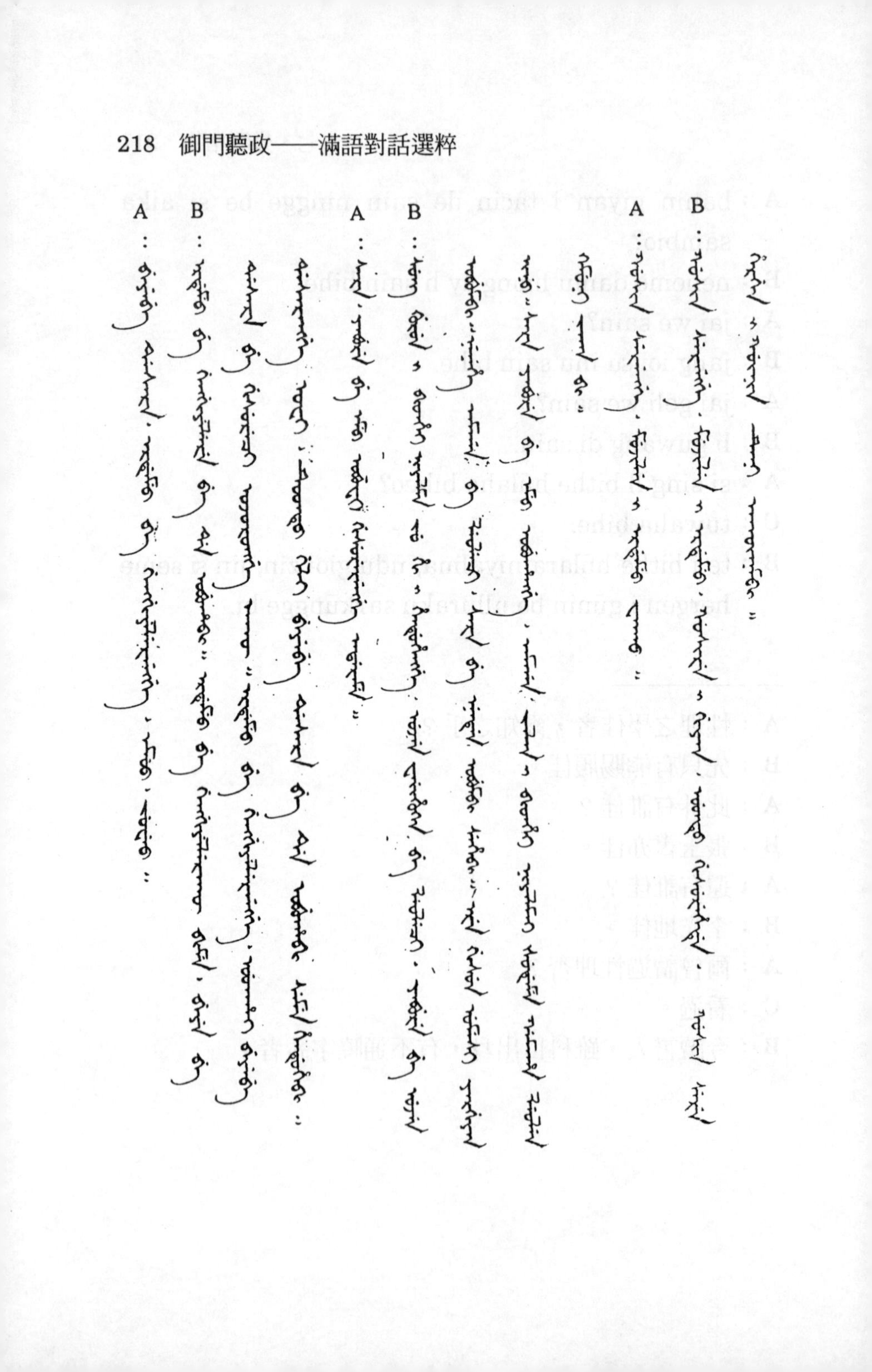

A

B

A

B

A

B

A：beyebe dasara, erdemu be genggiyelerengge, emuo, juweo?

B：erdemu be genggiyelere be da obuhabi, erdemu be genggiyelerakū bime. beye be dasara be gisureci ojorongge akū. erdemu be gengiyelerengge. uthai beyebe dasarangge ofi, tuttu geli beyebe dasara be da obuhabi seme henduhebi.

A：sara, yabure be emu obufi gisurerengge adarame?

B：sung gurun i bithei niyalma ju hi i henduhengge, ujen weihuken be leoleci, yabure be ujen obumbi, nenehe amaga be leoleci, sara be nenden obumbi sehebi. ere gisun umesi yargiyan inu. sara yabure be emu obuhangge, amaga jalan i bithei niyalmai šudeme gamaha leolen kemuni jaka bi.

A：gosin serengge, mujilen i erdemu wakao?

B：gosin serengge, mujilen i erdemu, gosire i giyan, uttu gisurehede, gosin sere hergen i gūnin teni akūnambi.

A：修身、明德是一是二？

B：明德爲本，未有德不明而可言身修者。明德便是修身，故又曰修身爲本。

A：知行合一之說何如？

B：宋儒朱熹云：「論輕重行爲重，論先後知爲先。」此言極爲稔實，知行合一乃後儒穿鑿之論，畢竟有病。

A：仁是心之德麼？

B：仁是心之德，愛之理。如此說，仁字之義方完。

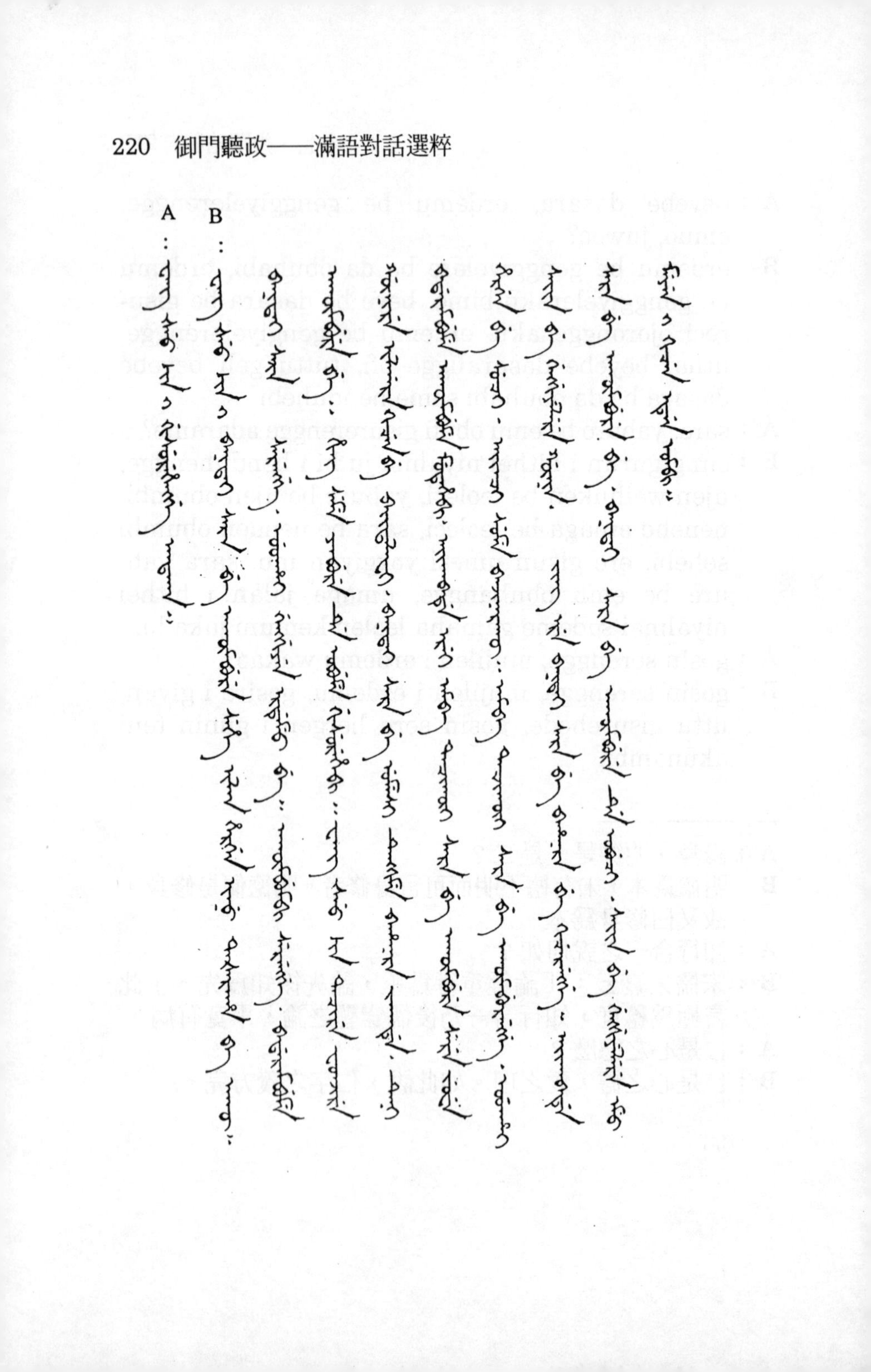

A

B

A：wang šeo zin i gisurehengge antaka?

B：wang šeo zin i banitai sara be akūmbure sehe ilan hergen inu tašaraha ba akū. banitai sara serengge, uthai genggiyen erdemu be. akū mbumbi serengge, badarambume akūmbure be. hing seme yabure de obume gisurehebi, wang šeo zin tacire fonjire gūnire ilgara kicen be baitalafi, banitai sara be umesi tengkime bahanara jakade, teni badarambume akūmbume mutehebi, aikabade erei amba tacikūi sara be akūmbure sere juwe hergen be suci, ainci sume banjinarakū. amba tacikūi sara be akūmburengge, uthai sain be genggiyelere gūnin, jing ere banitai sara be bahanara be kicerengge. aikabade sara be akū mbure be, banitai sara be akūmbure de obuci, sain be genggiyelere emu meyen i kicen eden ombi.

A：王守仁之說何如？

B：王守仁致良知三字亦不差。良知即有德，致，是推致，就篤行上說，是王守仁用過學問思辨之功，認得良知眞切，方能推致。若以此解大學致知二字，卻解不去。大學致知，乃明善之義，是方去求認此良知。若以致知爲致良知，則少明善一段功夫矣。

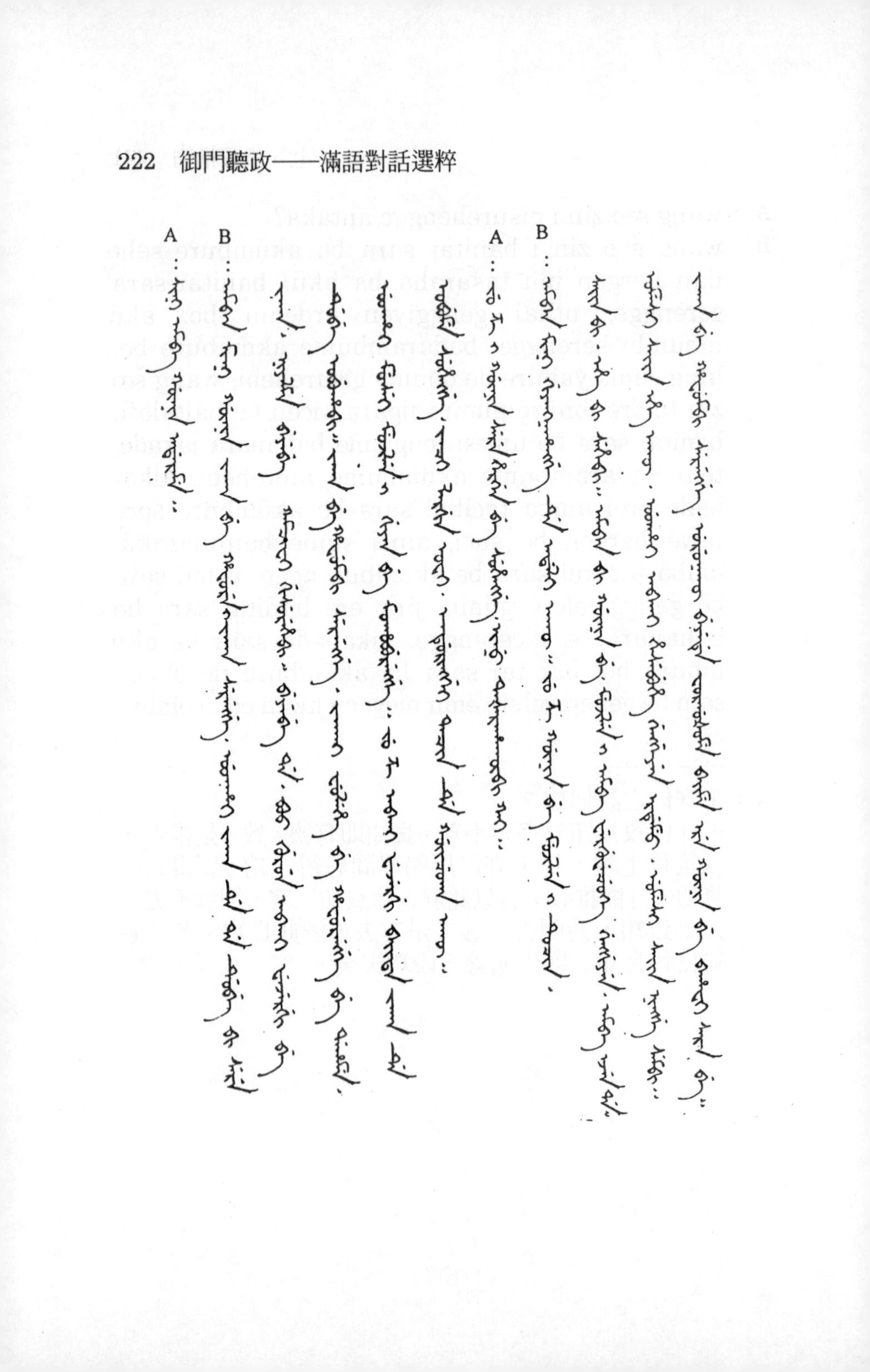

A [illegible]

B [illegible]

A [illegible]

B [illegible]

A：sini amba gūnin adarame?
B：amban mini gūnin jaka be hafure i jaka serengge, uthai jaka de da dube bi sere jaka, niyalma beyebe kamcifi gisurehebi. beyebe da, boo gurun abkai fejergi be dube obuhabi. jaka be hafumbi serengge, jakai fulehe be hafurengge be dahame, uthai musei mujilen i giyan be mohoburengge, ju dz abkai fejergi baita jaka de obume suhengge, jaci largin ofi, enduringgei tacin de goicuka akū.
A：ju dz i gūnin sere hergen be suhengge inu tašarahakūbi kai.
B：amban mini giyangnahangge de adali akū. ju dz gūnin be mujilen i tucin, sain bi, ehe bi sehebi. amban bi gūnin be mujilen i amba ferguwecuke genggiyen, amba ejen da. umesi sain ehe akū, uthai abkai hesebuhe genggiyen erdemu, umesi sain ningge sembi. jaka be hafumbi serengge, urunakū beyede forgošome baime ere gūnin be bahafi sara be.

A：爾大意如何？
B：臣以格物之物，乃物有本末之物，兼人己而言。身爲本，家國天下爲末。格物是格物之本，乃窮吾心之理也。朱子解作天下之事物，未免太泛，於聖學不切。
A：朱子解意，字亦不差。
B：與臣所講不同。朱子以意爲心之所發，有善有惡。臣以意爲心之大神明，大主宰，至善無惡，即天所命之明德，至善也。格物是要反求諸身，識得此意。

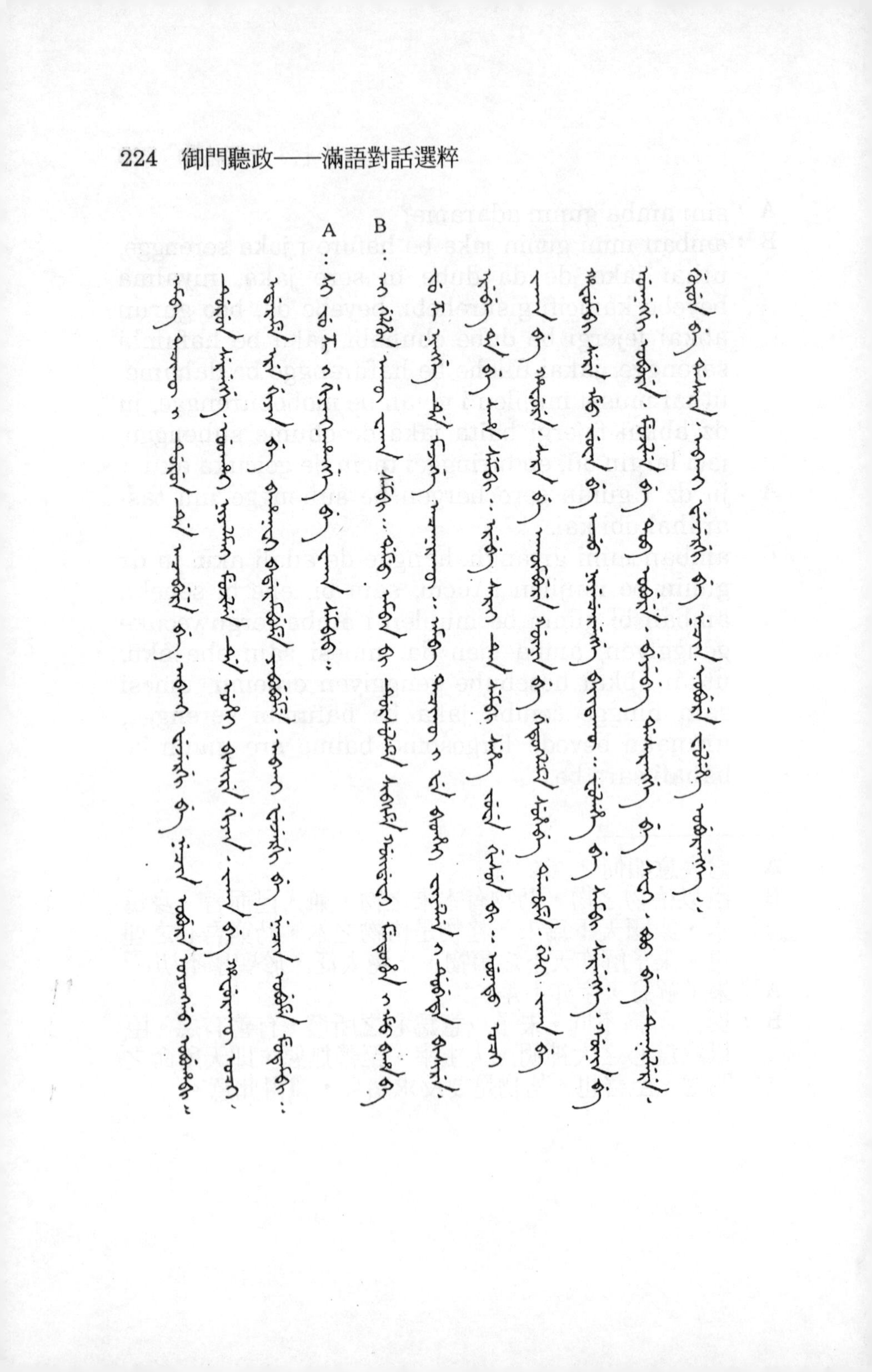

A

B

amba tacikū i durun de acabure be, abkai fejergi be necin obure oyonggo obuhabi. durun serengge, uthai niyalmai mujilen de uhei bisire giyan jaka be hafurakū oci. adarame ere giyan be bahanafi badarambume yabubume, abkai fejergi be necin obume mutembi.

A：si ju dz i giyanganhangge be waka sembio?

B：ai gelhun akū waka sembi. damu amban bi dursuleme sibkime goidafi mentuhun i emu baha ba ju dz ningge de majige acanarakū. amba tacikū i fe bithei fiyelen i dubede bisire, erebe da be saha sembi. erebe sarai ten sembi sehe juwe gisun bi. uttu oci jaka be hafure, sara be akūmbure gūnin be getukeleme suhebe dahūme, geli jaka be hafumbi sere emu juwan be encu niyecerengge baitakū. fulehe be sambi serengge, gūnin be unenggi obure, mujilen be tob obure, beyebe dasarangge be safi, boo be teksilere, gurun be dasara, abkai fejergi be necin obure fulehe oburengge.

大學以絜矩爲乎天下之要，矩乃人心同然之理，不格物如何能認出此理？推而行之，以平天下。

A：爾以朱子所講非耶？

B：不敢以爲非，但臣體認既久，一得之愚，微與朱子不合。大學古本章末有：此謂知本，此謂知之至也二語，已釋明格物致知之義，不須另補格物一傳。知本者，知誠意正心以修其身，爲齊家治國平天下之本也。

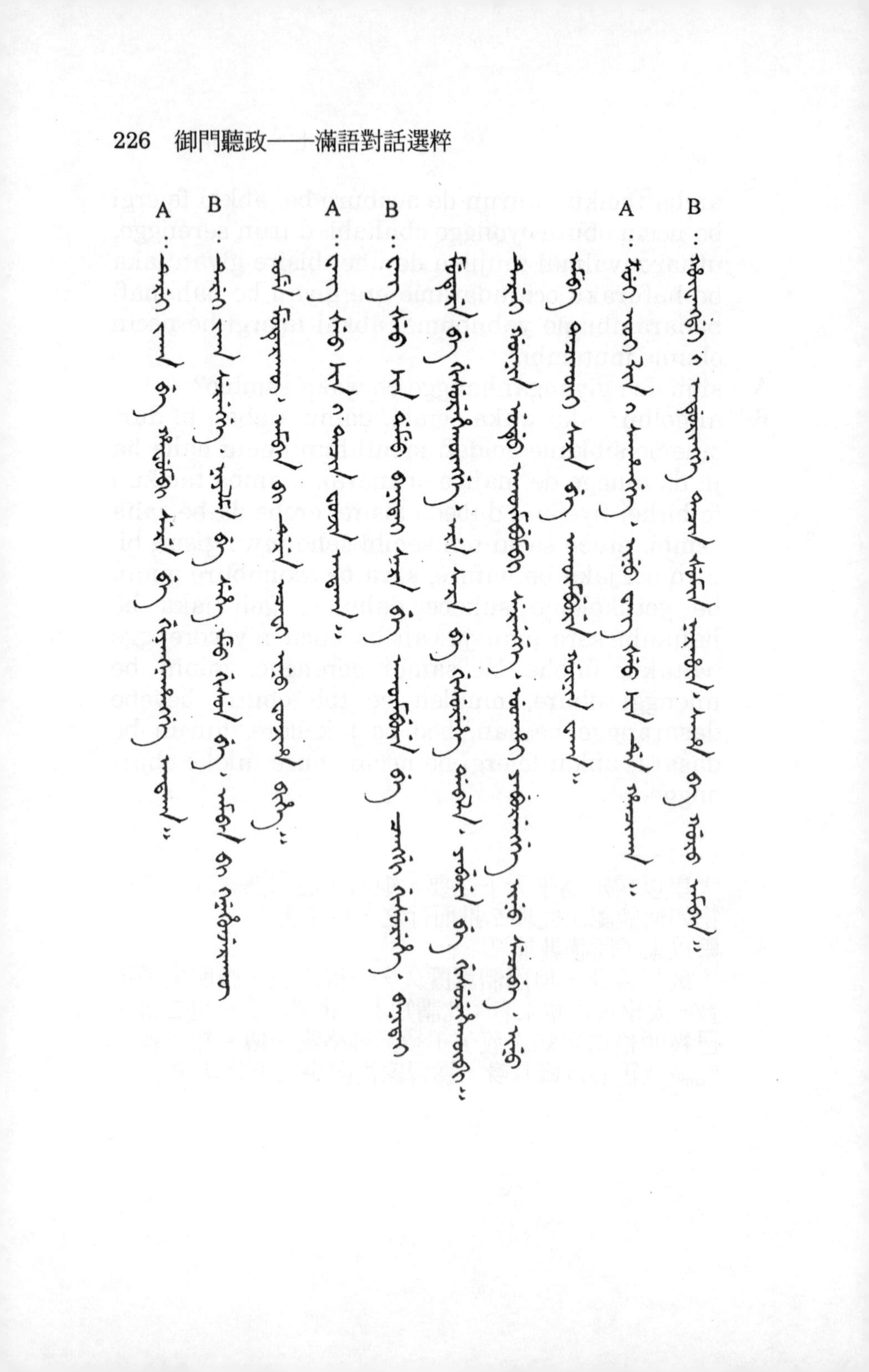

A: [illegible]

B: [illegible]

A: [illegible]

B: [illegible]

A: [illegible]

B: [illegible]

B：terei jaka be hafumbi sere be giyangnahangge antaka?
terei jaka serengge, niyalma be sehe emu gisun be, amban bi kenehunjerakū ome muterakū, amban bi dere acafi inu fonjiha bihe.

A：wang šeo zin i tacin fonjin antaka?

B：wang šeo zin damu banitiai sara be akūmbure be canggi gisurehe, banitai mutere be gisurehekūngge, ere sara be gisurehe dabala, yabure be gisurehekūbi. terei. gūnin udu akūmbumbi serengge, uthai yaburengge inu secibe, inu amba tacikūi sara be akūmbure gūnin waka.

A：ts'ui ioi lin i sahangge, inu wang šeo zin de hancikan.

B：hūwangdi i enduringge tacin šumin narhūn, saha ba goro amban.

A：所講格物如何？

B：如物者人也一語，臣不能無疑。臣曾面詢之。

A：王守仁學問何如？

B：王守仁專言致良知，不及良能，是言知不言行。雖其意謂致即是行，然又非《大學》致知之意。

A：崔蔚林所見與王守仁亦相近。

B：皇上聖學深邃，所見遠大。

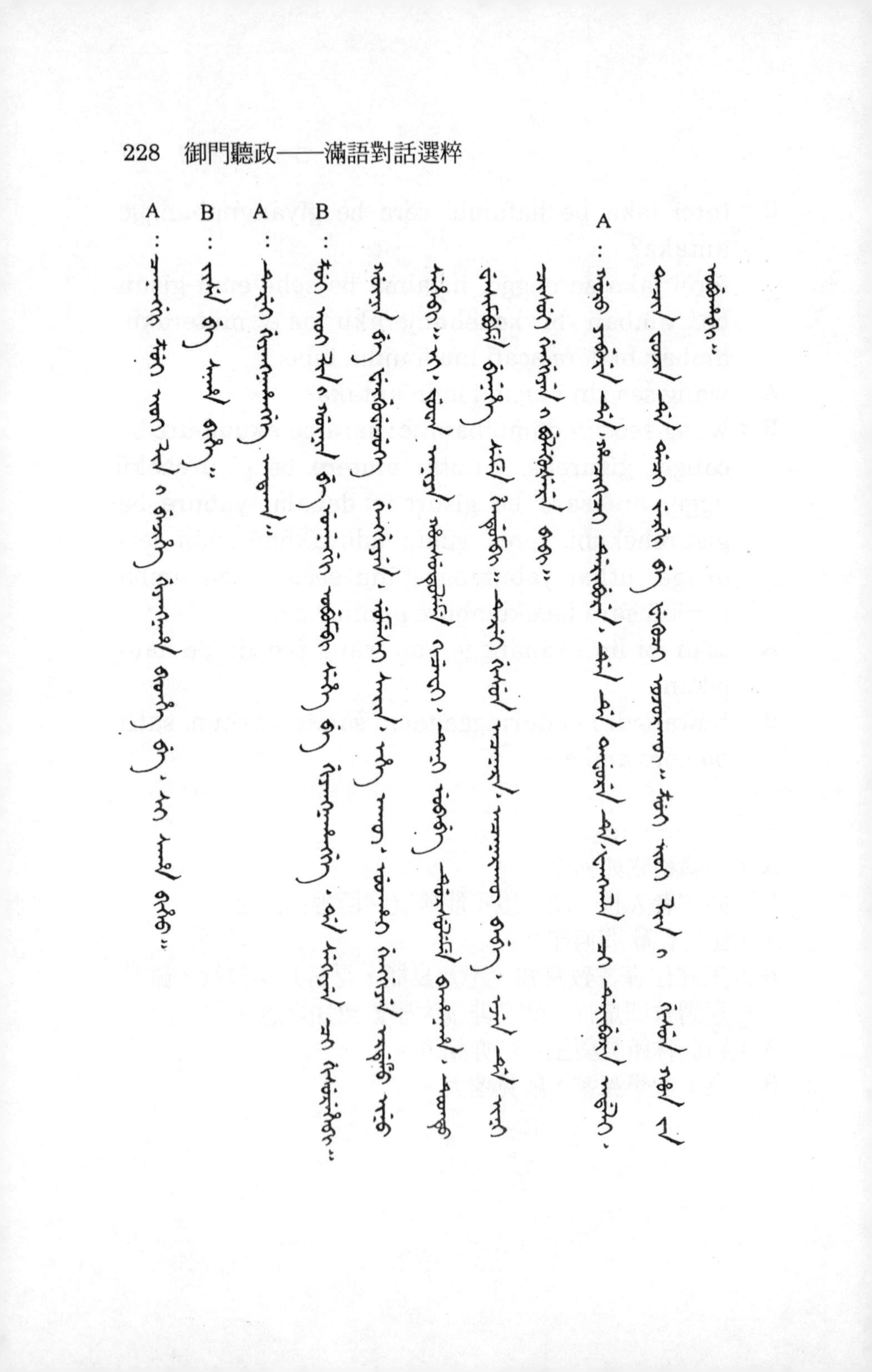

[illegible]

A：[illegible]

B：[illegible]

A：[illegible]

B：[illegible]

A：[illegible]

A：cananggi ts'ui ioi lin i benjihe giyangnaha bithe be, si saha biheo?

B：jise be saha bihe.

A：terei giyangnahangge antaka?

B：ts'ui ioi lin i gūnin be unenggi obumbi sehe be giyanganhangge, da sekiyen ci gisurehebi. gūnin be ferguwecuke genggiyen, umesi sain, ehe akū, uthai genggiyen erdemu inu sehebi. i, juwan aniya hūsutuleme kicefi, teni ubabe dursuleme bahanaha, tuttu wesimbume benehe seme hendumbi. terei gisun acanara, acanarakū babe, ejen de ini cisui genggiyen i bulekušere babi.

A：goro yabure de, hancikici deribure, den de tafure de fangkala ci deribure adali, tacin fonjin de daci jergi be fekuci ojorakū. ts'ui ioi lin i gisun hon ja obuhabi.

A：前崔蔚林所進講義，爾曾見否？

B：曾見副本。

A：所講如何？

B：崔蔚林所講誠意，從源頭處說，謂意是神明，至善無惡，即明德也。自言費十年工夫，方體認及此，故以進呈。其言當否，皇上自有睿鑑。

A：行遠自邇，登高自卑，學問原無躐等，崔蔚林所言太易。

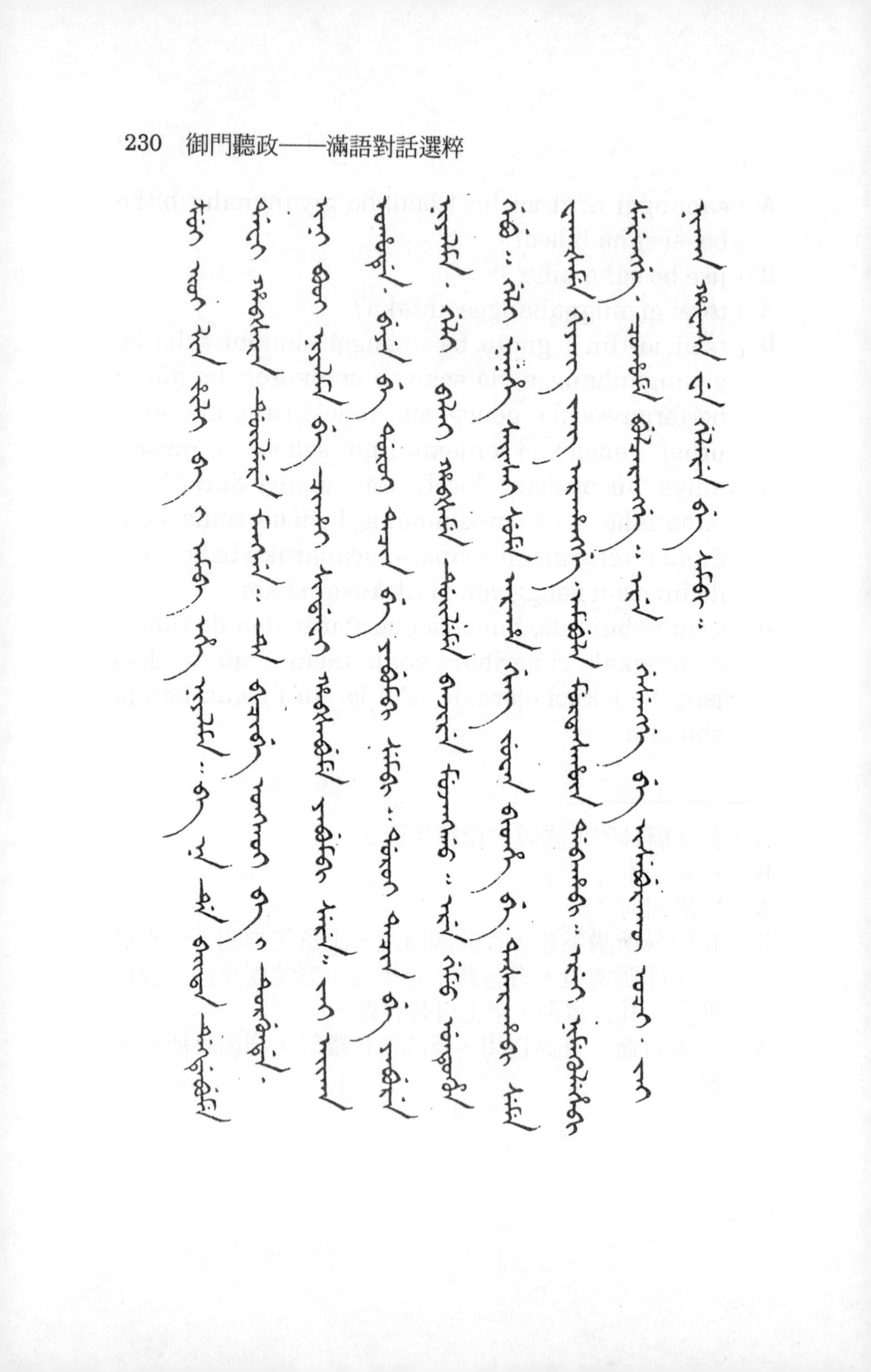

ts'ui ioi lin jyli ba i amba ehe niyalma, ba na de baita dekdebume dafi habšara duilere mangga, te bicibe onkoi ba i turgunde, ini booi niyalma be cihai sindafi habšabume yabumbi sere. jai aika ohode, beye be doroi tacin be yabumbi sembi, doroi tacin be yabure niyalma, geli balai habšame duileme banjire mujanggao? ere gemu untuhun gebu. geli nenehe saisai sume araha ging juwan bithe be tašarahabi seme wakašame giyang jang arahangge, ambula murtashūn dabahabi. erei nimekulehebi serengge, cohome bulcarangge, ere gesengge be iseburakū oci, jai nikan hafasa we gelere be sambi.

崔蔚林乃直隸極惡之人，在地方好生事端，干預詞訟。近聞以草場地土縱其家人肆行控告。又動輒以道學自居，焉有道學之人而妄行興訟者乎？此皆虛名耳。又詆先賢所釋經傳爲差謬，自撰講章甚屬謬戾。彼之引疾乃是託詞。此等人不行懲治，則漢官孰知畏懼？

康熙皇帝朝服坐像

十八、君臣洽誼

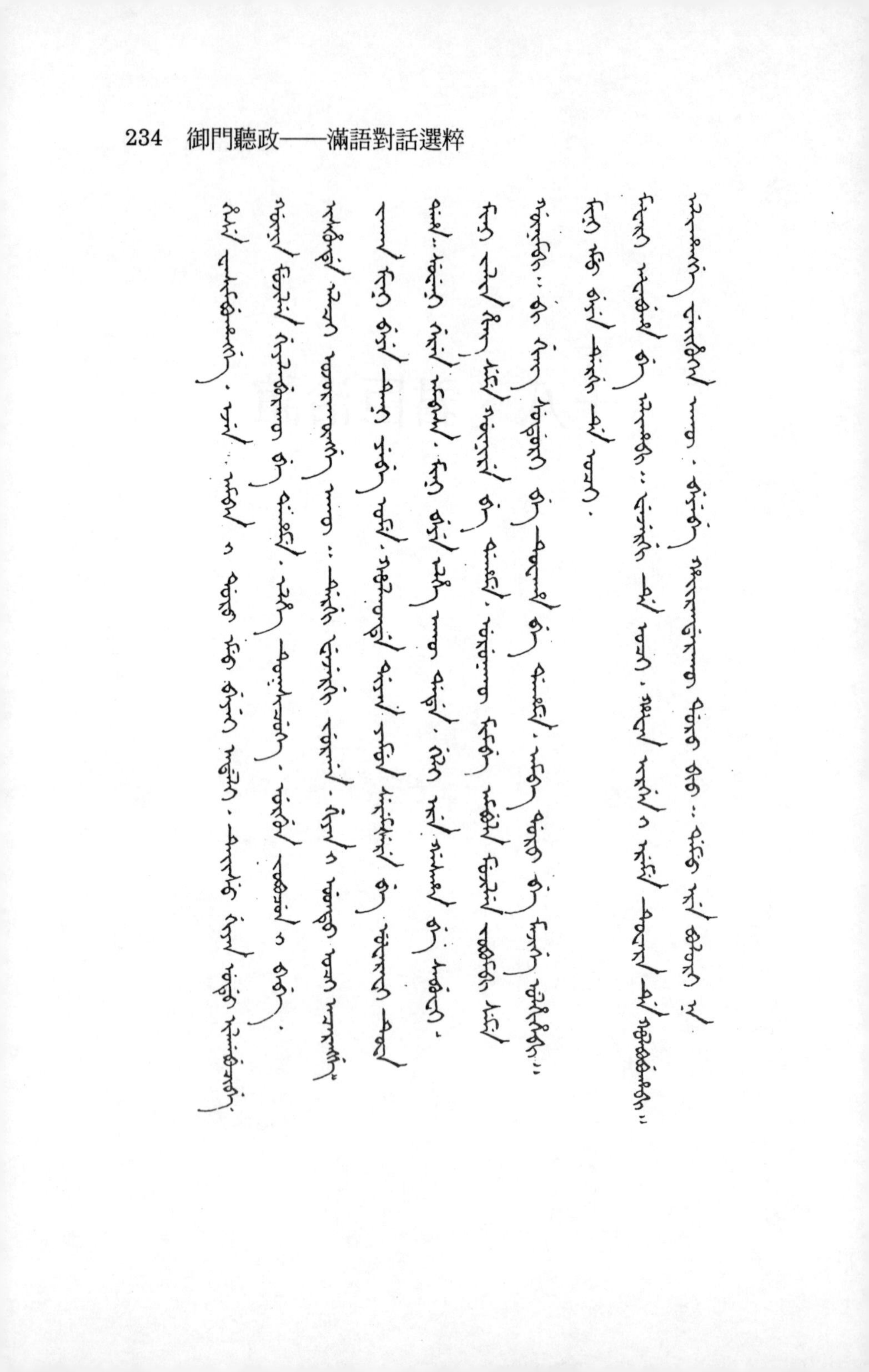

[illegible]

hese wasimbuhangge, ejen amban i doro emu beyei adali, teisu giyan udu ilgabucibe, gūnin mujilen giyalaburakū be dahame, elhe tuksicuke, urgun jobocun i babe, ishunde alaci ojorakūngge akū. dergi fejergi jurgan, giyan i uttu oci acarangge, jakan mini beye teni yebe ome, holkonde diyan yamun seremšere be ufarafi tuwa daha. suweni geren ambasa, mini beye elhe akū dade, geli ere gashan be sabufi, mini jalin hing seme gūnire be dahame, urunakū mimbe ambula mujilen jobombi seme gūnimbi. bi ging suduri be tuwaha be dahame, amba doro be majige ulhihebi. mini emu beye dergi de oci, mafari afabuha be alihabi. fejergi de oci, hafan irgen i ereme tuwara de holbobuhabi. alihangge weihuken aku, beyebe hairandarakū doro bio? damu ere bolori na

---

諭曰：君臣誼均體，分勢雖懸，而情意不隔。安危欣戚，無不可相告語者。堂陛之義，固宜如是也。邇者朕體初平，忽遇殿廷不戒，被爇於火。爾諸臣因朕偶恙，復睹此災，愛主心切，必謂朕過於憂慮。朕批閱經史，頗明大道。朕之一身，上受祖宗之付託，下繫臣民之瞻仰，爲任匪輕，寧不自愛。惟是今秋

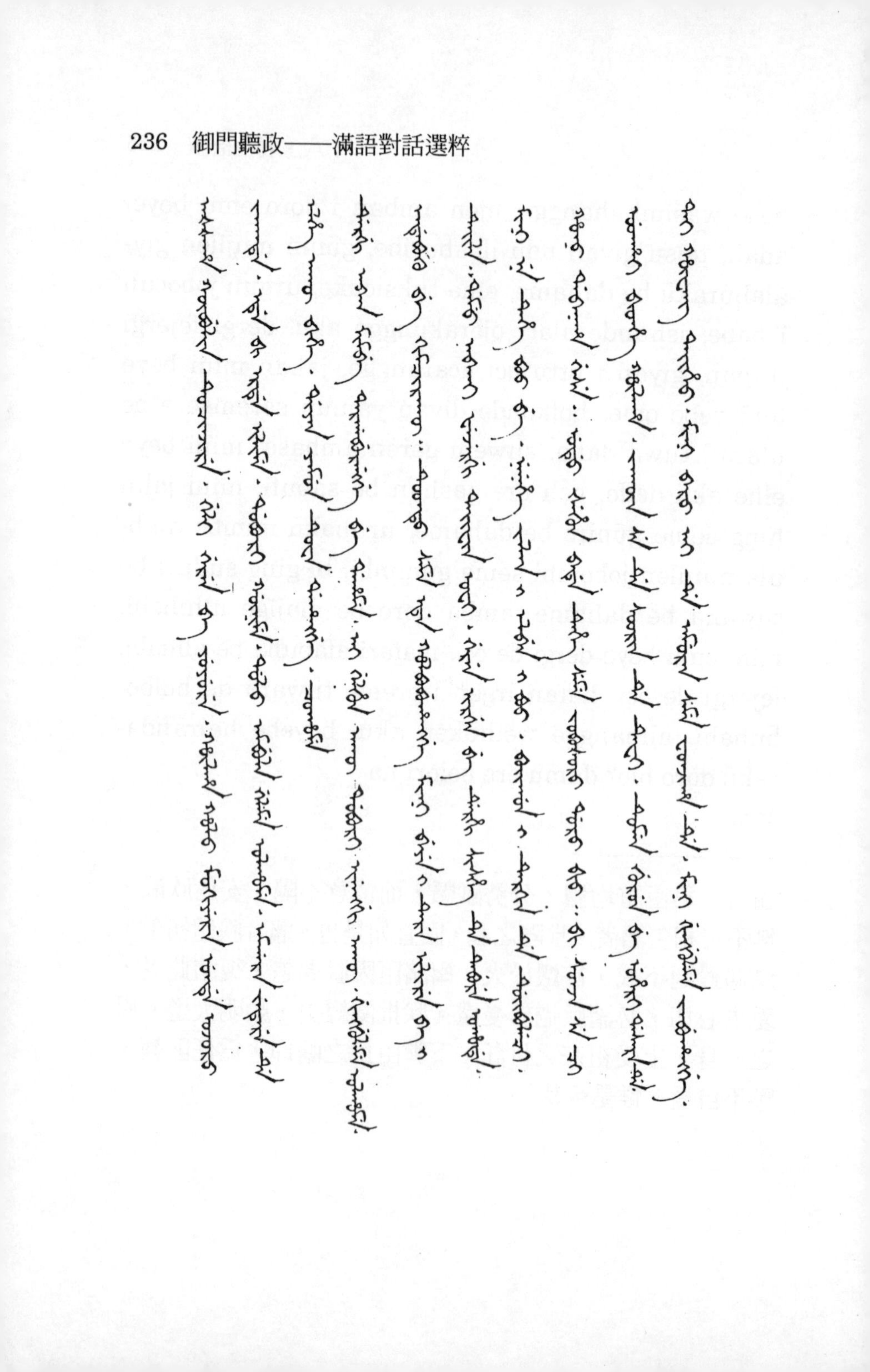

[illegible]

aššaha kūbulin tucinjire, geli geren ba yuyure, hūlha holo mukiyere unde ojoro jakade, ede bi erde ilime, dobori gūnime, dolo ambula geleme olhome, amgara jetere de elhe akū bihe, diyan yamun tuwa dahangge, cohome dergi abka mimbe targaburengge be dahame, ai gelhun akū dobori inenggi akū, gingguleme olhome, endebuku be kimcirakū. tuttu seme ede holbobuhangge mini beye i tere ilire ba i teile. damu abkai fejergi taifin ofi, geren irgen be derhi sishe de tebure ohode, mini ne tehe boo be, nenehe jalan i elben i boo, boigon i terkin de duibuleci, hono dabanaha gese. udu šehun bade tehe seme jobošoro doro bio? bi sunja se ci uthai bithe hūlaha, jakūn se de soorin de tefi, tumen gurun be uheri dasara de, tai hūwang taiheo, mini baru ai de amuran seme fonjiha de, mini gingguleme jabuhangge,

---

有地震之變，又各處饑饉薦臻，寇盜未息，此朕早作夜思，中心惶懼，寢食靡寧者。至於殿廷告災，乃上天致警于朕，敢不夙夜祗畏，循省厥愆。然其所關，止屬朕躬臨御之所。但得海宇清宴，置斯民于衽席之上。則朕今所居，較諸前代茅茨土堦，尚或過矣，豈至以露處爲慮哉？朕自五齡，即知讀書。八齡踐阼，統蒞萬方，太皇太后嘗問朕何欲？朕敬對曰：

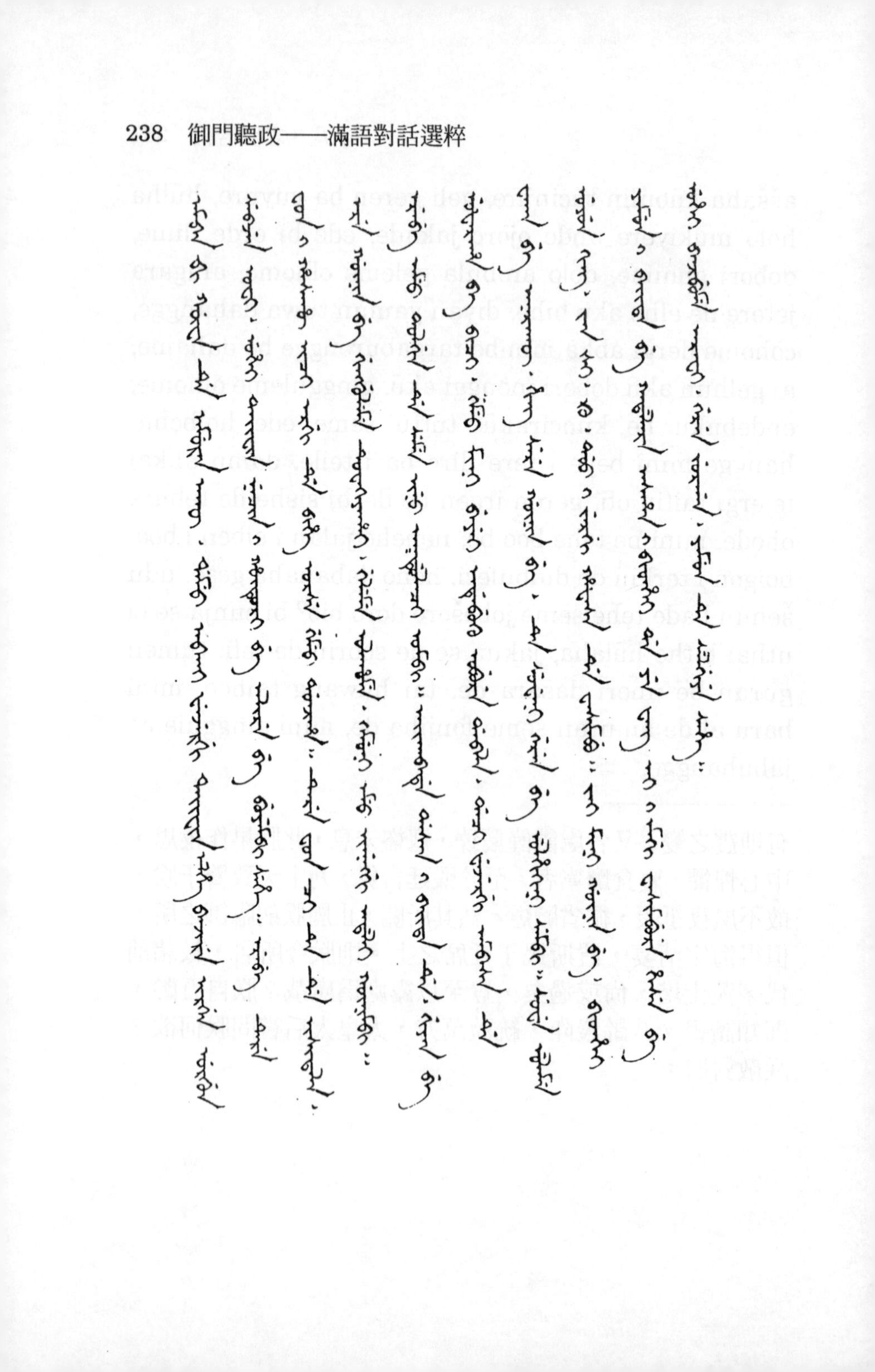

amban bi gūwa de amuran akū, damu abkai fejergi taifin elhe banjire irgen urgun sebjen ofi, uhei taifin necin i hūturi be alire be buyembi sehe. erebe tere fon i hashū ici ergi de bihe urse gemu donjiha. tere fon ci te isitala, ere gūnin be gingguleme tuwakiyahai, geleme olhome, kemuni emu inenggi adali gūnimbi. erebe amu tolgin de seme inu akdulaci ombi. aikabade dasan i baita de, giyan be ufaraha ba bici, gemu mini beyei endebuku obure dabala, daci fejergi ambasa de waka be anarakū, hing sere gūnin be, te suweni geren be ulhikini sembi. suwe ulame uyun king, jan ši, k'o, doo i jergi hafasa de wasimbu. jai mini gūnin be bithei yamun i baita be kadalara ashan i bithe da ye fang ai i emgi wasimbure hese be uhei banjibume arafi, geren jurgan, yamun de selgiye sehe.

臣無他欲，惟願天下乂安，生民樂業，共享太平之福而已。當時左右實共聞之，自茲迄今，謹持此心，兢兢業業，恆如一日，可以質諸寤寐。倘有政治失宜，皆朕躬之咎，從不諉過臣下。惓惓之意，茲與爾等悉之。爾等可傳諭九卿、詹事、科、道等官，仍將朕意偕掌院學士葉方藹同撰諭旨，頒示各衙門。

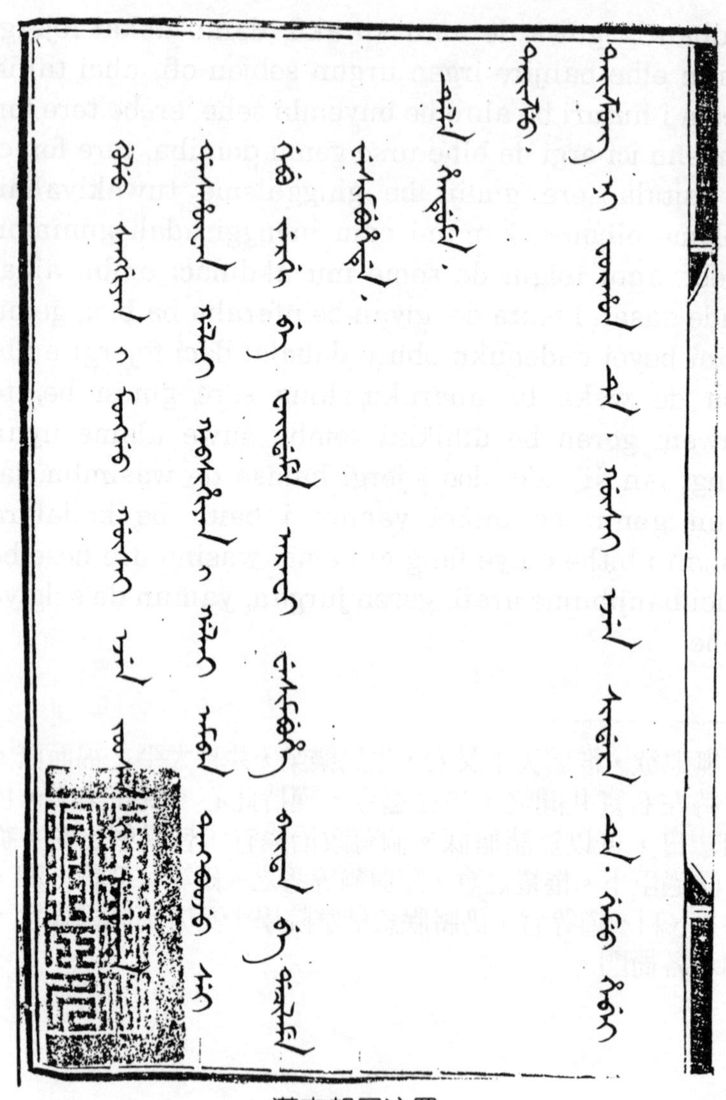

滿文起居注冊

十九、點竄碑文

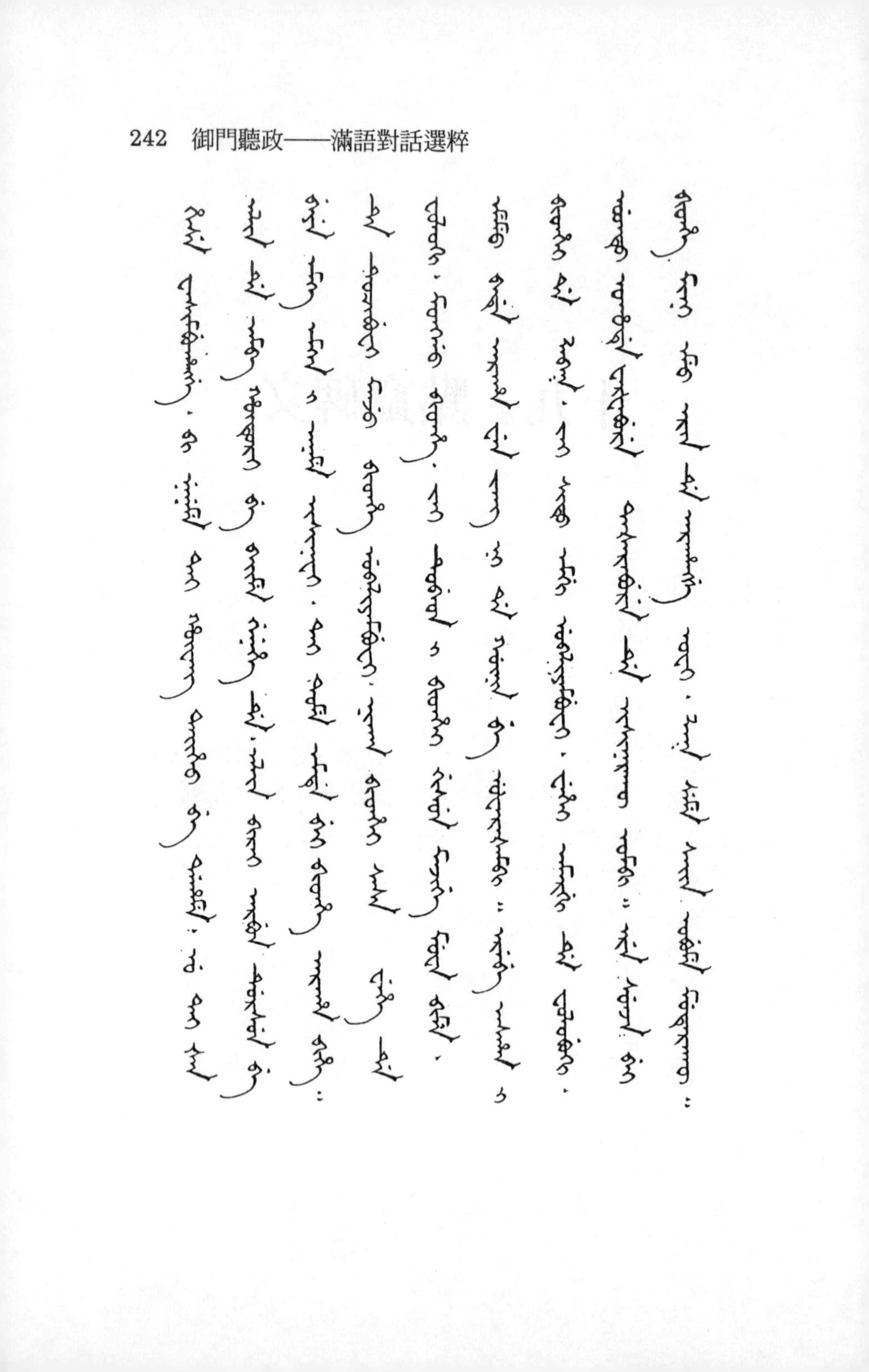

hese wasimbuhangge, bi neneme tai hūwang taiheo be dahame, u tai šan alin de amba hūturi be baime genehe de, alin birai arbun dursun be beye emke emken i aname isinafi, tai tome emte bei bithe araha bihe. te tucibufi manju bithe ubaliyambufi, nikan bithei, sasa wehe de foloki, monggo bithe, jai tubet i bithei gisun majige muwa bime, ememu bade araha wen jang ni da gūnin be ufarašambi. erebe ashan i bithei da labak, jai situ emgi ubaliyambufi, wehei amargi de folobuki, uttu ohode farfabure tašarabure de isinarakū ombi. ere sunja bei bithe mini emu erin de arahangge ofi, lak seme sain obume muterakū.

諭曰：朕前奉太皇太后詣五台山，祈求景福，覽觀山川形勢，一一歷觀其地，每台各製碑文。今錄出翻譯滿書與漢書並勒于石。其蒙古及土白特書，字句稍粗，間失行文本指，可令學士喇巴克等與石圖等翻譯，勒于碑陰，庶免淆訛。朕所撰碑文，一時結構未能精當。

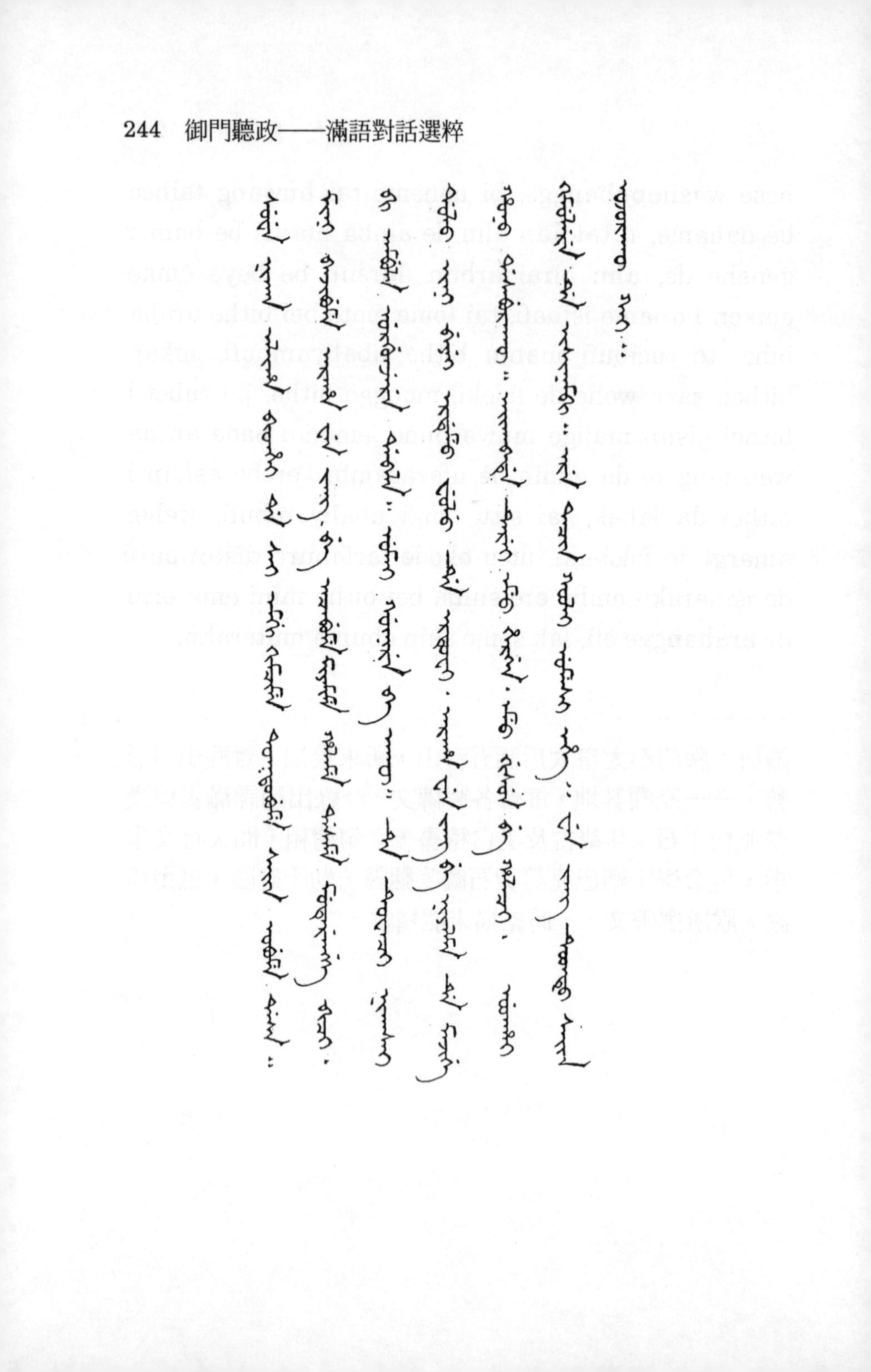

suwe nikan aliha bithei da sai emgi kimcime toktobume sain obume dasa. mini banjibume araha wen jang be acabume miyamime halame dasame muterengge bici, bi ambula urgunjere dabala. umai gūnire ba akū. te tuwaci nikasai dolo ini beyei erdemu fulu de ertufi, araha wen jang be niyalma de majige hono dasaburakū. aikabade terei emu hergen, emu gisun be halaci, uthai kimulere de isinambi. ere tacin kooli umesi ehe. wen jang tuttu sain ojorakū kai.

爾等可與漢大學士等詳加修飾，斟酌盡善。朕所撰文字有能潤色改易者，朕所深喜，不以爲嫌也。近見漢人中有自負才高，每一文出，不容人點竄。若易其一字一句，遂爲讐憾，此習俗之可鄙，文之所以不工也。

康熙五十二年癸巳四月初
上御暢春園內澹寧居
名諸王貝勒領侍衛內大臣都統護軍統領副
都統等入
諭曰今日傳集爾等朕有憶想數事朕若不言無
敢言之人非朕亦無知此事者所以傳集爾等
諭之藍旗兩貝勒及碩托貝勒皆緣事問罪撤

二〇、日講四書

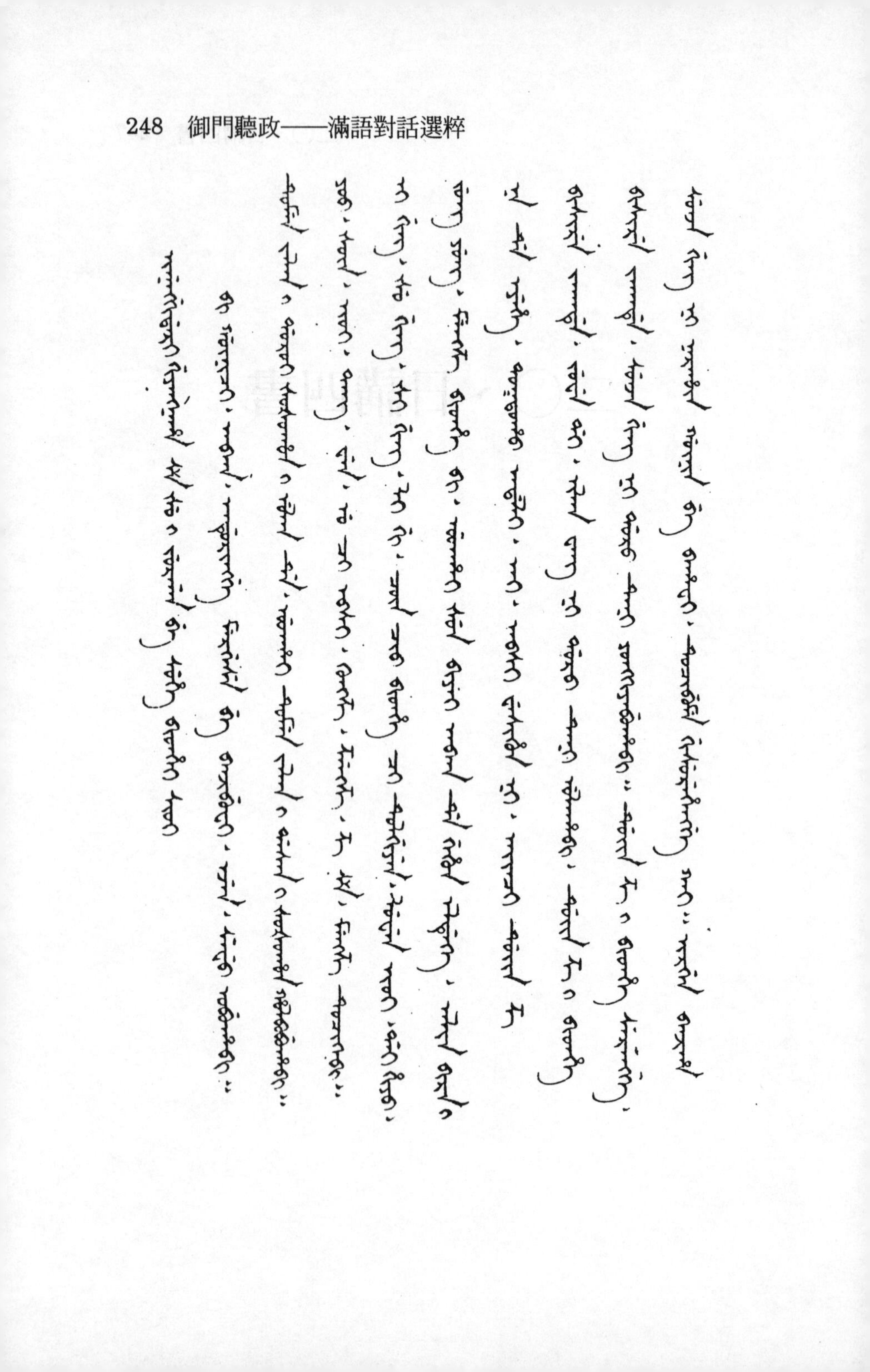

inenggidari giyanganaha sy šu i jurgan be suhe bithei sioi

bi gūnici, abka, enduringge mergese be banjibufi, ejen, sefu obuhabi. tumen jalan i doroi šošohon i ulan de, uthai tumen jalan i dasan i šošohon holbobuhabi. yoo, šūn, ioi, tang, wen, u ci ebsi, kungdz, dzengdz, dz sy, mengdz tucikebi. i ging, šu ging, ši ging, li gi, cūn cio bithe ci tulgiyen, luwen ioi, dai hiyo, jung yung, mengdz bithe bi, uthai šun biyai abka de gehun eldeke, alin bira i na de eyehe, toktoho adali, ai absi wesihun ni, ainci duin dz bisire jakade, juwe di, ilan wang ni doro teni ulahabi, duin dz i bithe bisire jakade, sunja ging ni doro teni yongkiyabuhabi. duin dz i bithe serengge, sunja ging ni narhūn gūnin be bahafi, tucibume gisurehengge kai, irgen banjiha

---

日講四書解義序

朕惟天生聖賢，作君作師，萬世道統之傳，即萬世治統之所繫也。自堯、舜、禹、湯、文、武之後，而有孔子、曾子、子思、孟子。自易、書、詩、禮、春秋而外，而有論語、大學、中庸、孟子之書，如日月之光昭於天，岳瀆之流峙於地。猗歟盛哉！蓋有四子，而後二帝、三王之道傳，有四子之書，而後五經之道備。四子之書，得五經之精意，而爲言者也。

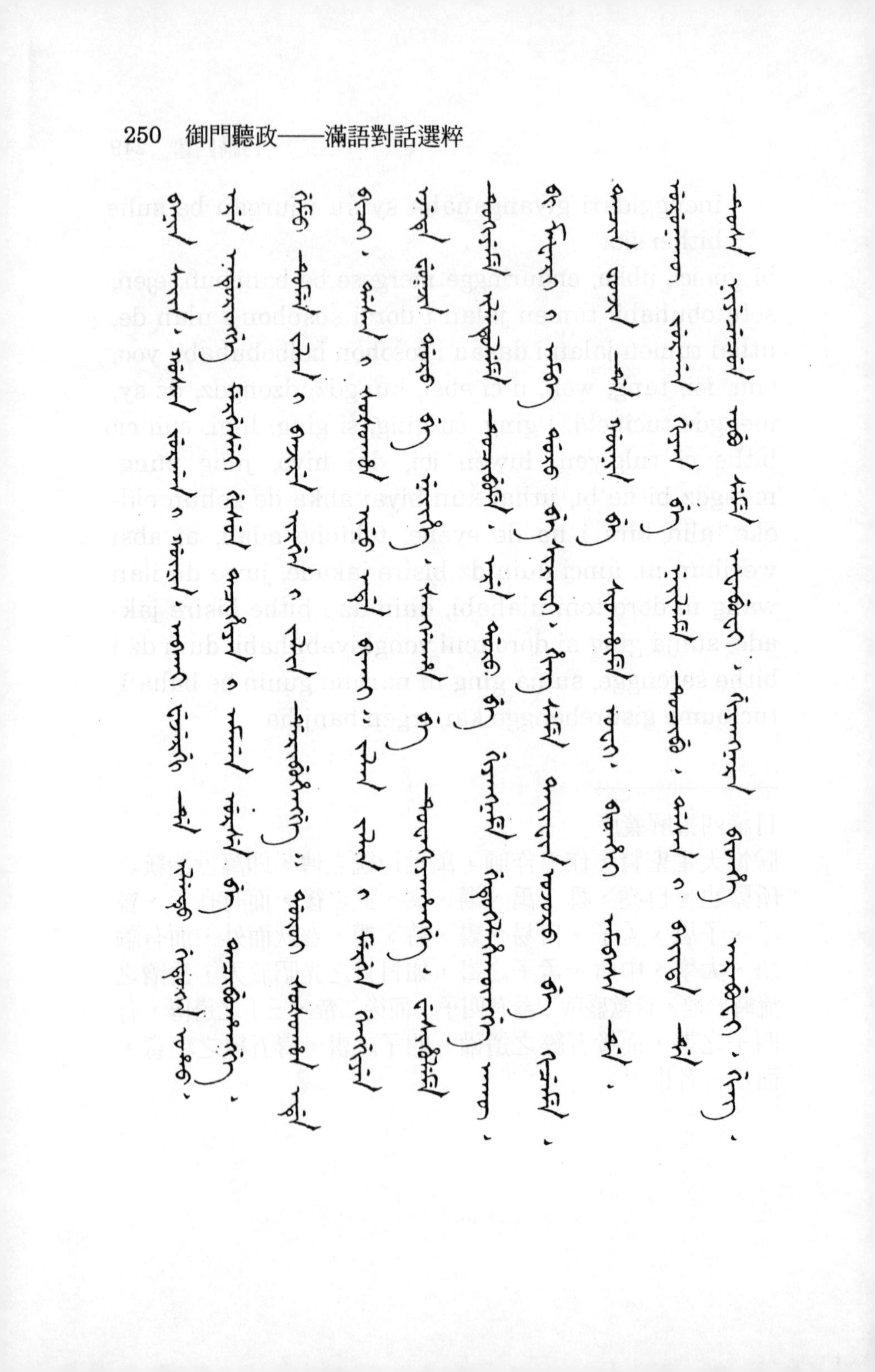

bain sain, gosin jurgan i gūnin, abkai fejergi de iletu getuken oho, ere enduirngge mergesei gisun tacihiyan i amaga urse be tacibuhangge, gemu tumen jalan i banjire irgen i jalin deribuhengge. doroi šošohon ede bici, dasan i šošohon inu ede bikai. jalan jalan i mergen genggiyen ejete fukjin doro be neihe, šanggaha be tuwakiyahangge, wesihuleme tukiyeme iletuleme tucibume, ere doro be giyangname getukelehekūngge akū, bi mafari i amba doro be sirafi, hing seme taifin ojoro be kiceme, tacin fonjin de gūnin be sithūme ofi, bithei ambasa de, urunakū. jurgan giyan be neileme tucibu, dasan i baita de tusa niyececun obu seme afabufi, giyangnara bithe arabufi, ging,

---

性善仁義之旨，著明於天下。此聖賢訓辭詔後，皆爲萬世生民而作也。道統在是，治統亦在是矣。歷代賢哲之君，創業守成，莫不尊崇表章，講明斯道。朕紹祖宗丕基，孳孳求治，留心問學。命儒臣撰爲講義，務使闡發義理，裨益政治，同諸經

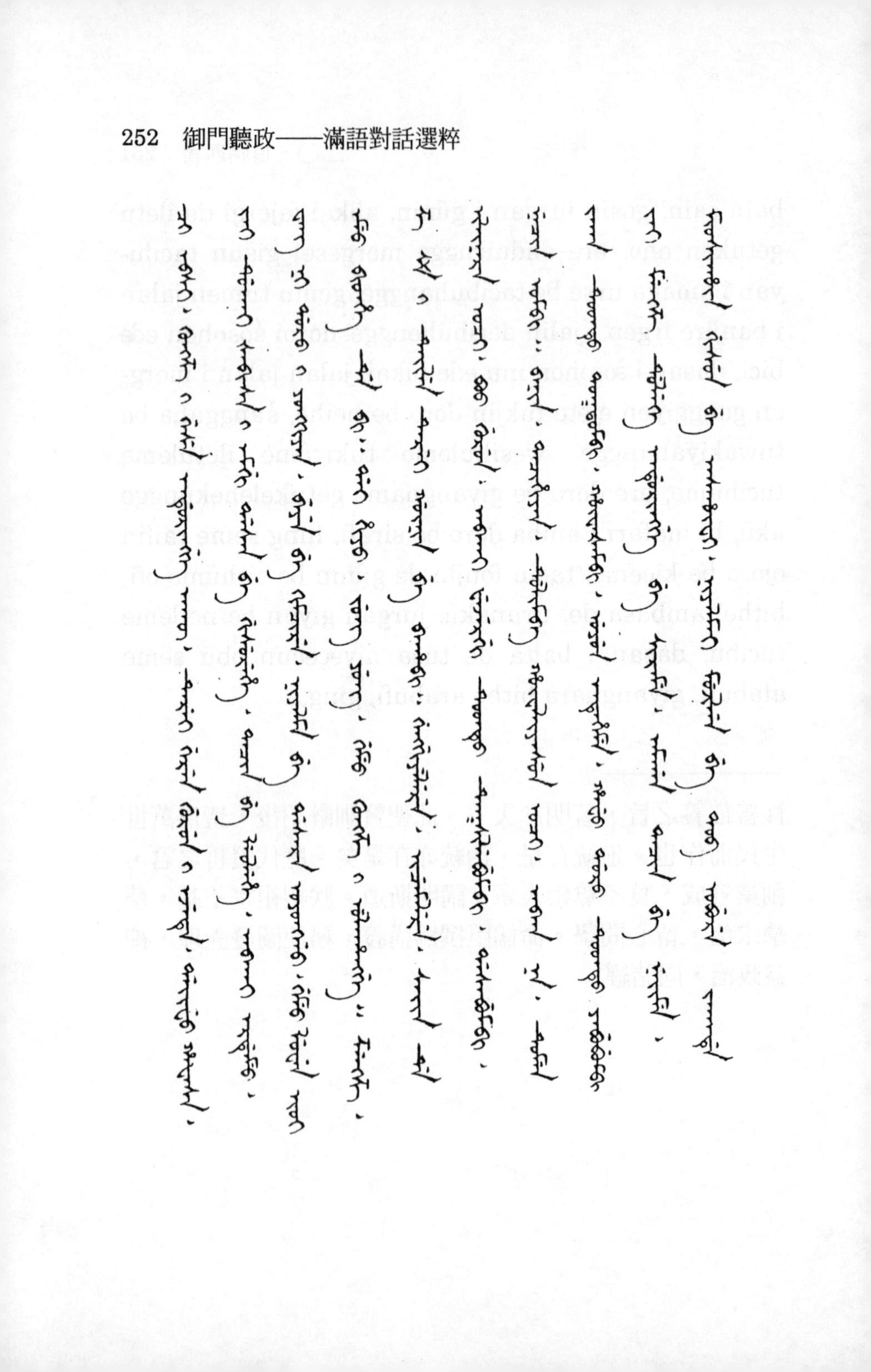

ci ebsi, kungdz i gese enduringge akū, terei geren gurun i ejete, daifu hafasa, jai dukai šabisa i emgi dasan be gisurehe, tacin be leolehe, abkai erdemu, wang ni doro i yongkiyan, beye be kimcire, niyalma be dasara oyonggo, gemu luwen ioi emu bithe de bi. dai hiyo, jung yung, gemu kungdz i ulahangge. dzengdz, dz sy i teile terei gūnin be bahabi. gengiyelere, icemlere, sain de ilinara oci, boo gurun, abkai fejergi tuttu teksilebumbi, dasabumbi, necin ombi. banin, tacihiyan, dulimba hūwaliyasun oci, abka na, tumen jaka tuttu toktombi, hūwašambi, uyun enteheme, hafu doro tuttu yabubumbi, jai mengdz duleke enduringge be sirame, amaga tacin be neime, miosihūn gisun be ashūfi, niyalmai mujilen be tob obure jakade

---

孔子以生民未有之聖，與列國君、大夫及門弟子論政與學，天德王道之全，修己治人之要，具在論語一書。學、庸皆孔子之傳，而曾子、子思獨得其宗。明新至善，家國天下之所以齊治平也；性教中和，天地萬物之所以位育，九經達道之所以行也。至於孟子繼往聖而開來學，闢邪說以正人心，

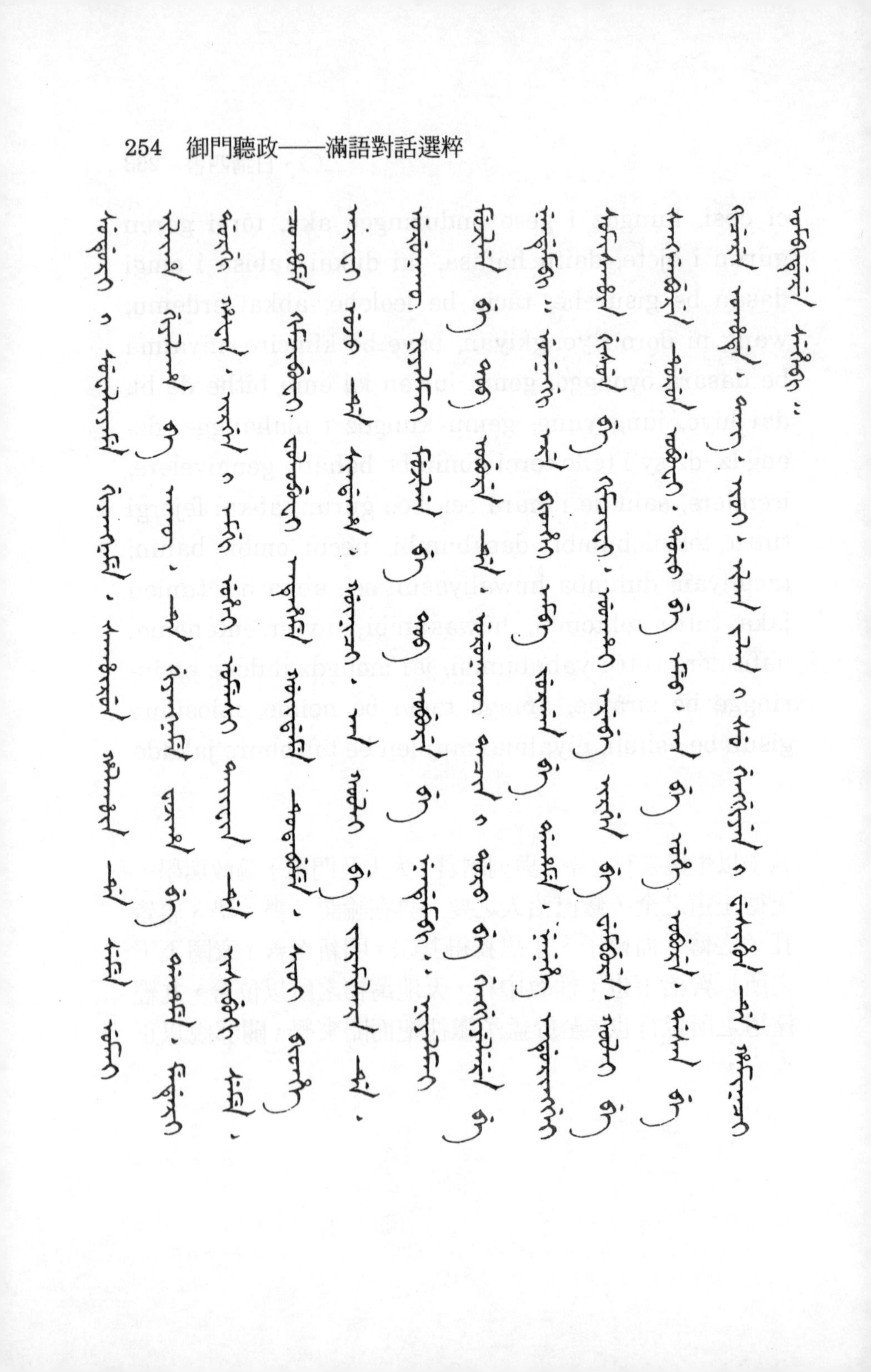

suduri i suwaliyame giyangname, šahūrun halhūn de seme uamai iliha giyalaha ba akū, te giyangname wajiha be dahame, mederi dorgi hafan, irgen i emgi uhei umesi taifin de isibuki seme, cohome kimcibufi folobufi enteheme goidame tutabume, sioi bithe arafi uju de sindaha, gūnici, an kooli be jiramilara de, urunakū niyalmai mujilen be tob obure be nendembi. niyalmai mujilen be tob obure de, urunakū tacin i doro be genggiyelere be nendembi. unenggi ere bithei amba jurgan be dahame, nenehe enduringgei somishūn gisun be kimcifi, uthai erebe irgen be wembure, kooli be šnaggabure durun obufi, doro be emu, an be uhe obure, dasan be kicere ohode, tang, ioi, ilan jalan i šu genggiyen i wesihun de haminaci ombidere sehebi.

史進講，經歷寒暑，罔敢間輟。茲已告竣，思與海內臣民共臻至治，特命校刊，用垂永久。爰製序言，弁之簡首。每念厚風俗，必先正人心，正人心，必先明學術。誠因此編之大義，究先聖之微言，則以此爲化民成俗之方。用期夫一道同風之治，庶幾近于唐、虞三代文明之盛也夫！

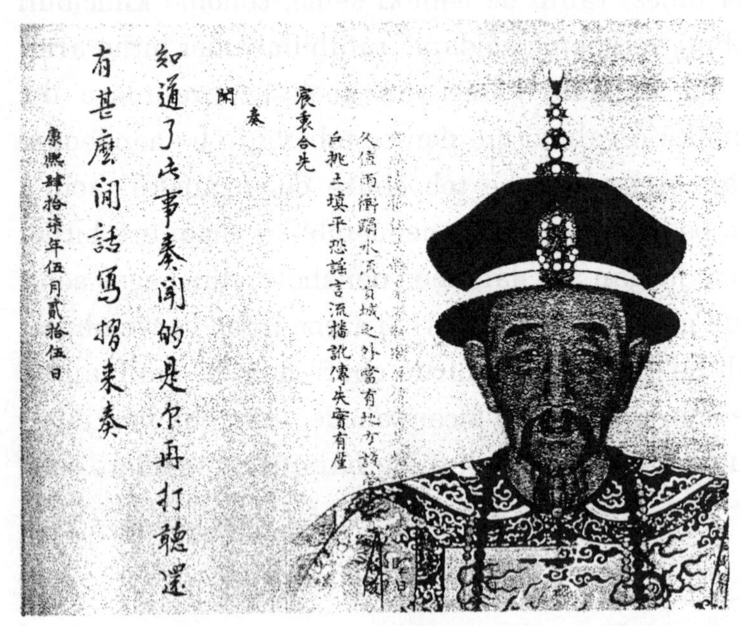
久住兩衛蹋水流貫城之外當有地方該管
戶挑土填平恐謠言流播訛傳失實有廑
宸衷合先
奏
聞
知道了此事奏聞的是爾再打聽還
有甚麼閒話寫摺來奏
康熙肆拾柒年伍月貳拾伍日

康熙皇帝漢文硃批

二一、吳宮花草

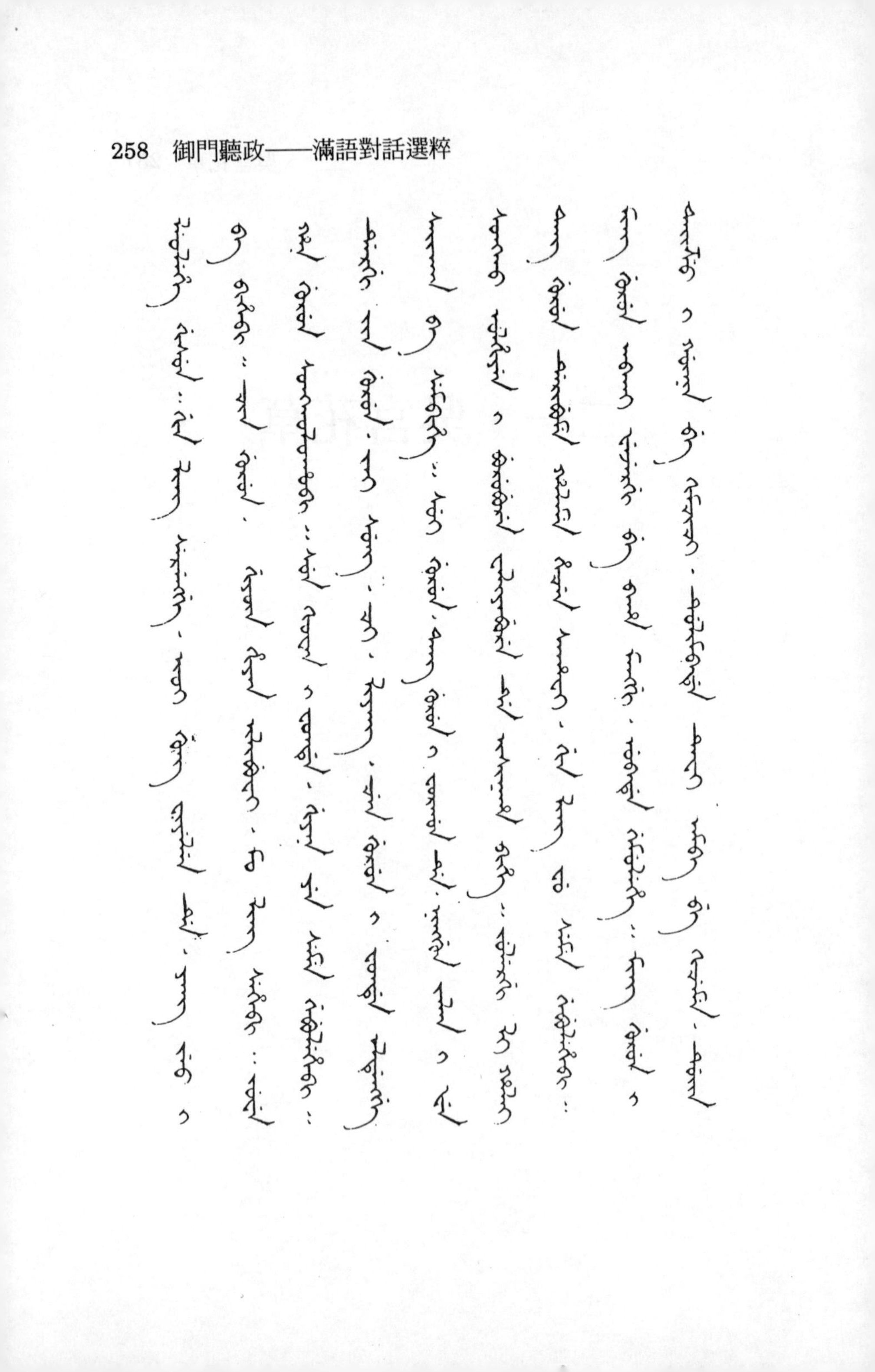

leolehe gisun: gin ling serengge, ioi gung fiyelen de, yang jeo i ba bihebi. cin gurun, giyūn hiyan ilibufi, mo ling sehebi. juwe han gurun songkolohobi. sun kiowan i fonde, giyan ye seme gebulehebi. dergi jin gurun. jai sung, ci, liyang, cen gurun i fonde eldengge saikan ba sembihe. sui gurun, tang gurun i forgon de, ninggun jalan i fe songko uliyen i burubure, waliyabure de isinaha bihe. julergi li halai tang gurun deribume halame hecen sahafi, gin ling fu seme gebulehebi. ming gurun abkai fejergi be baha manggi, ubade gemulehe. ming gurun i taidzu i gūnin be kimcici, dulimbade tefi amba be kiceme, duin

---

論曰：金陵，禹貢揚州之域。秦立郡縣爲秣陵，兩漢因之。孫權時稱建業，東晉及宋、齊、梁、陳地號佳麗。隋、唐之間，六朝舊跡漸致湮沒。南唐李氏始更築城，名金陵府。明有天下，建都於此。竊明太祖之意，以爲宅中圖大，

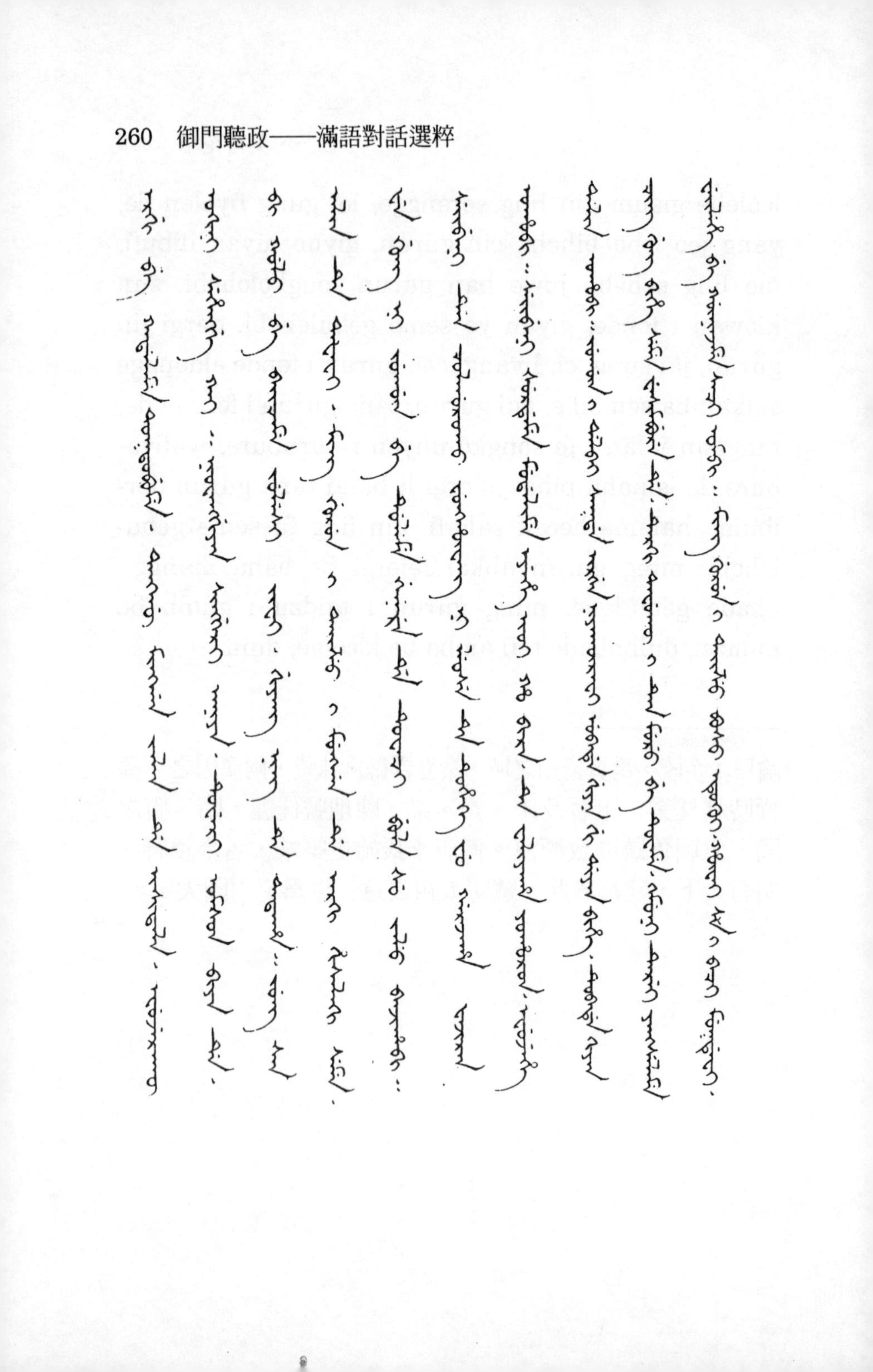

[illegible]

ergi be kadalame toktobume, tanggū minggan jalan de isitala, efujerakū okini sehengge kai. niowanggiyan singgeri aniya, tuweri omšon biya de, bi golo be baicame julesi jifi, giyang ning de tataha. jung šan alin de tafafi, ming gurun i taidzu i munggan de arki hisalaki seme fe gung ni jugūn be duleme genere de tuwaci bula šu jalu banjihabi. seibeni den colgoroko funghūwang ni leose te tuheke fu garajaha fajiran ohobi. seibeni šurdeme mudalime eyehe ioi ho bira, te waliyaha yohoron, efujehe dalin ohobi. jugūn i dalbai sakda irgen niyakūrafi ubade giyan gi diyan bihe, tubade kiyan cing gung bihe seme wesimbure de, terki tafukū i ten muru be tuwame, kemuni terei yangselame weilehe be gūninjame saci ombi. ming gurun i taidzu boso etukui, hūwai sy i baci mukdefi

---

控制四方，千百世無有替也。歲在甲子，冬十一月，朕省方南來，駐蹕江寧。將登鍾山，酹酒於明太祖之陵。道出故宮，荊榛滿目，昔者鳳闕之巍峨，今則頹垣斷壁矣。昔者玉河之瀠環，今則荒溝廢岸矣。路旁老民，跽而進曰：若爲建極殿，若爲乾清宮，階礩陛級，猶得想見其華構焉，夫明太祖以布衣起淮泗之間，

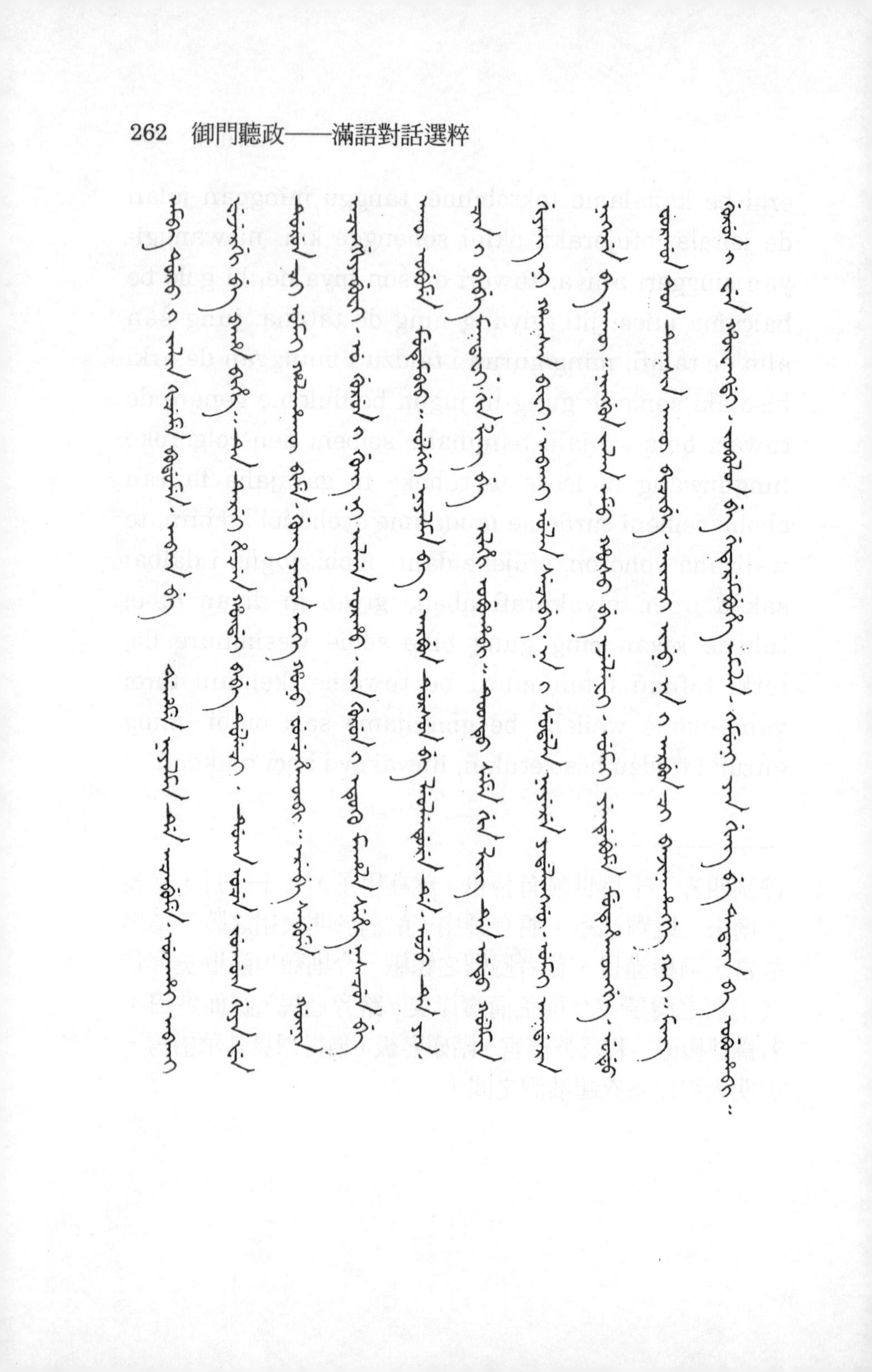

amba doro i jalin kiceme bodome, abka be dahame niyalma de acabume, uthai abkai fejergi be baha bihe. te terei hecen hūdai babe duleci, duka uce, jugūn giya fe durun ci umai halahakū bime, gung yamun emke hono funcehekūbi. erebe sabume gūnin acinggiyabufi, u gurun i gung ni ilga orho, jin gurun i etuku mahala sehe nasacun be akū obume mutembio? julgei niyalma ba i arbun dursun be leolendure de, uju de yan, cin i babe maktafi, gin ling be ilhi obuhabi, tuttu seme gin ling de udu golmin giyang ni haksan bifi, abkai ulan secibe, na i sudala niyere yadalinggū, umai akdara nikere ba akū. ninggun jalan emu hošo be ejelefi, umai yendebume mutehekū ngge, udu forgon ton teksin akū bicibe, ainci inu na i arbun ci banjinahangge kai. ming gurun i wen hū wangdi, jobolon be geterembuhe amala, kemuni yan ging be tatara ba obuhabi.

經營大業，應天順人，奄有區夏。頃過其城市，閭閻巷陌，未改舊觀，而宮闕無一存者，睹此興懷，能不有吳宮花草，晉代衣冠之歎耶！昔人論形勢之地，首推燕秦，金陵次之。然金陵雖有長江之險爲天塹，而地脈單弱，無所憑依。六朝偏安，弗克自振。固曆數之不齊，或亦地勢使然也。明自文皇靖難之後，嘗以燕京爲行在。

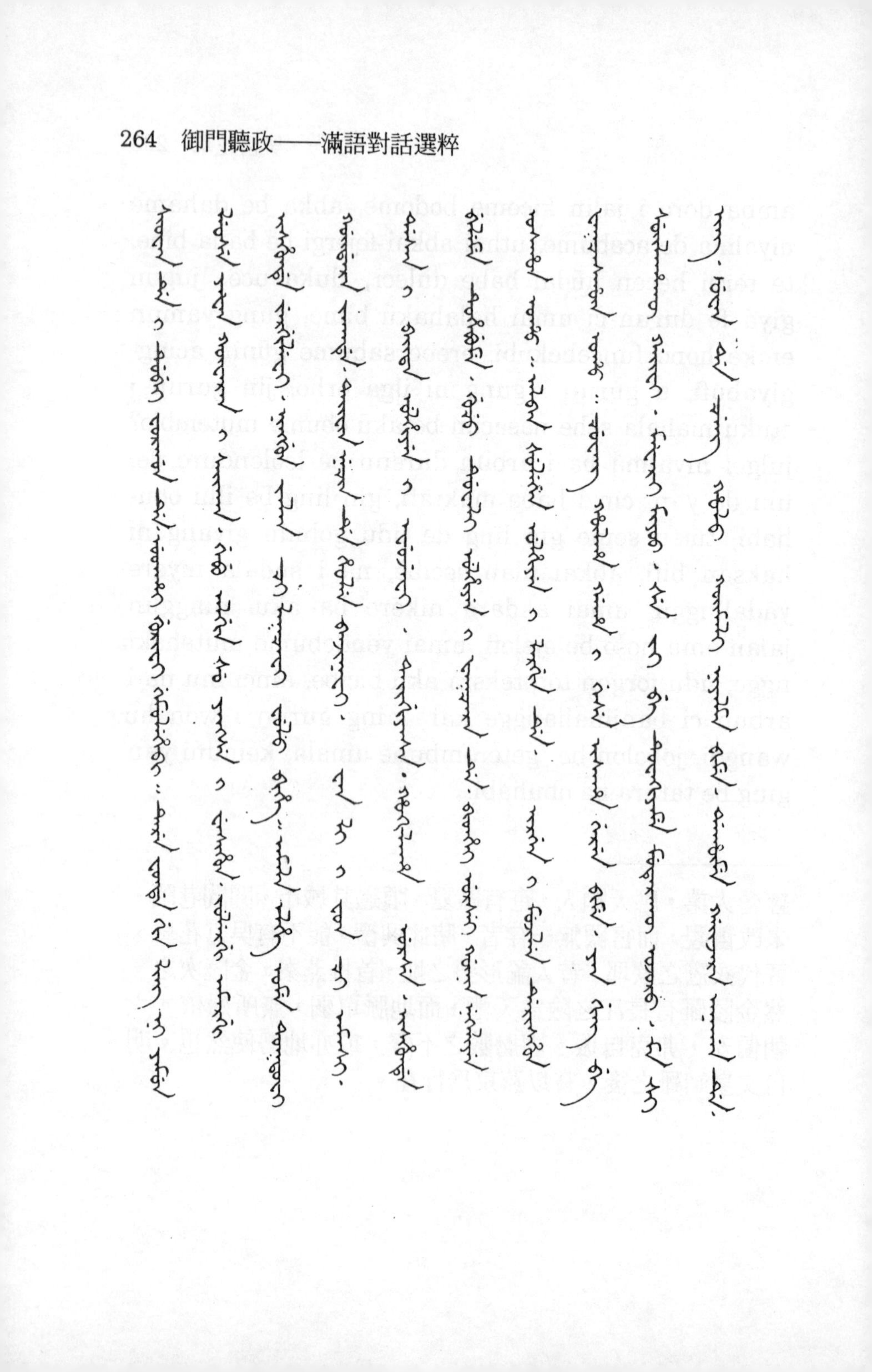

siowan de i dubei, forgon de, uthai gurifi gemulehebi. tere fonde gin ling ni yamun leose yafan kūwaran i saikan, gebu algin šu yangse i wesihun, julergi amargi ishunde jergilefi, ninggun jalan ci lakcafi fulu bihe. amala elhe ome toktofi goidara jakade, taifin necin de heolen banjinafi, wan li i fon ci amasi, dasan i baita ulhiyen i efujefi, taigiyasa, hokilaha urse, ishunde beleme tuhebume, gucu tuwali ulhiyen i fakcara de, bithei ursei gūnin nekeliyen oshon oho. alban šulehen ulhiyen i largin de, irgen i mujilien derishun fakcashun oho. cuwang hūlha gaha i gese isaha geren bime, yan ging be suilahakū gaifi, mafari miyoo, še ji be tuwakiyame muterakū ojoro, ma ši ing, zuwan da ceng holo koimali niyalma bime, dahūme gaijara anagan de,

---

宣德末年，遂徙而都之。其時金陵台殿苑囿之觀，聲名文物之盛，南北並峙，遠勝六朝。迨成平既久，忽於治安。萬曆以後，政事漸弛，宦寺朋黨，交相構陷。門戶日分而士氣澆漓，賦歛日繁而民心渙散。闖賊以烏合之衆，唾手燕京，宗社不守，馬、阮以嚚僞之徒，託名恢復，

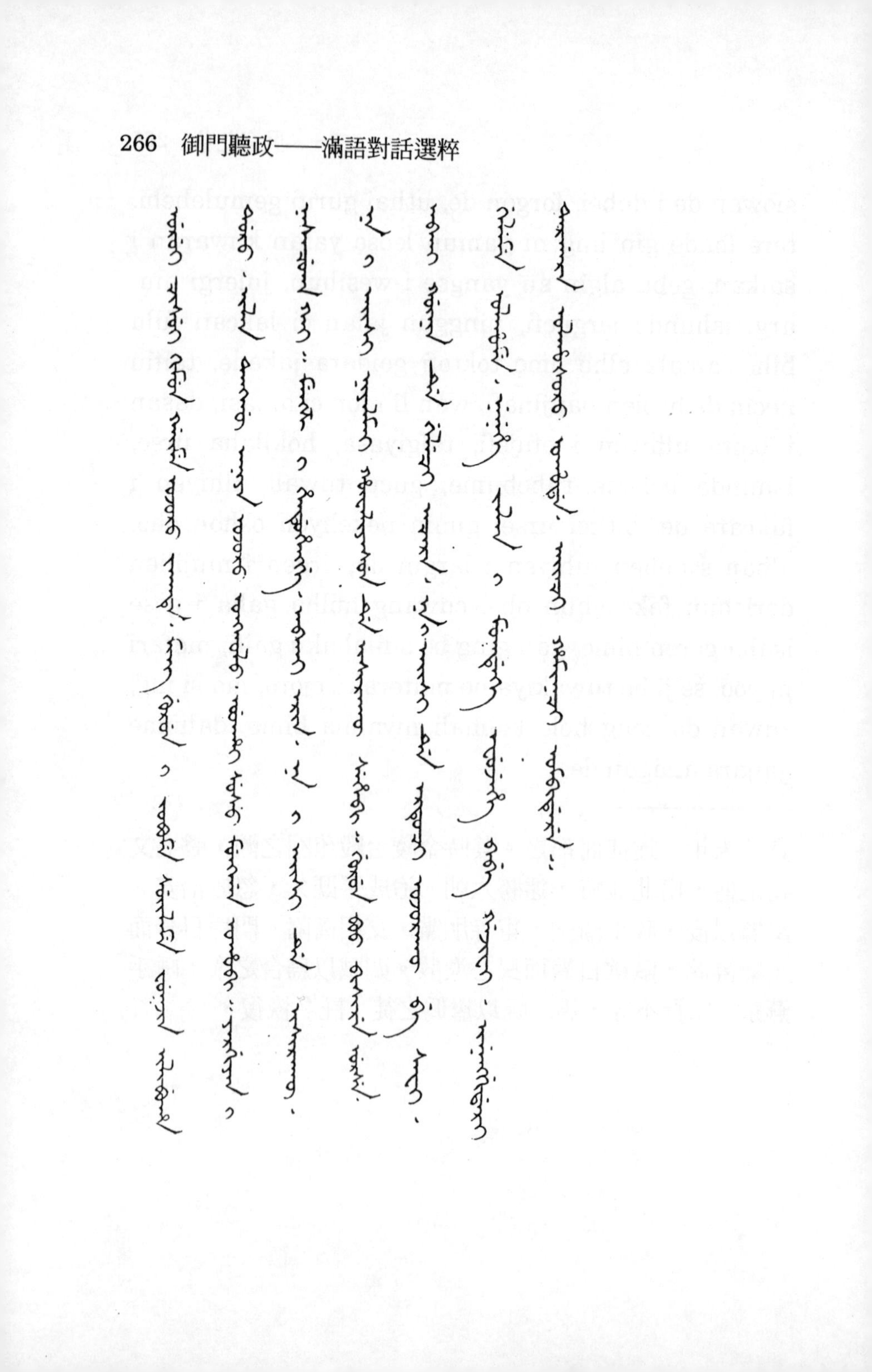

[illegible]

[illegible]

[illegible]

[illegible]

[illegible]

[illegible]

[illegible]

urui cisui kimun gaime ojoro jakade, ming gurun i jobome suilame fukjin ilibuha doro, ilan tanggū aniya ojoro onggolo, uthai susu munggan ohobi. yargiyan i nasacuka kai. mengdz i henduhengge abkai erin, na i aisi de isirakū, na i aisi niyalmai huwaliyasun de isirakū sehebi. gurun boo bisire urse, abkai gūnin de geleci acara, na i aisi de ertuci ojorakū be safi, geleme olhome, nenehe jalan i mukdeke efujehe babe gajifi, inenggidari targara olhošoro ohode, ainci haminaci ombidere.

僅快私仇。使明明艱難創造之基業，未三百年而為丘墟。良可悲夫！孟子曰：天時不如地利，地利不如人和。有國家者，知天心之可畏，地利之不足恃，兢兢業業，取前代廢興之蹟，日加儆惕焉，則庶幾矣！

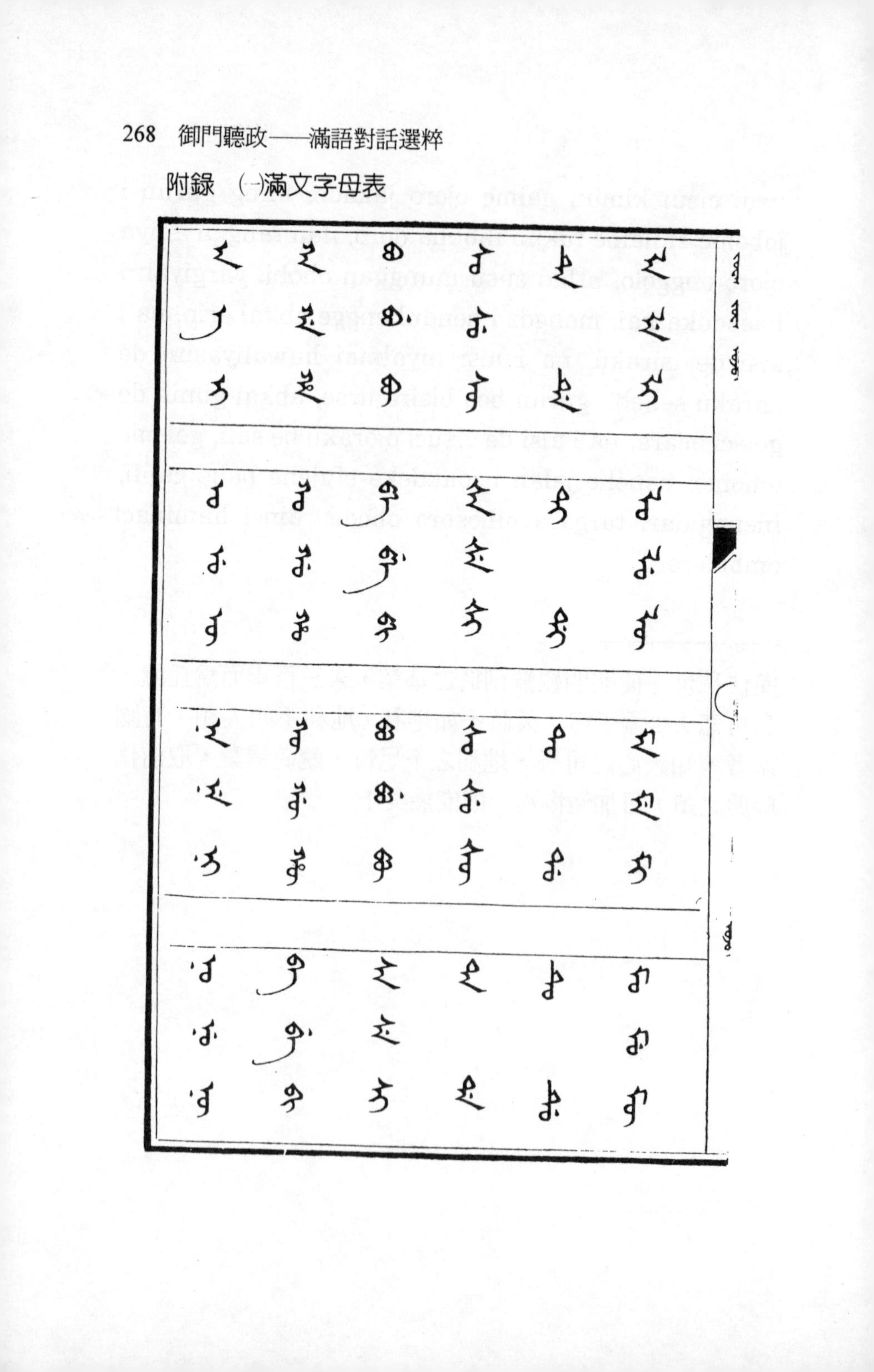

附錄 (一)滿文字母表

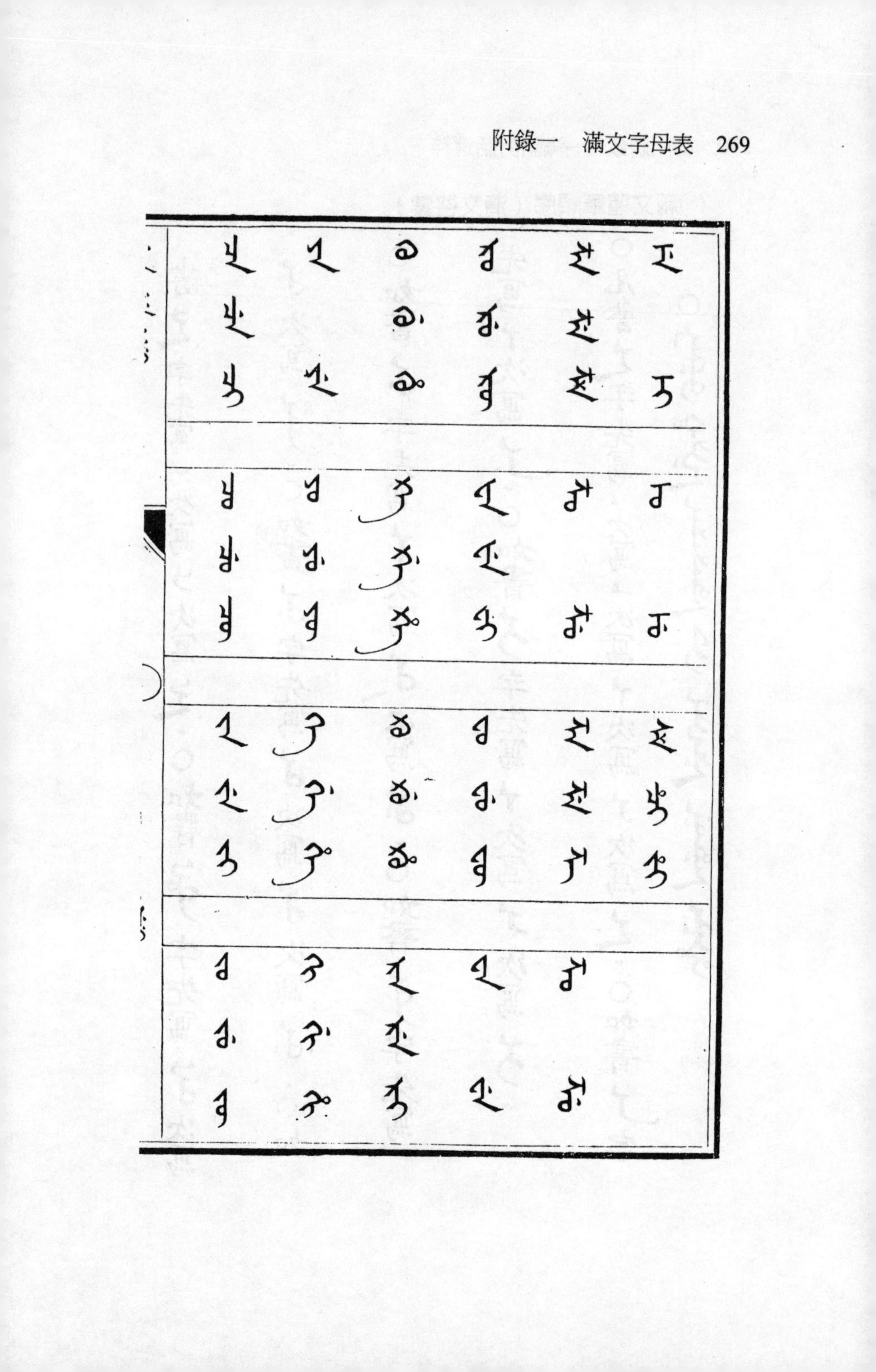

(二)滿文運筆順序（清文啓蒙）

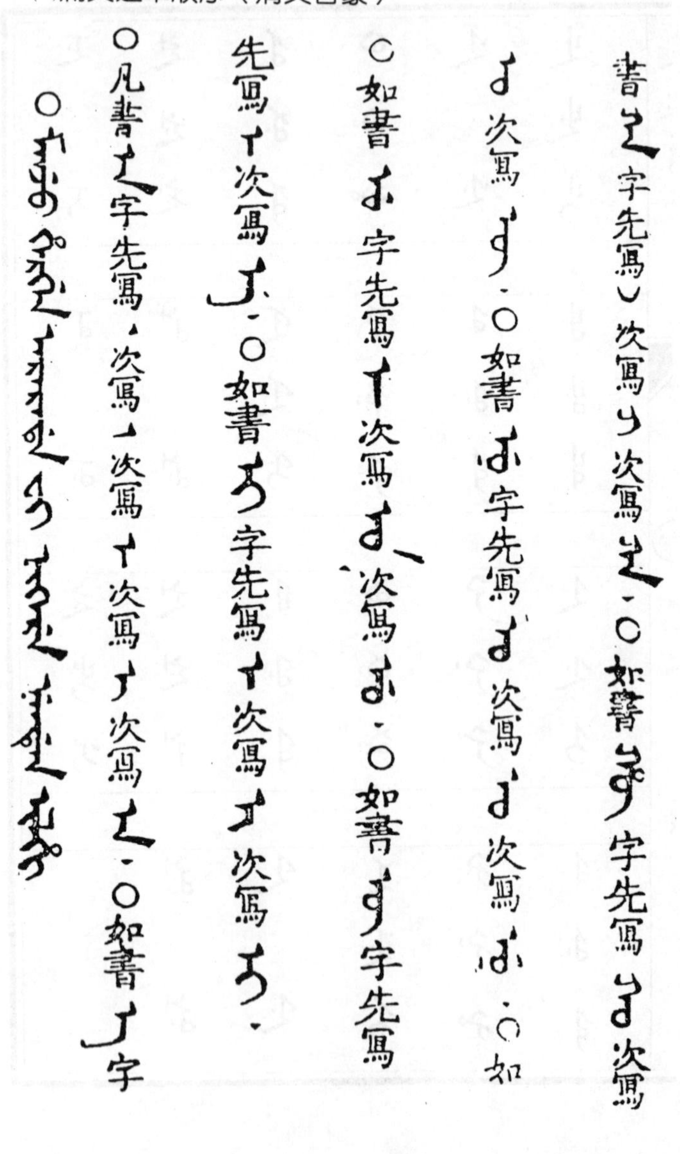

書[滿文]字先寫[滿文]次寫[滿文]次寫[滿文]。○如書[滿文]字先寫[滿文]次寫[滿文]次寫[滿文]。○如書[滿文]字先寫[滿文]次寫[滿文]次寫[滿文]。○如

○如書[滿文]字先寫[滿文]次寫[滿文]次寫[滿文]。○如書[滿文]字先寫[滿文]次寫[滿文]次寫[滿文]。○如書[滿文]字先寫[滿文]次寫[滿文]次寫[滿文]。

○凡書[滿文]字先寫[滿文]次寫[滿文]次寫[滿文]次寫[滿文]次寫[滿文]。○如書[滿文]字

○[滿文]

[滿文]字先寫[滿文]次寫[滿文]、○如書[滿文]字先寫[滿文]次寫[滿文]次寫[滿文]

[滿文]、○如書[滿文]字先寫[滿文]次寫[滿文]次寫[滿文]次寫[滿文]、○如書

寫[滿文]次寫[滿文]、○如書[滿文]字先寫[滿文]次寫[滿文]次寫[滿文]次寫

○如書[滿文]字先寫[滿文]次寫[滿文]次寫[滿文]次寫[滿文]、○如書[滿文]字先

[滿文]次寫[滿文]、○如書[滿文]字先寫[滿文]次寫[滿文]次寫[滿文]次寫[滿文]

[illegible]字先寫[illegible]次寫[illegible]次寫[illegible]。○如書[illegible]字先寫[illegible]次寫

[illegible]次寫[illegible]。○如書[illegible]字先寫[illegible]次寫[illegible]次寫[illegible]。○如書

次寫[illegible]。○如書[illegible]字先寫[illegible]次寫[illegible]。○如書[illegible]字先寫

[illegible]次寫[illegible]次寫[illegible]。○如書[illegible]字先寫[illegible]次寫[illegible]次寫[illegible]

次寫[illegible]。○如書[illegible]字先寫[illegible]次寫[illegible]。○如書[illegible]字先寫

次寫、○如書字先寫次寫次寫、○如書

○如書字先寫次寫次寫、○如書字先寫

次寫次寫次寫、○如書字先寫次寫

○如書字先寫次寫次寫、○如書字先寫

次寫、○如書字先寫次寫次寫次寫、

次寫 ○如書 字先寫 次寫 次寫

○如書 字先寫 次寫 ○如書 字先寫

字先寫 次寫 次寫 ○如書 字先寫 次寫

書 字先寫 次寫 次寫 次寫 ○如書

字先寫 次寫 ○如書 字先寫 次寫 ○如

先寫 次寫 ○如書 字先寫 次寫

○如書 字先寫 次寫 次寫 ○如書 字

次寫 ○如書 字先寫 次寫 次寫

○如書 字先寫 次寫 ○如書 字先寫

○如書 字先寫 次寫 如書 字先寫 次寫

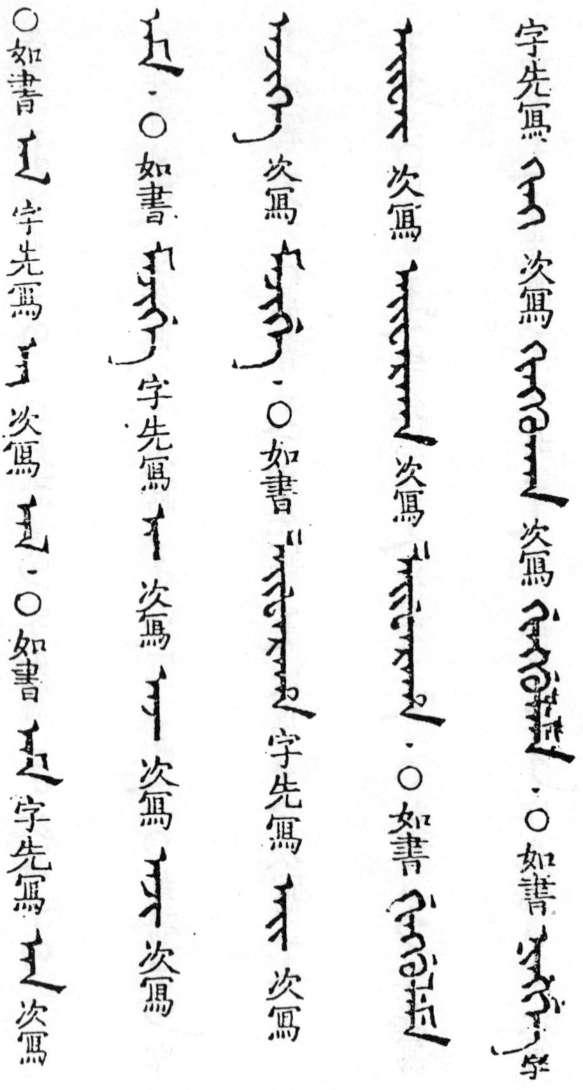

字先寫 [Manchu] 次寫 [Manchu] 次寫 [Manchu] ○如書 [Manchu] 字

[Manchu] 次寫 [Manchu] 次寫 [Manchu] ○如書 [Manchu]

[Manchu] 次寫 [Manchu] ○如書 [Manchu] 字先寫 [Manchu] 次寫

[Manchu] ○如書 [Manchu] 字先寫 [Manchu] 次寫 [Manchu] 次寫 [Manchu] 次寫

○如書 [Manchu] 字先寫 [Manchu] 次寫 [Manchu] ○如書 [Manchu] 字先寫 [Manchu] 次寫

次寫 [illegible] ○如書 [illegible] 字先寫 [illegible] 次寫 [illegible] ○如書

次寫 [illegible] 次寫 [illegible] ○如書 [illegible] 字先寫 [illegible] 次寫 [illegible]

次寫 [illegible] 次寫 [illegible] ○如書 [illegible] 字先寫 [illegible]

次寫 [illegible] 次寫 [illegible] ○如書 [illegible] 字先寫 [illegible] 次寫 [illegible]

先寫 [illegible] 次寫 [illegible] 次寫 [illegible] ○如書 [illegible] 字先寫 [illegible]

[illegible] [illegible] [illegible] [illegible] [illegible] [illegible] [illegible] [illegible]
[illegible]○凡書圈點如○[illegible] [illegible] [illegible] [illegible] [illegible] [illegible]
次寫[illegible]○如書[illegible]字先寫[illegible]次寫[illegible]次寫
次寫[illegible]次寫[illegible]○如書[illegible]字先寫[illegible]次寫[illegible]
[illegible]字先寫[illegible]次寫[illegible]○如書[illegible]字先寫[illegible]

類推。舉一可貫百矣。

兩個阿兒之下。圈點方是。以上運筆。字雖無幾。法可作[滿文]式樣。乃是兩個阿兒。今如下筆。必除去[滿文]字的[滿文][滿文][滿文]共二十字。俱係[滿文]字首。此[滿文]字聯寫必

㈢滿文本起居注冊（康熙五十年十月二十七日）

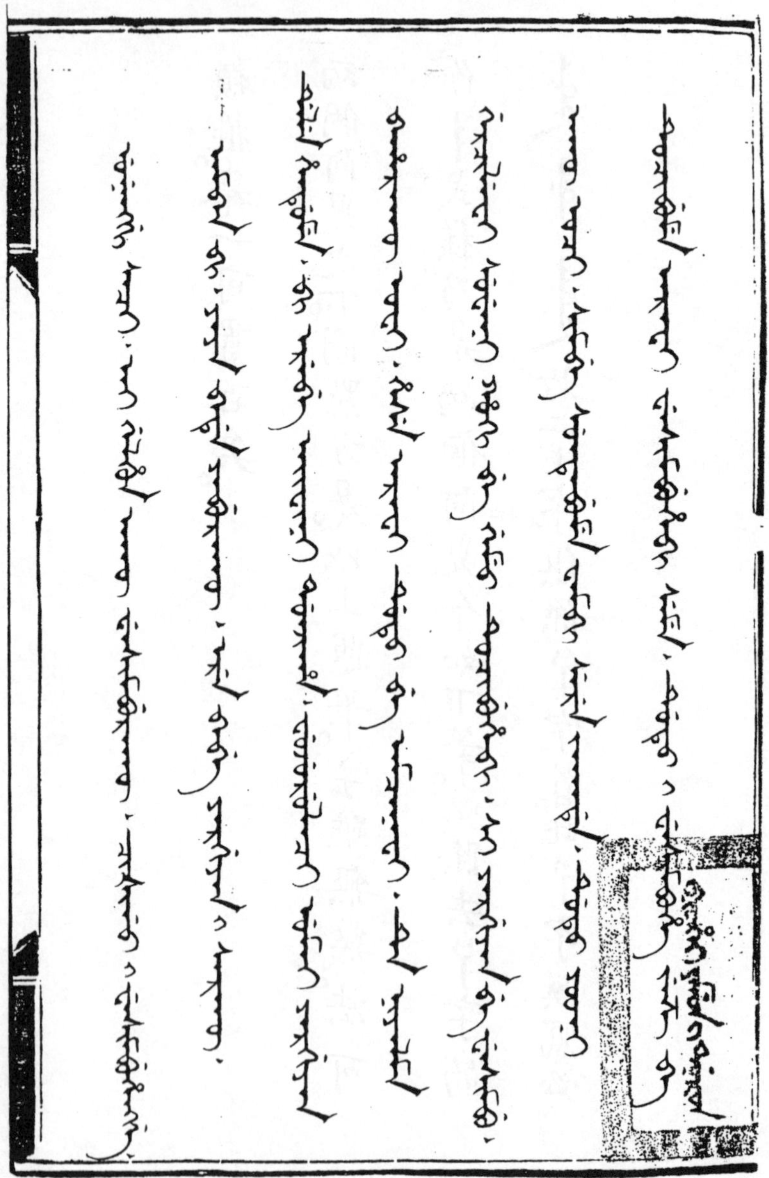

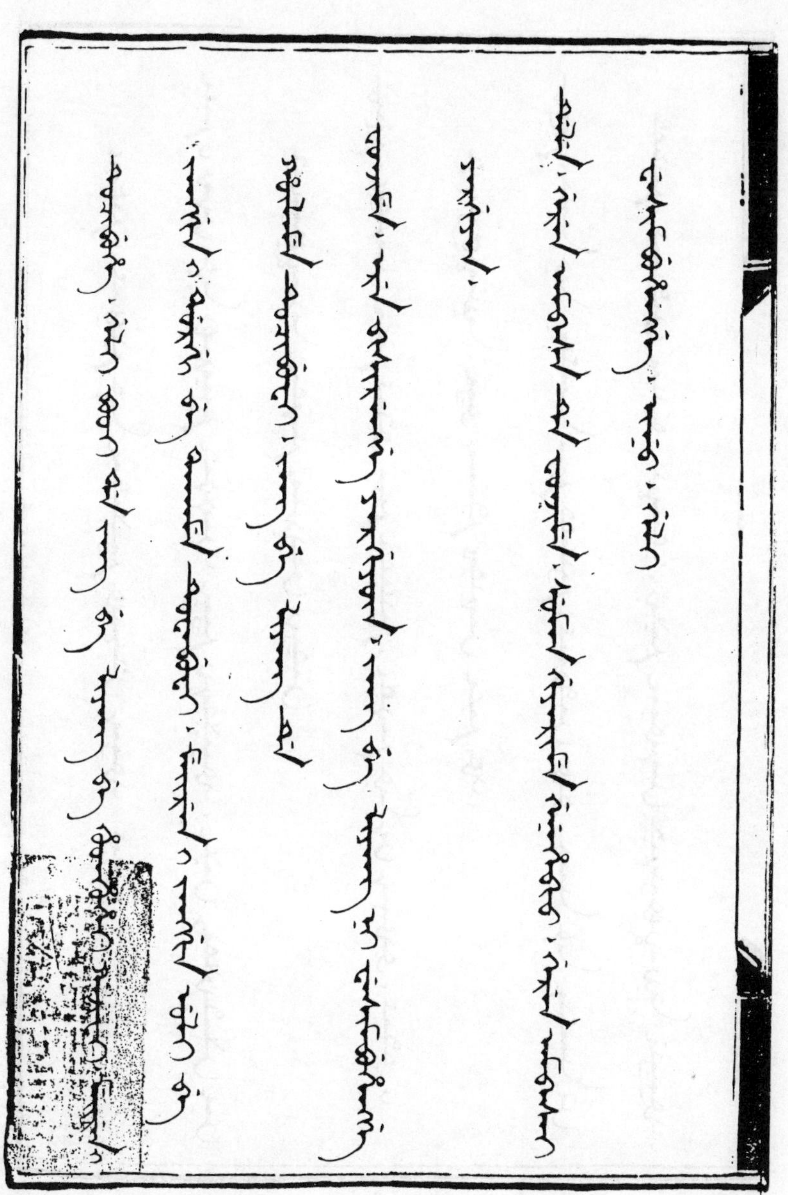

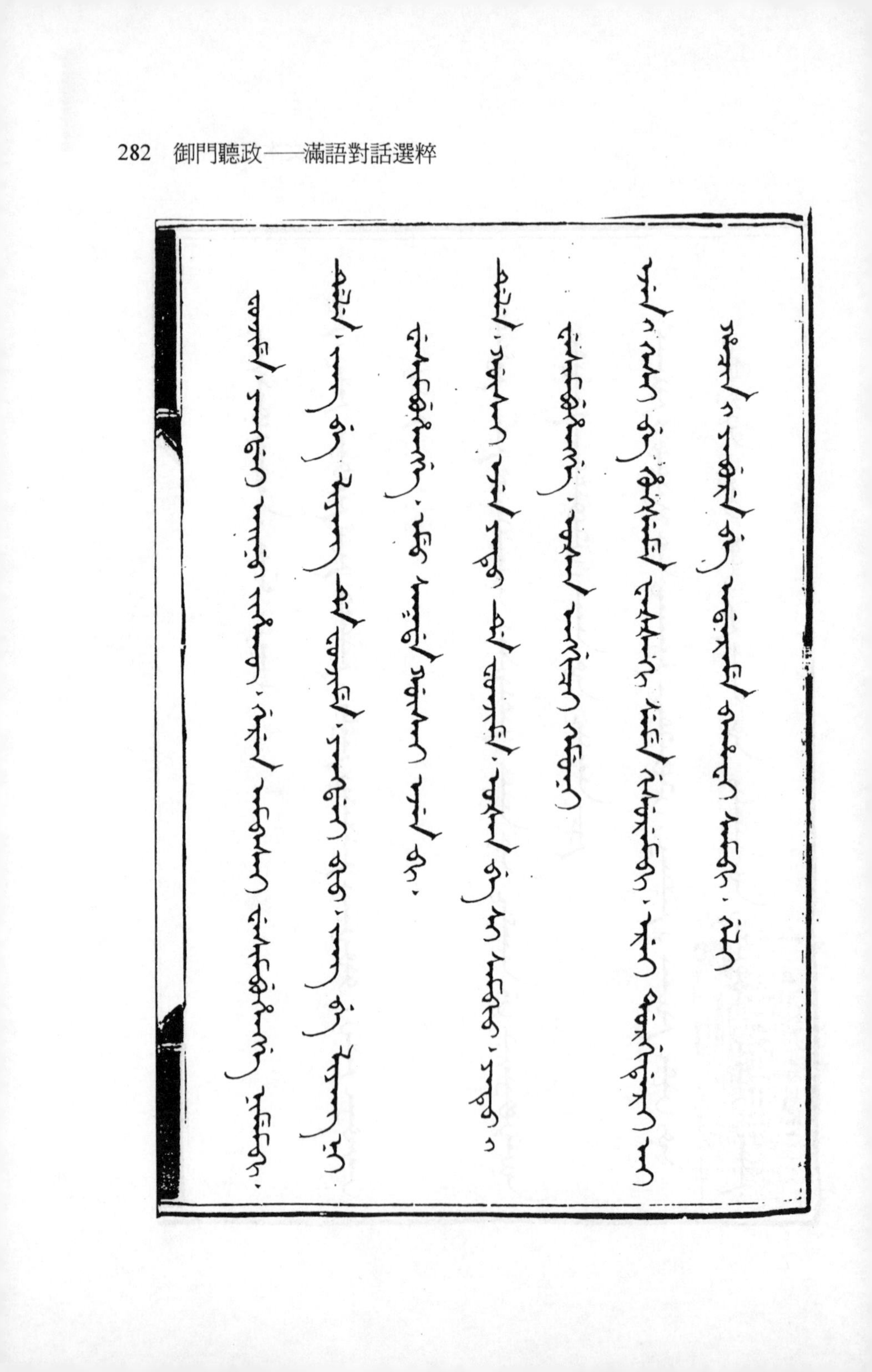

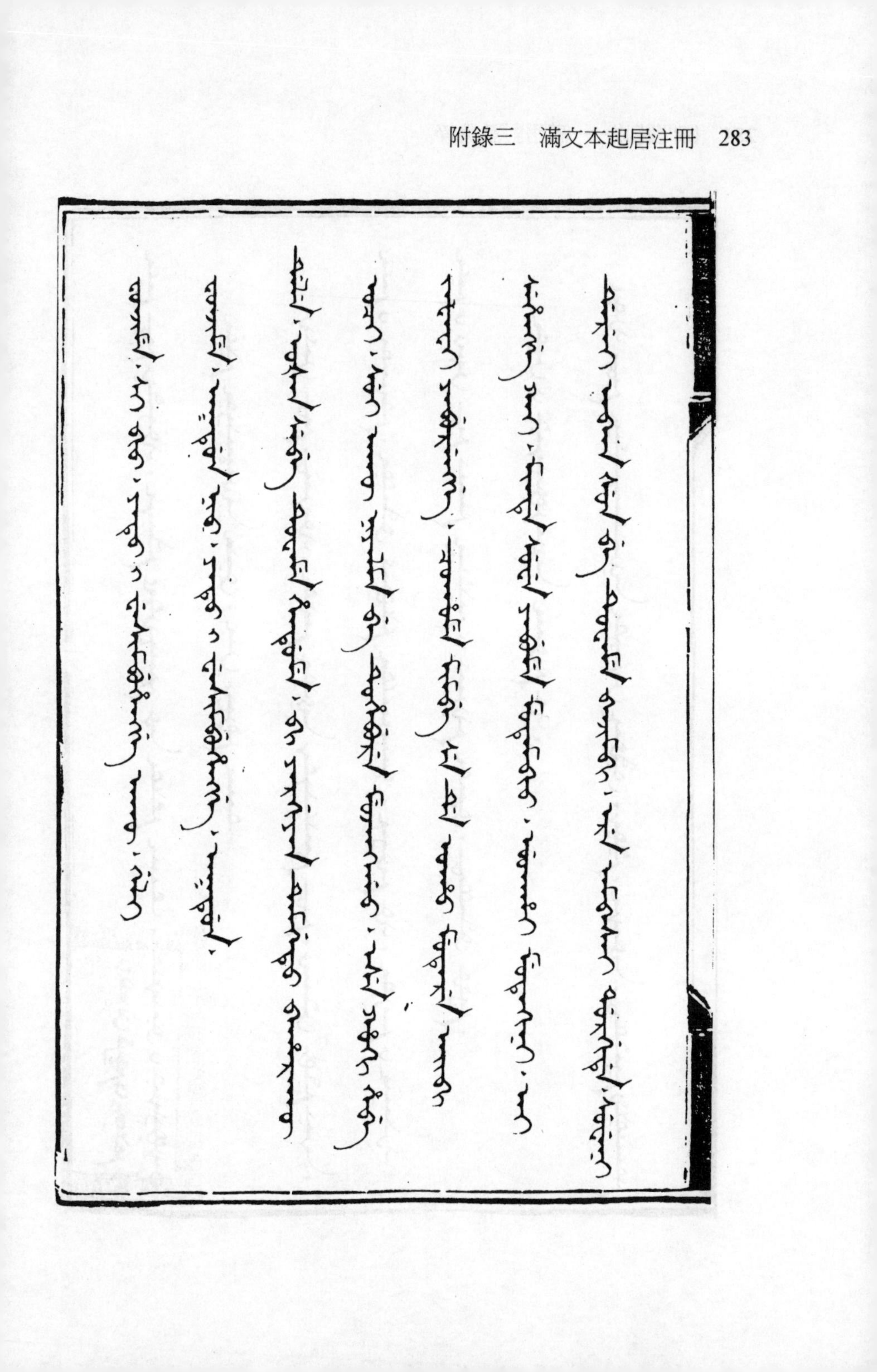

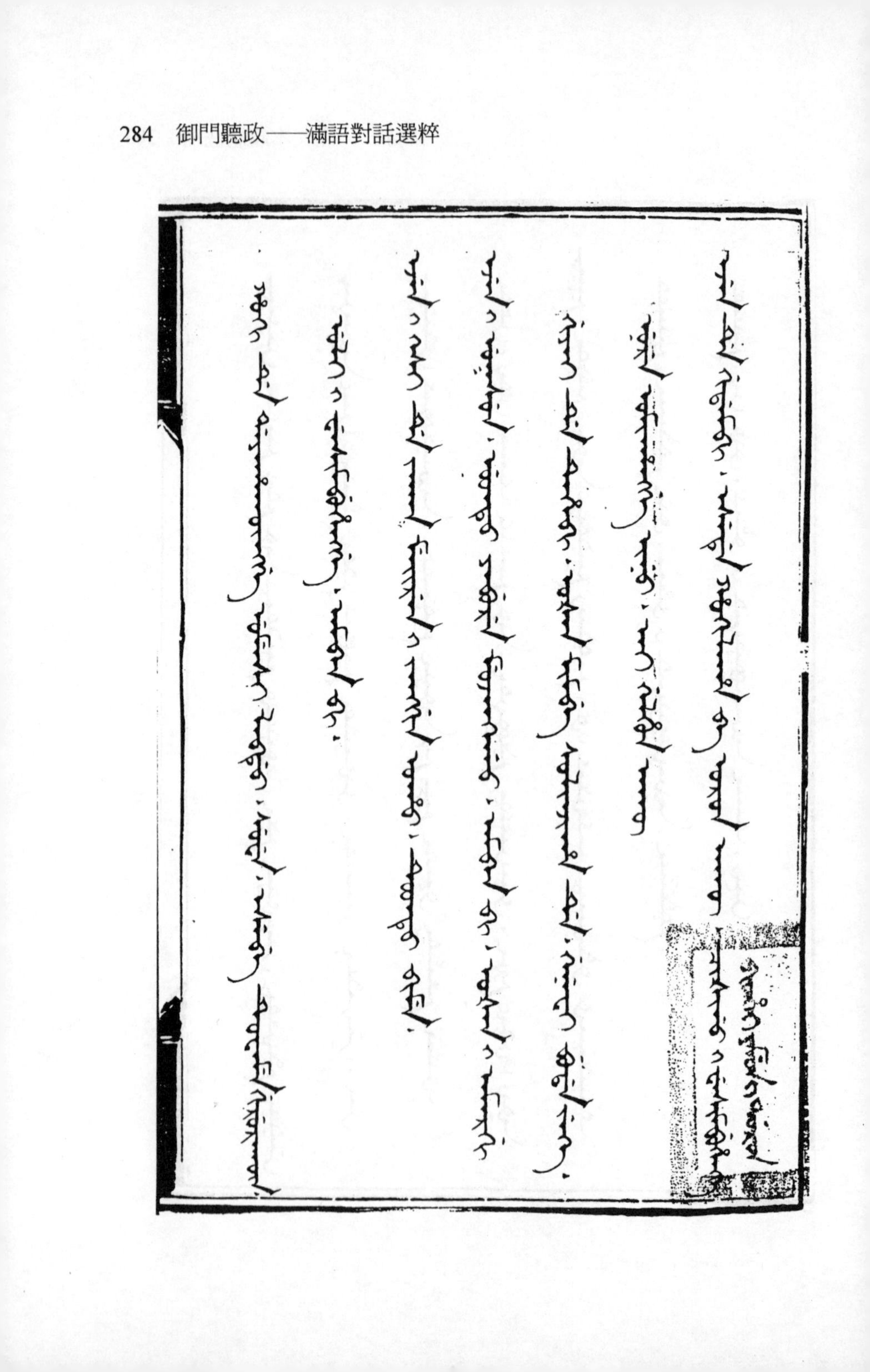

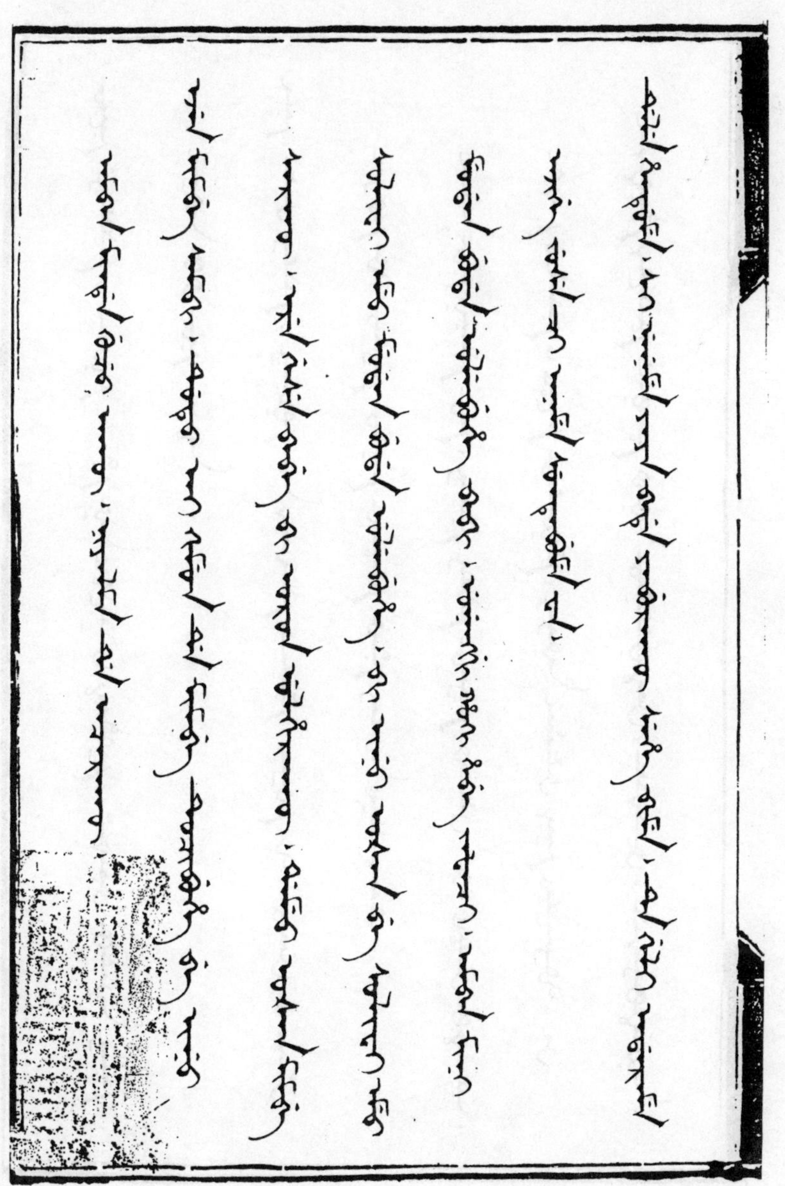

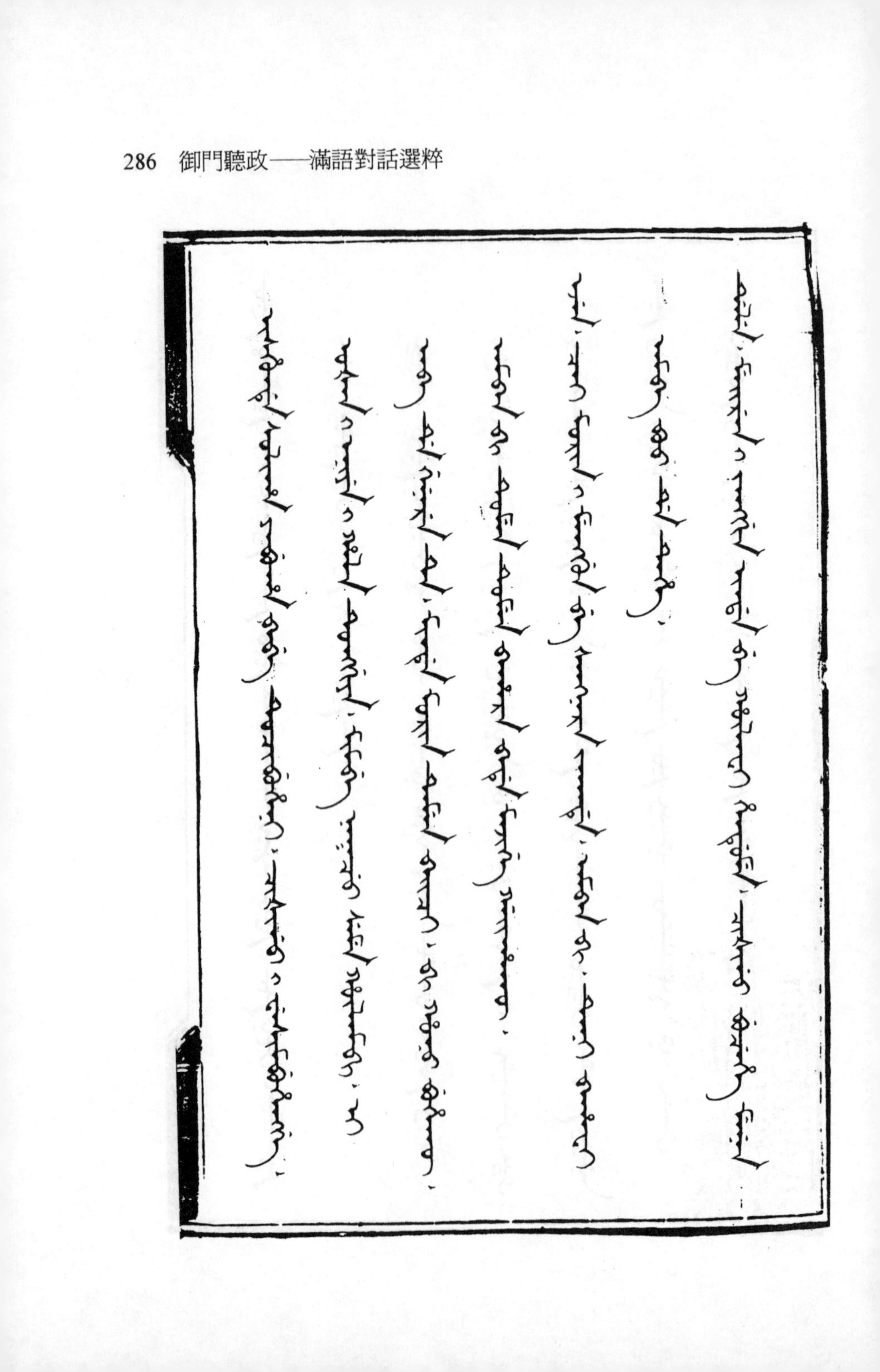

[illegible]

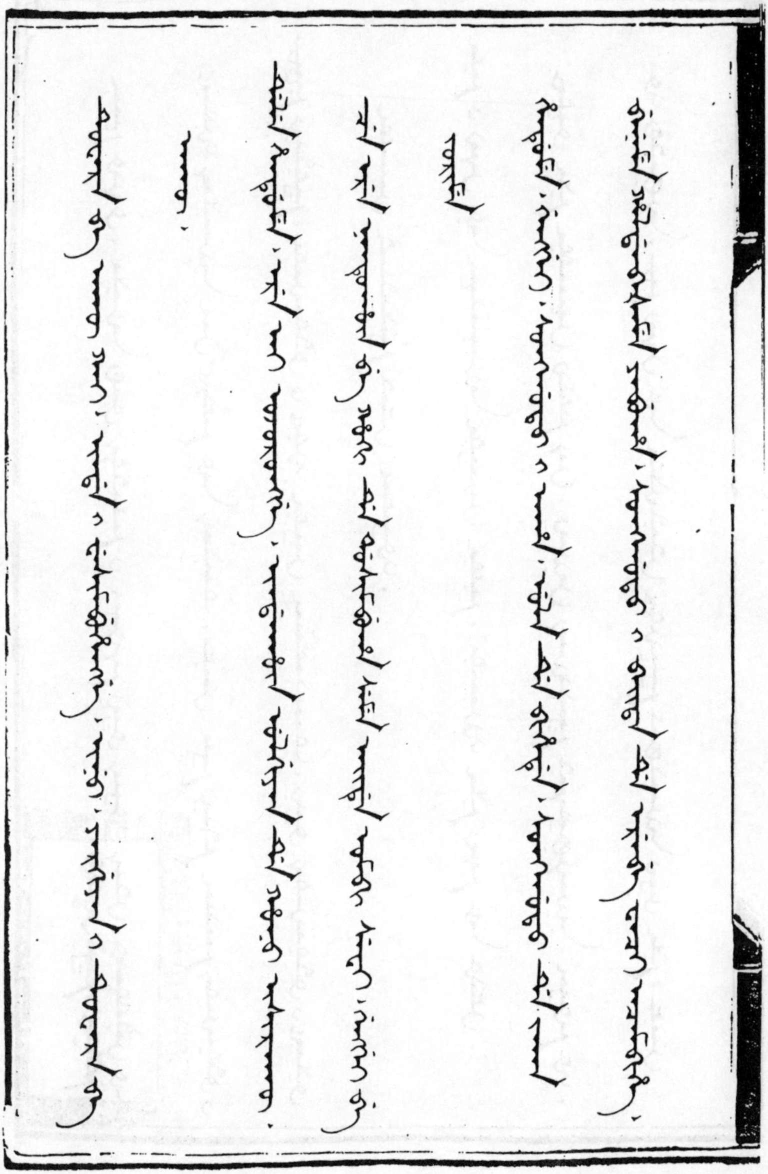

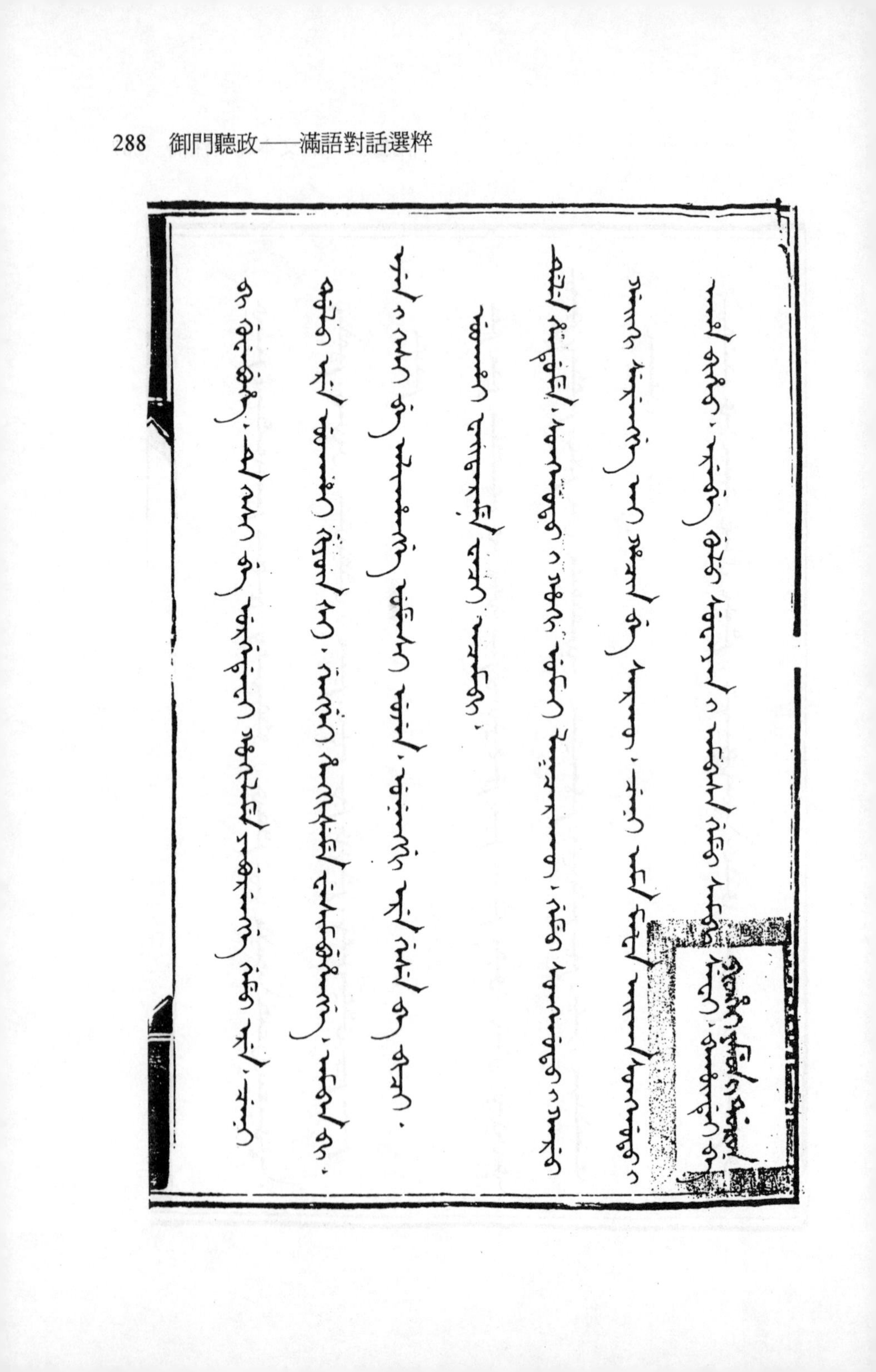

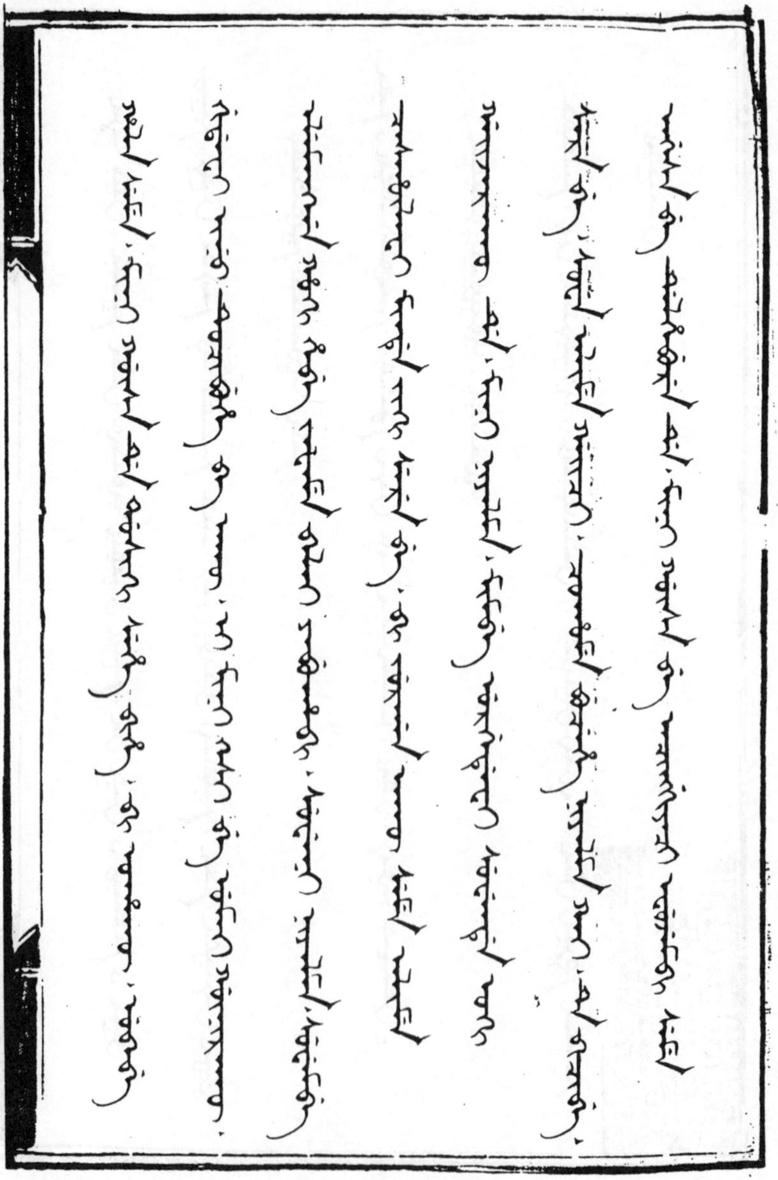

㈣漢文本起居注冊（康熙五十年十月二十七日）

皇上豢養用至大臣

上恩甚厚若果知此豈敢隱諱耿額奏曰臣不知

之若果知此敢不陳奏齊世武奏曰臣於各

處並不行走此事誠不知也

上曰朕聞之久矣訪詢不得其實故書旨追赶都

圖諭云今有人首告供出爾黨爾攄實奏聞不

然将爾族誅所以都圖俱開寫陳奏矣遂将都

圖所奏摺子取出又将包衣達張伯良縛出

令其在副都統内認看占出副都統烏禮

問張伯良曰實有此人乎張伯良奏曰是實

上問諸臣曰蘇湍查邊去耶諸臣奏曰是又

問曰楊代為何不来諸臣奏曰有病

上問張伯良曰有楊代乎張伯良奏曰有一年老

都統

上問都統雅圖曰爾知鄂善否雅圖奏曰鄂善在
背後嘗言感激
皇恩欲行効力其黯昧所作之事何由得知又
問曰有汝否雅圖奏曰無又
問曰信然乎雅圖奏曰信然
上顧鄂善等曰朕不得實據豈肯屈無辜之人伊
等結黨特謂朕年齒漸高無能為耳今在朕前

爾等能行此乎即能亦有何顏面仰視天日諸
臣內不入爾黨者甚多爾等視之寧不愧乎烏
禮奏曰臣近蒙
皇恩授為副都統而又係
皇上宗室豈肯如是行也臣在鄂善後街居住鄂
善請臣到家曾用酒飯是實豈敢欺謾
皇上並無與伊等結黨之處齊世武奏曰臣與人

不合素無朋友
皇上洞悉臣不知都圖為何仇恨扳臣此等之事
臣並不知惟有鄂善請臣用飯一次臣亦請
鄂善用飯一次臣果結朋黨下至幼子俱當
誅滅
上曰爾前云各處俱不行走今何又供出彼此相
請之事齊世武奏曰鄂善之母係佟家氏以舅

呼臣伊隨圖去時向臣尋駝馬臣不曾與臣
在可得鉅萬之處未取毫釐掌
皇上賜臣茶馬銀兩臣始得大屋居住
上召副都統音達曰齊世武乃死獃不堪之人音
達奏曰然誠不堪也
上曰此最無用之人犬豕之不如伊等將似此齷
齪之人入在黨內有何益處又指耿額

曰耿額乃索額圖家奴在烏拉時諂媚索額圖
饋送禮物索額圖一案內即應誅者朕宥之今
負恩結黨皆是人也伊等內爾即軍師耳耿額
叩首奏曰臣蒙
皇上隆恩甚重苟有此事即當凌遲
上曰索額圖之黨竟不斷絕俱欲為索額圖報復
者不知其何為也伊等祖父豈係索額圖之奴

僕乎此事正黃旗大臣俱皆知之因而名出已
渾德
問曰爾意云何巴渾德奏曰輙敢如此行乎果
負
皇上豢養之恩交結朋黨則當族誅矣
上又指鄂善顧諸王曰此乃一不肖之子曩者彼
以伊為郭爾羅氏與宜妃家同姓欲入朕旗朕

未俞允隱之至今亦未曾言出伊並不思朕之
恩德反結朋黨妄行爾等之人背爾等欲投朕
者朕以為不義故不受若朕之人負朕欲向爾
等者爾等受之竟成死人矣且分封諸阿哥之
時若動朕之旗內佐領恐至損壞旗分故攢湊
與之曾有一可觀之佐領乎撥給者俱是单弱
不堪者耳朕何曾較論及此朕之子以貴言之

則
太祖
太宗之孫豈不為貴也朕但思依義理行之耳又
曰凡為人有所愛之子有所不愛之子奴僕亦
有親近用之者亦有不親近用之者豈可不安
分而妄行乎況且以酒食會友有何妨碍此不
足言伊等所行者有異乎此夫効力者在行間